TOEIC® L&Rテスト
ゼロからしっかり
スコアアップできる本

990点満点講師
濵﨑潤之輔

かんき出版

はじめに

　学生の方であれば入試、進級、就活、そして社会人の方であれば昇進・昇格試験から転職活動に至るまで、TOEIC® L&R テスト（以下 TOEIC®）は世の中の幅広い人たちによって最も必要とされている資格試験の1つであるといっても過言ではありません。

　非常にありがたいことに、僕は TOEIC® の勉強を頑張っている大学生や社会人の方たちに教える機会を、もう何年もの間ずっといただき続けています。

　みなさまのニーズに確実に応えることができるよう、僕は絶え間なく、毎回 TOEIC® を受験し続けて、最新の傾向を常に把握するように努めています。

　そしてもちろん、今でも倦まず弛まず、日々 TOEIC® の研究をし続けていますが、TOEIC® の精緻に作り込まれた素晴らしい問題を分析して研究する喜びは、僕にとってはほとんど夢のようでさえあるのです。

　できる限り効率的な、そしてできる限り効果的な指導法や学習法はないのか。

　進級や就職活動のためにどうしても600点が必要な大学生、社内の規定により一刻も早く700点を取らなければならなくなってしまったビジネスパーソン。

　それらのニーズに的確に応えられるよう、できる限り効率的な、そして効果的な方法はないのか。

　研究の過程において、僕はこれまで数えきれないほどの試行錯誤を繰り返してきました。

　本書は僕がこれまでに得てきた知見、そのエッセンスを 1 冊に集約し、はじめて TOEIC® に挑戦しようとしている方から、すでに TOEIC® の受験経験のある方まで、幅広く多くの方のお役に立ちたいという思いを持って書き下ろしました。

　中学英語をひと通り学ばれた方であれば、保持するスコアに関係なくどなたにでもお使いいただける本になるよう、尽力したつもりです。

　余計な説明はできる限り省くようにし、TOEIC® に対してどのように向き合って学んでいけばよいのかがしっかりご理解いただけるよう仕上げました。

　本書を繰り返し使用する過程の中で、あなたが欲しいと願ってやまないスコアを必ず取れるよう、そのために必要な実力が確実につくように配慮して執筆しました。

　この本を信じて、ぜひ最後までやり遂げていただきたいと思います。

　何回も問題を解き、解説をきちんと読み、繰り返し音声を聞いているうちに、自分が欲しかったスコアに見合う実力が本当に身についた、ということを、きっと実感していただくことができると信じています。

　TOEIC® は「努力する人を決して裏切らない」テストです。

　一緒にがんばっていきましょう、必ず結果はついてくると信じて。

　応援しています。

　　　　　　　　　　　　　　　　　　　　　　　　　　　　　　　　　濱﨑潤之輔

Part 3 会話問題 & Part 4 説明文問題

Part 5 短文穴埋め問題

Part 6 長文穴埋め問題

Part 7 読解問題

本書の使い方

　この本は、はじめて TOEIC® L&R テストを受験する方からスコアアップを目指す方まで、基礎からわかりやすく解説しています。

　まずは Prologue で英文法の基本知識をおさらいしておきましょう。

　基本知識のおさらいが終わったら、いよいよ本編に入ります。

　Part 1 ～ Part 4の LISTENING SECTION の音声は、以下の方法で音声データをダウンロードしてください。また、Part 5 ～ Part 7の READING SECTION の音声もダウンロードすることができます。復習等の教材としてご活用ください。

音声ダウンロードの方法

本書にある 🎧 マークの横にある番号は音声データのトラック番号を表しています。
音声データはパソコンかスマートフォンで、右の QR コードか
https://kanki-pub.co.jp/pages/hamasakizerokara
にアクセスしてダウンロードしてください。

※音声ダウンロードについてのお問い合わせ先
　http://kanki-pub.co.jp/pages/infodl/

各パートの問題の説明と解き方の解説

　まずは問題を解いてみましょう。その後に、どのような手順で正解を選べばよいのかをくわしく解説しています。

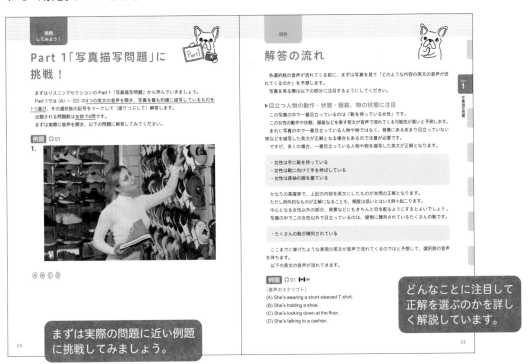

まずは実際の問題に近い例題に挑戦してみましょう。

どんなことに注目して正解を選ぶのかを詳しく解説しています。

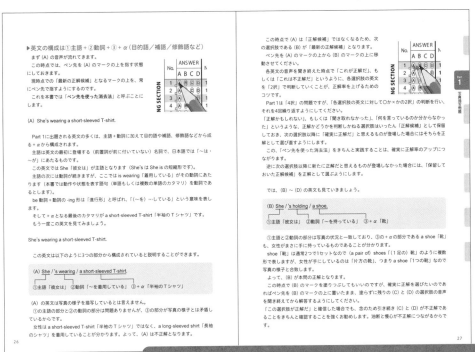

実際の試験では、どのようなタイミングでどのようにマークシートを塗りつぶすのがよいかなどの「正答率を上げるための解答のコツ」も説明しています。この部分をしっかり読んで、レベルアップにつなげていきましょう。

問題の解説を読んだ後は、スコアアップするためのコツを学びましょう。

最新の傾向を踏まえたハマー先生のアドバイスが掲載されています。ポイントとなる文法事項やスコアアップのために必要なことを解説しています。

スコアアップのために必要なトレーニング方法を説明しています。

各パートの問題の解き方とスコアアップについて理解したら、最後にもう一度練習問題を解いて、そのパートを締めくくりましょう。

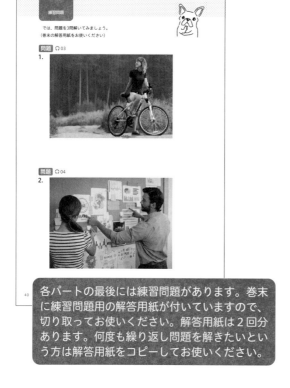

各パートの最後には練習問題があります。巻末に練習問題用の解答用紙が付いていますので、切り取ってお使いください。解答用紙は2回分あります。何度も繰り返し問題を解きたいという方は解答用紙をコピーしてお使いください。

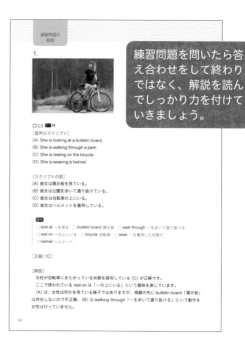

練習問題を問いたら答え合わせをして終わりではなく、解説を読んでしっかり力を付けていきましょう。

Part 3&4の会話問題、説明文問題の音声スクリプトは、英文と日本語訳、ポイントとなる語句をピックアップしています。語句の日本語訳は赤字になっていますので、本書に付属の赤シートを利用して覚えてください。

[音声のスクリプト]
Questions 1 through 3 refer to the following conversation.

M ❶A lot more customers have been visiting the furniture section.

W I think it's because of the latest online ad campaign -you know, the one led by Visualization Consulting.

M It would be great if we could ask them to help us with sportswear.
We've had a lot of markdowns recently.
❷It would be interesting to find out why the furniture ads worked so well.

W Well, you could go talk to Shingo and ask what they did differently this time.
He's putting together a report.

M I'll definitely do that.
❸In fact, I'll stop by now since I'm heading to the staff room.

[スクリプトの訳]
問題1-3は次の会話に関するものです。

男性 ❶家具売り場には、より多くのお客様にご来店いただいています。

女性 それは最新のオンライン広告キャンペーンのおかげだと思います。
Visualization Consulting が主導するキャンペーンです。

男性 スポーツウェアの販売を手伝ってくれるようお願いできるといいですね。
最近、多くの商品を値下げしました。
❷家具の広告が非常にうまくいった理由を知るのは興味深いことです。

女性 ええと、あなたは Shingo と話に行って、彼らが今回のような違ったことをしたのかを尋ねることができます。
彼は報告書をまとめています。

男性 ❸絶対にそれをやります。
❸実は今スタッフルームに向かっているところなので、これから（Shingo のところに）立ち寄ります。

語句
- □ a lot more よりたくさんの　□ customer　□ visit
- □ furniture section 家具売り　□ because of　□ latest
- □ online ad オンライン広告　□ campaign　□ led by
- □ ask somebody to do 人に
- □ help somebody with something　□ a lot of
- □ markdown 値下げ　□ interesting　□ find out
- □ work well うまくいく　□ well　□ go do　□ talk to
- □ differently 違って　□ put together　□ report　□ definitely
- □ in fact 実は　□ stop by 立　□ now　□ since
- □ head to 〜に向かう

音声のスクリプトの前にある記号は、以下のことを表しています。

🇺🇸：米国の発音
🇬🇧：英国の発音
🇨🇦：カナダの発音
🇦🇺：オーストラリアの発音

M：男性（Man）
W：女性（Woman）

例題

🎧 34
1. It is a well-known fact that Kidani Motors' vehicles sell well because they are highly -------.
(A) depend
(B) dependable
(C) dependably
(D) dependability

🎧 35
2. Keiichi Sayama ------- as the sales manager because he was honored as a model sales representative last year.
(A) is choosing
(B) has chosen
(C) chooses
(D) was chosen

🎧 36
3. Tetsuya Takahashi, the winner of this year's Energy Saving Award, thanked his subordinates for their support ------- the last decade.
(A) previously
(B) within
(C) during
(D) while

🎧 37
4. Kenta Tanaka donated a portrait to the museum that had been painted for ------- by a famous Canadian painter, Kenny Komatsu.
(A) he
(B) his
(C) him
(D) himself

🎧 38
5. There is a space in this building ------- can be used for a meeting, provided you make a reservation in advance.
(A) who
(B) which
(C) whom
(D) what

🎧 39
6. SHO & TOGO's customers can park in ------- the parking lot adjacent to the store or in the area across the road at 52nd Street.
(A) both
(B) alike
(C) neither
(D) either

🎧 40
7. Our store ------- refunds customers' money with no-questions-asked when they return an item with a receipt.
(A) recently
(B) exponentially
(C) suddenly
(D) usually

Part 5 短文穴埋め問題

161

> どのパートも、まずは例題を解き、解答の流れをつかみ、スコアアップのコツとトレーニングを理解し、最後に練習問題を解いて締めくくるという構成になっています。

解説

解答の流れ

▶ 1. 品詞問題 🎧 34 🇨🇦 M

It is a well-known fact that Kidani Motors' vehicles sell well because they are highly -------.

(A) depend
(B) dependable
(C) dependably
(D) dependability

語句
□ well-known よく知られた
□ fact 事実 □ vehicle 車
□ sell 売れる □ well よく
□ highly 非常に

品詞問題の解答の流れ
問題文を読む前に、まずは (A) ～ (D) の選択肢を確認します。

最初に選択肢を確認
　選択肢には動詞 depend「信頼する」の派生語が並んでいることが分かります。
　このように、ある単語の派生語が選択肢に並んでいるタイプの問題を、本書では「品詞問題」と呼ぶことにします。
　このタイプの問題は、まずは空所の前後を確認するようにします。

品詞問題は空所の前後を確認
　空所の前には they are highly「それらは非常に」があります。
　be 動詞の後ろには形容詞（句）や名詞（句）などが続きます。
　highly「非常に」は副詞なので、後ろには副詞が修飾する形容詞が続くことが分かります。
　形容詞は (B) の dependable「信頼できる」だけなので、これが正解となります。
　highly dependable「非常に信頼できる」は副詞＋形容詞から成る形容詞句です。
　句の中心となるのは「被修飾語」なので、highly dependable は形容詞の dependable が中心の句、つまり形容詞句となるのです。

[問題文と選択肢の訳]
　Kidani Motors の車は非常に信頼できるので売れ行きがよいことは、よく知られている事実です。
(A) 動詞「信頼する」
(B) 形容詞「信頼できる」
(C) 副詞「忠実な方法で」
(D) 名詞「信頼性」

162

スコアアップ！

スコアアップするためのコツ

　Part 5 には大きく分けて7つのタイプの設問が登場するということを説明してきましたが、ここではより確実に正解を得るために行うべきことを1つひとつ丁寧に確認していきましょう。
　まずは次の問題を見てください。

When David Robinson joined the WEA Bank more than a decade ago, he didn't know the first thing about -------.
(A) financial
(B) financed
(C) finances
(D) financially

[解説]
　Part 5 に出題される問題は、大きく分けて文法問題と語彙問題の2種類あります。
　本問は選択肢に finance の派生語が並んでいる文法問題（品詞問題）です。
　このようなタイプの問題は、まずは空所の前後を確認します。
　本問では見るべき部分は、空所の前にある about と空所だけです。
　正解は前置詞の後に続く名詞の finances「財務」になります。
　前置詞の後ろには名詞（句）が続く、という基本を押さえておけばすぐに解答できる問題でした。

　次に、上記の問題を使って、どのような手順で解答すれば効率よく解答できるのか、そのためにはどのような知識を習得し、活用すればよいのかを説明します。

When David Robinson joined the WEA Bank more than a decade ago, he didn't know the first thing about -------.
(A) financial
(B) financed
(C) finances
(D) financially

176

> この本で各パートの問題についてトレーニングしていけば、納得のいくスコアをゲットすること、ベストスコアを更新することができるはずです。楽しみながら頑張っていきましょう！

Prologue

TOEIC® L&Rテストの勉強を始める前に

TOEIC® L&Rテストについて

　TOEIC® とは、Test of English for International Communication の略称で、英語を母国語としない人を対象とした、英語によるコミュニケーション能力を測定するテストです。

　アメリカの非営利機関 ETS（Educational Testing Service）が開発・制作しています。

　TOEIC® Listening & Reading Test（以下 TOEIC®）では、Listening（聞く）と Reading（読む）という2つの英語力を測定します。

◎ほぼ毎月、全国約80都市で実施されています（受験地により実施月は異なります）

◎テストはリスニングセクション（約45分間・100問）とリーディングセクション（75分間・100問）の2つから構成されており、途中休憩なしの約2時間で Part 1から Part 7までの全200問を解答します

◎マークシート方式の一斉客観テストです

◎出題形式は毎回同じで、解答はすべて問題用紙とは別の解答用紙に記入します

◎テストは英文のみで構成されており、英文和訳・和文英訳といった設問はありません

◎結果は合格・不合格ではなく、トータル10 ～ 990点の「スコア」として表示されます

リスニングセクション

（約45分間・100問）

Part 1 写真描写問題：6問

Part 2 応答問題：25問

Part 3 会話問題：39問（1セット3問×13セット）

Part 4 説明文問題：30問（1セット3問×10セット）

リーディングセクション

（75分間・100問）

Part 5 短文穴埋め問題：30問

Part 6 長文穴埋め問題：16問（1セット4問×4セット）

Part 7 読解問題：54問（1セット2〜5問×15セット）

TOEIC® には団体特別受験制度（IP テスト）もあります。

申し込み方法など、受験に関する詳細は公式サイトにてご確認ください。

一般財団法人 国際ビジネスコミュニケーション協会（IIBC）TOEIC® 公式サイト

https://www.iibc-global.org/toeic.html

英文法の基本知識①

本書に登場する文法用語は、いずれも TOEIC® 対策の学習を進めていくうえで「最低限必ず理解して覚えてもらいたいもの」だけを使用しています。

以下をしっかりと読んで理解したうえで本編へと進むことをお勧めします。

本編の内容の理解度がより高まるはずです。

◎文の要素

英文は「主語＋動詞＋目的語 or 補語＋α」から成り立っています。

主語、動詞、目的語、そして補語を「文の要素」といいます。

文の要素とは、英文を組み立てるパーツとなるものだと考えてください。

それでは例文を使って１つひとつ確認していきましょう。

①主語

Mr. Goto goes to bed early.　Goto さんは寝るのが早いです。

語句
- □ go to bed 寝る　□ early 早く

日本語にしたときに「〜は」「〜が」にあたるものが主語です。

動詞の前までが主語であると考えてもよいでしょう。

この例文では Mr. Goto「Goto さんは」が主語となります。

②動詞

Ms. Kojima goes to the gym every day.　Kojima さんは毎日ジムに行きます。

My colleagues are very busy.
私の同僚たちはとても忙しい。（私の同僚たち＝とても忙しい）

語句
- □ gym（スポーツ）ジム　□ colleague 同僚　□ busy 忙しい

日本語にしたときに「どうする」、「どんな状態だ」、そして「＝（イコール）」にあたる、主語の動作や状態を表すものが動詞です。

上記の例文では、goes「行く」（一般動詞）と are「＝」（be 動詞）が動詞です。

③目的語

Ms. Motoi watches <u>movies</u>. 　Motoi さんは映画を観ます。

Tsumugi has <u>many books</u>. 　Tsumugi はたくさんの本を持っています。

　動詞の後ろに置いて、日本語にしたときに「～を」「～に」にあたるものが目的語です。
　上記の例文では movies「映画」、と many books「たくさんの本」がそれにあたります。

④補語

My colleagues are <u>very busy</u>.
私の同僚たちはとても忙しい。（私の同僚たち＝とても忙しい）

　動詞を挟んで主語とイコールになるもの、もしくは目的語の後ろに続いて目的語とイコールになるものが補語です。
　are は「＝」という意味を持つ動詞（be 動詞）なので、My colleagues are very busy. は My colleagues ＝ very busy という意味になります。
　主語の My colleagues「私の同僚たちは」とイコールになっているのは、very busy「とても忙しい」です。
　よって、very busy がこの文の中では補語になります。

◎文の要素と品詞

<u>Miki</u> <u>watches</u> <u>TV</u>.
主語　　　動詞　　　目的語

　この例文では、主語が Miki、動詞が watches、目的語が TV になります。
　それぞれの文の要素になる単語には、対応する品詞というものがあります。

<u>Miki</u> <u>watches</u> <u>TV</u>.
名詞　　　動詞　　　名詞

　Miki は文の要素では「主語」になりますが、単語の品詞は「名詞」になります。
　watches は文の要素でも品詞でも「動詞」、TV は文の要素では「目的語」ですが、品詞の観点から見ると名詞になります。
＊品詞に関しては「英文法の基本知識②」で取り上げます。

◎節と句と語

節：<u>My colleagues are</u> very busy.

　主語＋動詞を含むカタマリを節と呼びます

句：<u>My colleagues</u> are <u>very busy</u>.

　2語以上の単語のカタマリを句と呼びます。

語：<u>My</u> <u>colleagues</u> <u>are</u> <u>very</u> <u>busy</u>.

　語とは各単語のことです。

◎基本文型

　基本文型とは以下の5つの文型のことです。

第1文型：主語＋動詞＋α（修飾語句）

Taichi walks in the garden.　Taichi は庭を歩きます。

第2文型：主語＋動詞＋補語

Ms. Abe looks really young.　Abe さんは本当に若く見えます。

第3文型：主語＋動詞＋目的語

Ryusuke has a big ship.　Ryusuke は大きな船を持っています。

第4文型：主語＋動詞＋目的語（A）＋目的語（B）

Chiho gave me some water.　Chiho は私に水をくれました。

　第4文型の動詞は「授与」を表すものが多く、その後に「人＋物」が続いて「人に物を～する」という形になる場合が多いです。

第5文型：主語＋動詞＋目的語＋補語

Aya found the book interesting.　Aya はその本が興味深いと分かりました。

　第5文型の文では目的語＝補語の関係が成立します。

　第5文型で使う主な動詞には以下のようなものがあります。

☐ make A B　A を B にする　☐ find A B　A が B だと分かる　☐ call A B　A を B と呼ぶ

☐ name A B　A を B と名付ける　☐ keep A B　A を B のままにしておく

☐ leave A B　A を B のままにしておく

英文法の基本知識②

「文の要素」は語や句から成ります。
　そして語には「品詞」があります。

◎品詞

　文の要素を作る語には「品詞」があり、品詞にはそれぞれの役割があります。
　ここでは英文に登場する主な品詞を見ていきましょう。

①名詞

Yuto「Yuto：人名」、flyer「チラシ」、Gifu「岐阜：地名」など

Yuto had some brochures in his bag.
Yuto はカバンの中にいくつかの小冊子を持っていました。

　語句
　□ brochure 小冊子

　名詞は人名や地名、人や物を表し、主語や補語などになります。
　名詞には「可算名詞」（1つ、2つと数えることができる名詞で、単数形と複数形がある）
と「不可算名詞」（1つ、2つと数えることができない名詞で、単数形や複数形がない）があ
ります。
　可算名詞の単数形には「冠詞」の the「その」や a/an「1つの」、代名詞の所有格などが
付きます（a/an は「1つの」と訳さない場合がほとんどです）。
　不可算名詞には the や代名詞の所有格は付きますが、a/an は付きません。
　複数形も存在しないので、単語の語尾に -s/es を加えた形もありません。

②動詞

conduct「〜を行う」、succeed「成功する」、sound「〜に聞こえる」など

Mr. Umino conducted research and presented it at the convention.
Umino さんは調査を行い、その結果を会議で発表しました。

　語句
　□ conduct 〜を行う　□ research 調査　□ present 〜を発表する　□ convention 会議

　動詞は主語の動作や状態を表し、主語の後ろに置きます。
　主語が三人称単数で時制が現在の文では語尾に -s/es を付けたり（このように主語に応じ
て動詞の形を変えることを主述の一致と言います）、時制が過去の文では過去形を使ったり

します。

　また、動詞の変化形には過去形「〜した」や過去分詞「〜される、〜された」があります。
上記以外にも動詞から派生するものとして、以下の3つが挙げられます。

・動名詞

　動名詞は動詞の -ing 形で、意味は「〜すること」です。

Taking photos in the auditorium is strictly prohibited.
講堂の中で写真を撮影することは厳格に禁じられています。

> **語句**
> □ auditorium 講堂　□ strictly 厳しく　□ prohibit 〜を禁止する

　Taking は「〜を撮ること」という意味の動名詞で、photos「写真」は Taking の目的語です。

　Taking photos in the auditorium は、文全体の中では主語の役割を果たしています。

・現在分詞

　現在分詞は動名詞と同じく動詞の -ing 形ですが、単独では形容詞と同じ性質を持ちます。
意味は「〜している」になります。

Hiroshi is presenting at the meeting in room 401.
Hiroshi は401号室で行われている会議でプレゼンを行っています。

　presenting「プレゼンを行っている」は現在分詞で、名詞である Hiroshi の状態を説明している形容詞であるということができます。

・to 不定詞

　to 不定詞は to ＋動詞の原形で表され、以下の3つの用法があります。
　一般的には「不定詞」と呼ばれることが多いです。

1. 名詞的用法「〜すること」

Ms. Mitani likes to see movies very much.
Mitani さんは映画を観ることがとても好きです。

　名詞的用法は「〜すること」という意味になります。
　to see が「〜を観ること」という意味の to 不定詞の名詞的用法、movies「映画」は to see の目的語です。
　また、to see movies「映画を観ること」は likes「〜を好む」の目的語となっています。

2. 形容詞的用法「〜するための」

Mr. Oka asked me to buy something to drink.
Oka さんは私に何か飲み物を買ってくるよう頼みました。

　形容詞的用法は「〜するための」という意味になります。

　to drink「飲むための」は、直前にある代名詞の something「何か」を後ろから説明（修飾）しています。

　something to drink は直訳すると「飲むための何か」ですが、意訳すると「何か飲む物（飲み物）」という意味になります。

　直訳は一語一句をそのまま訳し、文法にも忠実である訳し方のことで、意訳は元の文の一語一句にはこだわらず、文全体の流れを意識してより自然な日本語に訳す訳し方のことです。

　本書を含む多くの問題集や参考書では意訳が採用されています。

3. 副詞的用法「〜するために、〜して」

Our team practiced hard to win in the competition.
私たちのチームは競技会で勝つために一生懸命練習しました。

語句

□ competition 競技会

　副詞的用法は「〜するために」という意味になります。

　to win in the competition は「競技会で勝つために」という to 不定詞の副詞的用法＋α（in the competition）からなるカタマリで、これは Our team practiced hard「私たちのチームは一生懸命練習しました」という文を後ろから説明（修飾）しています。

　to win だけに目を向けると、これは動詞の practiced を修飾しているので、動詞を修飾する副詞的用法であるということができます。

Hiromu was very surprised to hear the news.
Hiromu はその知らせを聞いてとても驚きました。

　副詞的用法は「〜するために」だけでなく「〜して」という意味にもなります。

　to hear the news は「その知らせを聞いて」という to 不定詞の副詞的用法＋目的語（the news）からなるカタマリで、これは Hiromu was very surprised「Hiromu はとても驚きました」という文を後ろから説明（修飾）しています。

　to hear だけに目を向けると、これは直前にある過去分詞（形容詞扱い）の surprised を説明（修飾）しているといえるため、形容詞を修飾する副詞的用法であるということができます。

③形容詞

comfortable「快適な」、frequent「頻繁な」、international「国際的な」など

The audience felt that Mr. Naito's speech was awesome.
聴衆は Naito さんのスピーチは素晴らしかったと感じた。

語句
□ audience 聴衆　□ felt 〜だと感じた（feel の過去形）　□ awesome 素晴らしい

　形容詞は名詞や代名詞の状態や性質を表し、名詞の前後に置いてその名詞を修飾したり、主語や目的語とイコールの関係となる補語になったりします。

　この例文では、形容詞 awesome「素晴らしい」は同じ節（that 節）の主語である Mr. Naito's speech「Naito さんのスピーチ」の補語となっています。

④副詞

always「いつも」、immediately「すぐに」、recently「最近」など

The annual company outing is tentatively set for November 6.
毎年行われている社員旅行は、暫定的に11月6日に予定されています。

語句
□ annual 年に1回の　□ company outing 社員旅行　□ be set for 〜に予定されている
□ tentatively 暫定的に

　副詞は主に名詞以外の品詞や語句を修飾し、英文の中ではさまざまな位置に置かれます。

　この例文では、副詞 tentatively「暫定的に」は過去分詞の set「設定されている」を前から修飾しています。

⑤代名詞

your「あなたの」、yours「あなたのもの」、yourself「あなた自身」など

Ms. Watanabe's company has an edge over its competitors.
Watanabe さんの会社は競合他社に対して強みがあります。

語句
□ have an edge over 〜に対して強みがある　□ competitor 競合他社

　代名詞は主に一度英文に登場した名詞の代わりに使われます。

　代表的な代名詞には人称代名詞（I、my、me など）、所有代名詞（mine など）、そして再帰代名詞（myself など）などがあります。

　この例文では、代名詞の所有格である its「その」が名詞 competitors「競合他社」を前から修飾しています。

⑥助動詞

must「〜しなければならない」、will「〜するつもりだ、〜するだろう」、may「〜してもよい、〜かもしれない」など

We must realize that consumers' decisions are emotional.
私たちは消費者の決定は感情的であるということを認識しなければなりません。

[語句]
□ realize 〜を認識する　□ consumer 消費者　□ decision 決定　□ emotional 感情的な

助動詞は動詞の前に置き、その動詞は原形になります。

そして話し手が感じたことや、考えたことなど、「これは話し手の主観ですよ」という意味合いを動詞に付け加えます。

この例文では、助動詞 must「〜しなければならない」が動詞 realize「〜を認識する」の前に置かれ、realize 以下はこの文の書き手の主観であることを示しています。

⑦前置詞

at「〈点〉のイメージ」、to「〈到達〉のイメージ」、on「〈接触〉のイメージ」など

In our factory, we frequently inspect each item throughout the production process.
私たちの工場では、生産工程の至る所で各商品を頻繁に検査しています。

[語句]
□ factory 工場　□ frequently 頻繁に　□ inspect 〜を検査する　□ each それぞれの
□ item 商品　□ throughout 〜の至る所で　□ production process 生産工程

前置詞は名詞の前に置いて名詞に意味を付け加えます。

この例文では、前置詞 throughout「〜の至る所で」が名詞句 the production process「生産工程」の前に置かれ、「生産工程のどの部分のことなのか」という意味を付け加えています。

⑧接続詞

and「〜と…」、after「〜した後で」、that「〜ということ」、although「〜だけれども」など

You may select your seat when you board this special train.
この特別列車に乗車するときに、座席を選ぶことができます。

[語句]
□ may 〜してもよい　□ select 〜を選ぶ　□ board 〜に乗る

接続詞は節（主語＋動詞が含まれるカタマリ）と節、句と句、そして単語と単語をつなぎ

ます。

　この例文では、接続詞 when「～するとき」が2つの節をつないでいます。

　You may select your seat は主節、when が頭に付いている you board this special train は従属節と呼ばれます。

⑨冠詞

a / an「1つの、1人の」、the「その」

You have to place an order immediately.
あなたはすぐに注文をしなくてはなりません。

語句
□ place an order 注文する　□ immediately すぐに

　冠詞は名詞の前に置かれ、a/an（不定冠詞）は可算名詞の単数形の前に置かれます。

　この例文では、冠詞 an「1つの」が可算名詞の単数形である order「注文」の前に置かれています。

　the（定冠詞）は可算名詞にも不可算名詞にも付けることができ、その名詞が「ある特定のものに決まる」場合に使われます。

⑩疑問詞

what「何」、where「どこ」、how「どのように」など

When does your flight leave?　あなたの飛行機はいつ発ちますか。

語句
□ leave 出発する

　疑問詞は主に疑問文の文頭に置いて使われます。

　この例文では疑問詞 when「いつ」が疑問文の文頭に置かれています。

Part 1

写真描写問題

Part 1「写真描写問題」に挑戦！

　まずはリスニングセクションの Part 1「写真描写問題」から学んでいきましょう。

　Part 1では（A）〜（D）の4つの英文の音声を聞き、写真を最も的確に描写しているものを <u>1つ選び</u>、その選択肢の記号をマークして（塗りつぶして）解答します。

　出題される問題数は<u>全部で6問</u>です。

　まずは実際に音声を聞き、以下の問題に解答してみてください。

例題 🎧 01

1.

Ⓐ Ⓑ Ⓒ Ⓓ

解答の流れ

　各選択肢の音声が流れてくる前に、まずは写真を見て「どのような内容の英文の音声が流れてくるのか」を予想します。

　写真を見る際は以下の部分に注目するようにしてください。

▶目立つ人物の動作・状態・服装、物の状態に注目

　この写真の中で一番目立っているのは「靴を持っている女性」です。

　この女性の動作や状態、服装などを表す英文が音声で流れてくる可能性が高いと予測します。

　まれに写真の中で一番目立っている人物や物ではなく、背景にあるあまり目立っていない物などを描写した英文が正解となる場合もあるので注意が必要です。

　ですが、多くの場合、一番目立っている人物や物を描写した英文が正解となります。

> ・女性は手に靴を持っている
> ・女性は靴に向けて手を伸ばしている
> ・女性は長袖の服を着ている

　かなりの高確率で、上記の内容を英文にしたものが本問の正解となります。

　ただし例外的なものが正解になることも、頻度は低いとはいえ時々起こります。

　中心となる女性以外の部分、背景などにもきちんと目を配るようにするとよいでしょう。

　写真の中でこの女性以外で目立っているのは、壁側に陳列されているたくさんの靴です。

> ・たくさんの靴が陳列されている

　ここまでに挙げたような表現の英文が音声で流れてくるのではと予想して、選択肢の音声を待ちます。

　以下の英文の音声が流れてきます。

例題 🎧01 🇨🇦 M

［音声のスクリプト］

(A) She's wearing a short-sleeved T-shirt.

(B) She's holding a shoe.

(C) She's looking down at the floor.

(D) She's talking to a cashier.

▶英文の構成は①主語＋②動詞＋③＋α（目的語／補語／修飾語など）

　まず（A）の音声が流れてきます。

　この時点では、ペン先を（A）のマークの上を指す状態にしておきます。

　現時点での「最新の正解候補」となるマークの上を、常にペン先で指すようにするのです。

　これを本書では「**ペン先を使った消去法**」と呼ぶことにします。

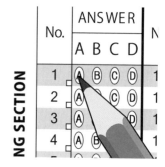

（A）She's wearing a short-sleeved T-shirt.

　Part 1に出題される英文の多くは、主語＋動詞に加えて目的語や補語、修飾語などから成る＋αから構成されます。

　主語は英文の最初に登場する（前置詞が前に付いていない）名詞で、日本語では「〜は・〜が」にあたるものです。

　この英文では She「彼女は」が主語となります（She's は She is の短縮形です）。

　主語の次には動詞が続きますが、ここでは is wearing「着用している」がその動詞にあたります（本書では動作や状態を表す語句〈単語もしくは複数の単語のカタマリ〉を動詞であるとします）。

　be 動詞＋動詞の -ing 形は「進行形」と呼ばれ、「（〜を）…している」という意味を表します。

　そして＋αとなる最後のカタマリが a short-sleeved T-shirt「半袖の T シャツ」です。

　もう一度この英文を見てみましょう。

She's wearing a short-sleeved T-shirt.

　この英文は以下のように3つの部分から構成されていると説明することができます。

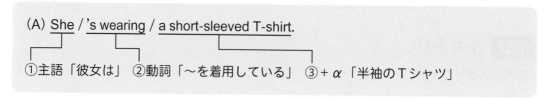

（A）She / 's wearing / a short-sleeved T-shirt.
①主語「彼女は」　②動詞「〜を着用している」　③＋α「半袖の T シャツ」

　（A）の英文は写真の様子を描写しているとは言えません。

　①の主語の部分と②の動詞の部分は問題ありませんが、③の部分が写真の様子とは矛盾しているからです。

　女性は a short-sleeved T-shirt「半袖の T シャツ」ではなく、a long-sleeved shirt「長袖のシャツ」を着用していることが分かります。よって、（A）は不正解となります。

この時点で (A) は「正解候補」ではなくなるため、次の選択肢である (B) が「最新の正解候補」となります。

ペン先を (A) のマークの上から (B) のマークの上に移動させてください。

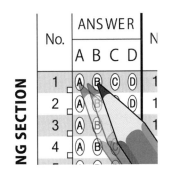

各英文の音声を聞き終えた時点で「これが正解だ」、もしくは「これは不正解だ」というように、各選択肢の英文を「2択」で判断していくことが、正解率を上げるためのコツです。

Part 1は「4択」の問題ですが、「各選択肢の英文に対して〇か×かの2択」の判断を行い、それを4回繰り返すようにしてください。

「正解かもしれない」、もしくは「聞き取れなかった」、「何を言っているのか分からなかった」というような、正解かどうかを判断しかねる選択肢はいったん「正解候補」として保留しておき、次の選択肢以降に「確実に正解だ」と思えるものが登場した場合にはそちらを正解として選び直すようにします。

この、「ペン先を使った消去法」をきちんと実践することは、確実に正解率のアップにつながります。

逆に次の選択肢以降に新たに正解だと思えるものが登場しなかった場合には、「保留しておいた正解候補」を正解として選ぶようにします。

では、(B) 〜 (D) の英文も見ていきましょう。

(B) She / 's holding / a shoe.
①主語「彼女は」　②動詞「〜を持っている」　③＋α「靴」

①主語と②動詞の部分は写真の状況と一致しており、③の＋αの部分である a shoe「靴」も、女性がまさに手に持っているものであることが分かります。

shoe「靴」は通常2つで1セットなので (a pair of) shoes「（1足の）靴」のように複数形で表しますが、女性が手にしているのは「片方の靴」、つまり a shoe「1つの靴」なので写真の様子と合致します。

よって、(B) が本問の正解となります。

この時点で (B) のマークを塗りつぶしてもいいのですが、確実に正解を選びたいのであればペン先を (B) のマークの上に置いたまま、塗らずに残りの (C) と (D) の選択肢の音声を聞き終えてから解答するようにしてください。

「この選択肢が正解だ」と確信した場合でも、念のため引き続き (C) と (D) が不正解であることをきちんと確認することを強くお勧めします。油断と慢心が不正解につながるからです。

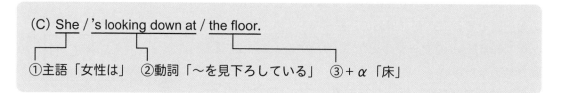

(C) She / 's looking down at / the floor.

①主語「女性は」　②動詞「〜を見下ろしている」　③＋α「床」

　（C）の英文は②の動詞の部分と③の＋αの部分が写真の
様子とは矛盾しています。

　女性は is looking down at「〜を見下ろしている」ので
はなく is looking up「〜を見上げている」という状態であ
り、視線は the floor「床」ではなく a shoe「靴」に向け
られているからです。

　ペン先は（B）のマークの上に置いたままです。

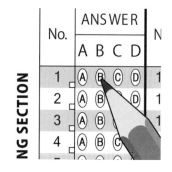

(D) She / 's talking to / a cashier.

①主語「彼女は」　②動詞「〜に話しかけている」　③＋α「レジ係」

　（D）の英文は②の動詞の部分と③の＋αの部分が写真の
様子とは合わないことが分かります。

　女性は is talking to「〜に話しかけている」という動作
をしていないのはもちろんのこと、a cashier「レジ係」
に至っては「写真に写っていない」のが明白です。

　Part 1では「写真に写っていない人物や物」が音声とし
て聞こえてきたら、当然ながらその選択肢は「不正解」で
す。

　（D）の音声を聞き終えた時点でも、やはりペン先は（B）
のマークの上に置いたままです。

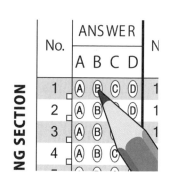

　これで（A）〜（D）の4つの英文の音声を聞き終えまし
た。

　ペン先が置かれている（B）のマークを塗りつぶし、こ
の問題のタスクは終了となります。

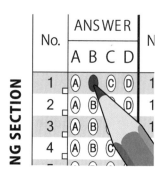

例題 🎧01

[音声のスクリプト]

(A) She's wearing a short-sleeved T-shirt.

(B) She's holding a shoe.

(C) She's looking down at the floor.

(D) She's talking to a cashier.

[スクリプトの訳]

(A) 彼女は半袖のTシャツを着用している。

(B) 彼女は靴を持っている。

(C) 彼女は床を見下ろしている。

(D) 彼女はレジ係に話しかけている。

[正解] (B)

語句

□ wear 〜を着用している　□ short-sleeved T-shirt 半袖のTシャツ　□ hold 〜をつかむ

□ shoe 靴　□ look down at 〜を見下ろす　□ floor 床　□ talk to 〜に話しかける

□ cashier レジ係

[解説]

　女性は靴を手にしているので、正解は (B) になります。

　女性が着用しているのは long-sleeved shirt「長袖のシャツ」なので (A) は不正解、女性の視線はやや上方にある靴に向けられているので (C) も不正解、(D) は talking to「〜に話しかけている」という動作を女性は行っておらず、cashier「レジ係」も写真には写っていないのでこちらも不正解です。

　「写真に写っていない人物や物に関する表現が聞こえたら不正解」ということを押さえておいてください。

① wear は「〜を着用している」という「状態」(＝動いていない) を表します。

これに対して put on は「〜を着用する」という動作 (＝動いている) を表すので、これが正解になる場合には、写真は「(衣類や靴などを着用しようとしている) 動きを感じさせる」ものでなくてはいけません。

以下の例文が正解になる場合は「女性がジャケットの袖に腕を通そうとしている瞬間」を写したような写真である必要があります。

☐ She is **putting on** a jacket.
　彼女はジャケットを着用しようとしているところだ。

② hold「〜をつかむ」は、「〜を開催する」という意味でもよく使われます。

また、主語となる会議やイベントなどが「開催される」は be held や take place を使って表します。

☐ Mr. Sugabayashi **will hold** a conference next month.
　Sugabayashi さんは来月会議を開催します。
☐ The conference will **be held** next month.
☐ The conference will **take place** next month.
　会議は来月開催されます。

③ cashier は「レジ係」ですが、「レジ」は cash register と表します。

☐ The man is operating a **cash register**.
　男性はレジを操作している。

語句 ☐ operate 〜を操作する

最初の例題では Part 1の問題に対する基本的な解答の流れを学んでいただきました。
それでは、次の問題を見てみましょう。

例題 🎧02

2.

Ⓐ Ⓑ Ⓒ Ⓓ

🎧 02 🇬🇧 W

［音声のスクリプト］

(A) Some people are looking at the pianos.

(B) Some artworks have been attached to the wall.

(C) There are two pianos on display.

(D) A musical instrument is being played by the man.

［スクリプトの訳］

(A) 何人かの人々が（複数台の）ピアノを見ている。

(B) いくつかの芸術作品が壁に取り付けられている。

(C) 2台のピアノが展示されている。

(D) 楽器が男性によって演奏されているところだ。

［正解］(D)

語句

□ look at ～を見る　□ artwork 芸術作品　□ be attached to ～に取り付けられる　□ wall 壁
□ there be ～がある・いる　□ on display 展示されて　□ musical instrument 楽器

［解説］

　musical instrument「楽器（この写真ではピアノ）」を弾いている男性が写っている写真を、be 動詞＋ being ＋過去分詞から成る「受け身の進行形」（進行形の受動態）「～されている最中だ」を使って描写している (D) が正解です。

　(A) は Some people「何人かの人々」が写真には写っていないので、主語の部分の音声が聞こえた時点で不正解であると判断することができます。

　また、写真には1台のピアノしか写っていないので、複数形の pianos「ピアノ」が用いられているところも写真の様子とは合いません。

　(B) は artworks「芸術作品」が写真には写っていないので、こちらも主語の部分の音声が聞こえた時点で不正解であると判断することができます。

　have been attached「取り付けられた状態だ」は have been ＋過去分詞から成る「受け身の現在完了形」（現在完了形の受動態）で、「～された状態だ」という意味を表します。

　(C) も写真には1台のピアノしか写っていないことから不正解であると判断することができます。

　There be は「～がある・いる」という意味を表す「There be 構文」と呼ばれるもので、There be の後ろに続く名詞（two pianos「2台のピアノ」）がこの構文の中では主語になります。

Point

① (B) の例文で使われている artworks「芸術作品」は可算名詞（個々の作品を表す場合は可算名詞）です。

不可算名詞には冠詞の a/an は付かず、語尾に -s/-es が付いた複数形にもなりません。

また、不可算名詞が主語になる場合は三人称単数扱いになるので、現在形の文の場合主語に続く be 動詞は is になります。

□ Some artworks are being loaded into the vehicle.

いくつかの芸術作品が乗り物の中に積み込まれているところだ。

語句 □ be loaded into 〜に積み込まれる　□ vehicle 乗り物

② attach「〜を取り付ける」は、attach A to B「A を B に取り付ける」の形で覚えておくといいでしょう。

□ The woman is attaching a notice to the bulletin board.

女性はお知らせを掲示板に貼り付けている。

語句 □ notice お知らせ　□ bulletin board 掲示板

スコアアップするためのコツ

　Part 1の問題に登場する英文の多くは、be 動詞（is / are）＋動詞の -ing 形からなる現在進行形「（～は）…（を）しているところだ」を使って表されます。

　また、先ほどの例題に出てきた There be 構文「～がある・いる」もしばしば登場します。

　ここまで見てきたように、Part 1の問題には基本的な表現を使った英文が多く登場するのですが、600～700点を目指す中級者や、800点～900点以上を目指す上級者にとっても「瞬時に理解するのが難しい」場合がある英文もかなりの頻度で登場します。

　それが「受け身の現在完了形」（現在完了形の受動態）と「受け身の現在進行形」（現在進行形の受動態）が使われている英文です。

　まずは先ほど学んだ例題2. の（B）の英文で使われている「受け身の現在完了形」から見ていきましょう。

(B) Some artworks / have been attached / to the wall.

　この英文は、主語である Some artworks「いくつかの芸術作品」、動詞の have been attached「取り付けられた状態だ」、そして＋αの to the wall「壁に」から構成されています。

　ポイントとなるのは have been attached の部分です。

　これは have been の部分が現在完了形（have ＋過去分詞）、そして been attached の部分が受動態（be 動詞＋過去分詞）を構成しています。

　ここで使われている現在完了形は「～してしまった状態だ」（完了）を、受動態は「～された」を表すため、have been attached は「取り付けられた状態だ」という意味になるのです。

　英文の音声を聞き取った直後に、すぐにその文意を言うことができるようになることを目指してみてください。

　そのためには1文の音声を聞いてポーズ、英文を復唱し、続けてすぐにその英文の意味を言うという練習を何回も繰り返すことをお勧めします。

Point

受け身の現在完了形（現在完了形の受動態）：have been ＋過去分詞
意味：「～された状態だ」

　次は「受け身の現在進行形」（現在進行形の受動態）が使われている文を見てみましょう。

　例題2. で扱った（D）の選択肢の英文です。

(D) A musical instrument / is being played / by the man.

　この英文は、主語である A musical instrument「楽器」、動詞の is being played「演奏されている最中だ」、そして＋αの by the man「男性によって」から構成されています。

　写真に写っている楽器は a piano「ピアノ」ですが、英文では a musical instrument「楽器」という表現が使われています。

　このように TOEIC® では「下位語」を「上位語」に言い換えて使用するケースが少なくありません。

　上位語（a musical instrument）とは下位語（a piano）を含む表現のことです。

　下位語は「具体的」、上位語は「抽象的」、「一般的」なものになる傾向があり、英文で下位語が使われている場合には内容が具体的なので理解しやすいことが多いのですが、上位語が使われている場合には逆に理解しにくくなる場合が多いということを頭に入れておくといいでしょう。

　動詞の is being played は is being の部分が現在進行形（be 動詞＋動詞の -ing 形）を、being played の部分が受動態（be 動詞＋過去分詞）を構成しています。

　現在進行形は「（～を）…しているところだ」、受動態は「～される」を表すため、is being played は「～されている最中だ」という意味になります。

　受け身の現在完了形と同様、こちらも1文の音声を聞いてポーズ、英文を復唱し、続けてすぐにその意味を言うという練習を何回も繰り返してみてください。

　受け身の現在進行形は「（何かが人によって）～されている最中だ」という意味になるため、「何かをしている人」が写真に写っている場合がほとんどですが、display「～を展示する」や exhibit「～を展示する」、そして reflect「～を反射する」などの「状態を表すことができる」動詞が使われている場合は例外です。

　次の例文を見てください。

Some merchandise is being displayed in the showcase.

語句
□ merchandise 商品
□ display ～を展示する
□ showcase ショーケース

　この英文は「（いくつかの）商品がショーケースの中に展示されている（最中だ）」という意味になりますが、「人が商品をショーケースの中に並べている」様子（動作）を表すことができるだけでなく、「商品がショーケースの中に展示されている（状態）」も表すことができます。

　前者を表す場合は人が写真に写っていますが、後者を表す場合は写真には人は写っていません。

Point

受け身の現在進行形（現在進行形の受動態）：be 動詞＋動詞の -ing 形＋過去分詞
意味：「～されている最中だ」

スコア
アップ！

スコアアップトレーニング

　Part 1の問題の復習方法を紹介します。

　以下のやり方にしたがってトレーニングを進めてみてください。

　なお、学習素材としては本書のように「音声が付属している」参考書や問題集、模試などをお使いください。

▶ ①４つの選択肢の復習

（1）それぞれの選択肢にある「意味が分からない語句」の意味を、解説などを読んで確認してください。

（2）スクリプトの英文を読んですぐに意味を言える状態にします。

　　（例）Some artworks have been attached to the walls.

　　　　「いくつかの芸術作品が壁に取り付けられている」

（3）スクリプトを見ずに音声だけを聞き、その英文の意味が分かるかどうかを確認してください。

　　1文の音声を聞いてポーズにし、すぐにその英文の意味を言うことができれば大丈夫です。

▶ ②リッスン・アンド・リピート

　1文ずつ音声を聞いて（1文を聞いたらその時点で音声をポーズにして）、すぐに声に出して英文をリピート（音読）します。

　スクリプトを見ながら音声を聞き、各英文を音声に合わせて10回ずつ音読してください。

　できる限りナレーターの読み方の真似をするように心がけながら音読するのが上達のコツです。

　Part 1は1問につき4つの選択肢（英文）があるので、合計40回、英文の音読を行うことになります。

リッスン・アンド・リピートの効能

①正確な発音を覚えることができます

　ネイティブのナレーターの発する正しい発音の真似をすることにより、リスニングの聞き取りの精度が上がります。

　自分が正しく発音できる英文は、より聞き取りやすくなるからです。

②自分が聞き取れていない部分を正確に認識することができます

　聞き取れていない部分の発音はあいまいになってしまう、もしくは発音することができないので、その部分が自分の聞き取りの弱点であるということを認識することができ

ます。

③音声の連結（リンキング）・脱落（リダクション）を学ぶことができます

　個々の単語の持つ音は、英文の中で発音される場合とは変わる場合があります（音声の連結や脱落が行われるため）。

　これを自然に学ぶことができるため、聞き取り能力が向上するだけでなく、より正確な発音で話すことができるようになります。

④リテンション力（記憶保持能力）・音に対する集中力が上がります

　音声を正確に再現しようとすればするほど、より精度の高い記憶力、そして集中力が要求されます。

　リッスン・アンド・リピートのトレーニングを繰り返すことにより、自然とこれらの力を高めていくことができます。

▶ ③音読筆写

　英文を音読しながら書き取るトレーニングです。

(1) 英文を見て、音読しながら英文を3回書き取ります。

　A musical instrument is being played by the man.

　A musical instrument is being played by the man.

　A musical instrument is being played by the man.

(2) 英文を見ずに、音読しながら英文を3回書き取ります。

　日本語訳を見ながら行っても構いませんが、英文は見ずに行ってください。

　A musical instrument is being played by the man.

　A musical instrument is being played by the man.

　A musical instrument is being played by the man.

(3)(2)で書いた英文が(1)で書いたものと同じように書けていれば終了です。

　間違えてしまった部分があれば、(1)〜(3)の順に再度同じ英文を使った練習をしてください。

▶ ④ディクテーション

　1文ずつ音声を聞いて記憶し（1文を聞き終えたらその時点で音声をポーズにして）、その英文を正確にノートに書いてください。その際、スクリプトや日本語訳は見ないようにして、音声だけを頼りに英文を書くようにします（上記の①～③のトレーニングを終えた時点で、何も見ずに英文を書くことができるようになるための準備が整っているはずです）。

　書けなかった英文のみ、①に戻って確認し、再度②と③を行い、そして④までを完璧にこなせるようにします。

　4つの選択肢の英文を全てディクテーションすることができるようになったら、自分が書いたそれらの英文の意味を正しく言えるかどうか確認してみてください。

　これがクリアできたら Part 1の問題1問分のタスクは終了となります。

Part 1のまとめ

Part 1の「写真描写問題」への基本的な取り組み方を、ここでおさらいしておきましょう。

▶ 目立つ人物の動作・状態・服装、物の状態に注目

写真の中で目立っている人物の動作や状態、服装、物の状態を表す内容の英文が正解となる可能性が非常に高いです。

▶ 英文は①主語＋②動詞＋③＋α（目的語／補語／修飾語など）から構成されている

①主語、②動詞、そして③＋αのいずれかの部分が写真の様子と合わない英文は不正解です。

特に②の動詞と③の＋αの部分が写真の様子とは矛盾する場合が多い、ということを覚えておいてください。

▶ 最新の正解候補を追い続ける

（A）～（D）の選択肢それぞれの音声が流れ終わった時点における「最新の正解候補」のマーク上に鉛筆（シャープペンシル）のペン先を置くようにしてください（ペン先を使った消去法の実践）。

「正解かもしれない」、もしくは「聞き取れなかった」、「何を言っているのか分からなかった」というような、「正解かどうかを判断しかねる選択肢」はいったん「正解候補」として保留しておき、次の選択肢以降に「より確実に正解だ」と思えるものが登場した場合にはそちらを正解として選び直すようにしてください。

次の選択肢以降に新たに正解だと思えるものが登場しなかった場合は、「保留しておいた正解候補」を正解として選ぶようにします。

（D）の音声が流れ終えた時点でペン先のある記号のマークを塗りつぶすようにすることは、「どれが正解だったのか忘れてしまった」という凡ミスを防ぐことにもつながります。

では、問題を3問解いてみましょう。
（巻末の解答用紙をお使いください）

問題 🎧 03

1.

問題 🎧 04

2.

問題 🎧 05

3.

Part
1

写真描写問題

41

1.

🎧 03 🇦🇺 M

[音声のスクリプト]

(A) She is looking at a bulletin board.

(B) She is walking through a park.

(C) She is resting on the bicycle.

(D) She is wearing a helmet.

[スクリプトの訳]

(A) 彼女は掲示板を見ている。

(B) 彼女は公園を歩いて通り抜けている。

(C) 彼女は自転車の上にいる。

(D) 彼女はヘルメットを着用している。

語句

□ look at ～を見る　□ bulletin board 掲示板　□ walk through ～を歩いて通り抜ける

□ rest on ～の上にいる　□ bicycle 自転車　□ wear ～を着用した状態だ

□ helmet ヘルメット

[正解] (C)

[解説]

　女性が自転車にまたがっている状態を描写している (C) が正解です。

　ここで使われている rest on は「～の上にいる」という意味を表しています。

　(A) は、女性は何かを見ている様子ではありますが、視線の先に bulletin board「掲示板」は存在しないので不正解、(B) は walking through「～を歩いて通り抜ける」という動作を女性は行っていません。

(D) は、女性は helmet「ヘルメット」を着用している状態ではないので、こちらも不正解となります。

　wear は「～を着用している」という「状態」を表し、「～を身に付ける」という「動作」を表す場合は put on を使います。

☐ The man is **putting on** a glove.
　男性は片方の手袋を身に付けようとしている。

Part
1

写真描写問題

2.

🎧 04 🇦🇺 M

［音声のスクリプト］

(A) A display has been mounted on the ceiling.

(B) Some stools are being arranged on the floor.

(C) Some notices are attached to the bulletin board.

(D) Some windows are being wiped.

［スクリプトの訳］

(A) ディスプレーが天井に取り付けられている。

(B) いくつかのスツールが床に並べられているところである。

(C) いくつかの掲示物が掲示板に貼られている。

(D) いくつかの窓が拭かれているところである。

語句

□ display ディスプレー　□ mount 〜を取り付ける　□ ceiling 天井　□ stool スツール

□ arrange 〜を並べる　□ floor 床　□ notice 掲示物　□ attach 〜を貼る

□ bulletin board 掲示板　□ window 窓　□ wipe 〜を拭く

［正解］(C)

［解説］

　掲示板に貼られている掲示物の状態を、受動態を使って描写している (C) が正解です。
be attached to は「〜に貼られている」という意味を表します。

　(A) は主語の display「ディスプレー」が写真には写っていないため不正解です。
has been mounted は受け身の完了形で「取り付けられた状態だ」という意味を表します。

　(B) も主語の stools「スツール（背もたれと肘掛けのない椅子）」が、写真には写っていません。

are being arranged は受け身の進行形で「並べられている最中だ」という意味を表します。「人がスツールを並べている最中」の写真であれば正解になり得ます。

(D) の主語である windows「窓」も写真には写っておらず、続く動作も当然行われてはいません。

are being wiped は受け身の進行形で「拭かれている最中だ」という意味を表します。「人が窓を拭いている最中」の写真であれば正解になり得ます。

Point

display「ディスプレー、展示」は「〜を展示する」という意味の他動詞としても非常によく使われます。また、display を使った「〜が展示されている」という表現にはさまざまな表し方があるので注意が必要です。

以下の4つの例文は、全て「家具が展示されている」という意味になります。

☐ Some furniture **is on display**.

☐ Some furniture **is displayed**.（受動態）

☐ Some furniture **has been displayed**.（受け身の完了形）

☐ Some furniture **is being displayed**.（受け身の進行形）

語句 ☐ on display 展示されて

3.

🎧 05 🇨🇦 M

[音声のスクリプト]

(A) He is painting a picture.

(B) Some chairs are stacked on top of each other.

(C) Some paintings are hanging on the wall.

(D) There is a stool in front of an easel.

[スクリプトの訳]

(A) 彼は絵を絵の具で描いているところだ。

(B) いくつかの椅子が積み重ねられている。

(C) いくつかの絵が壁に掛かっている。

(D) イーゼルの前にスツールがある。

[正解] (D)

語句

☐ paint（絵を）絵の具で描く　☐ picture 絵

☐ be stacked on top of each other 積み重ねられている　☐ painting 絵

☐ be hanging on the wall 壁に掛かっている　☐ there be 〜がある　☐ stool スツール

☐ in front of 〜の前に　☐ easel イーゼル

[解説]

　There be「〜がある」を使って、イーゼルの前にあるスツール（背もたれのないイス）を描写している (D) が正解です。

　in front of は「〜の前に」という位置を表す表現です。

　(A) は主語の He「彼は」が写真には写っていないため不正解です。

　painting a picture「絵を描いている」は写真の状況に関連のある表現を使った錯乱肢（さ

くらんし：知識や理解度の不足している受験者を迷わせるための選択肢）です。

　（B）は主語の Some chairs「いくつかの椅子」が写真に写っている椅子の数（1つ）とは合わず、動詞以降も写真の状況を描写するものではありません。

　be stacked on top of each other は「積み重ねられている」という意味の表現で、be stacked on top of one another と言い換えることもできます。

　写真上には1枚の絵しか見えないので、（C）の主語 Some paintings「いくつかの絵」とは合わず、なおかつ複数の絵が hanging on the wall「壁に掛かっている」状態でもありません。

Point

　each other「お互い」は、one another に言い換えることが可能です。
□ Some chairs are stacked on top of one another.
　いくつかの椅子が積み重ねられている。

語句　□ stack ～を積み上げる　□ on top of one another それぞれの上に

Part 2

応答問題

Part 2「応答問題」に挑戦！

　Part 2では問いかけ・発言と（A）〜（C）の3つの選択肢の英文の音声を聞き、問いかけ・発言に対する応答として最も適当なものを1つ選び、その選択肢の記号をマークして解答します。

　出題される問題数は全部で25問です。

　それでは実際に音声を聞いて、以下の問題を解いてみてください。

例題 🎧06

1. Mark your answer on your answer sheet.

Ⓐ　Ⓑ　Ⓒ

解答の流れ

Part 2の問題を解答するうえで大切なことの1つ は、問いかけ・発言の内容をしっかりと聞き取って理解し、その内容を頭の中に保持（リテンション）することです。

そして、もう1つはその保持した内容を（A）〜（C）の3つの選択肢の英文それぞれに突き合わせていく、ということをきちんと行うことです。

問いかけ・発言の内容を理解できなければ、たとえ後に続く（A）〜（C）の英文を完全に聞き取れて理解できたとしても正解を得ることはできません。

Part 2では「全ての英文を一語一句たりとも聞き漏らさないぞ」という姿勢で臨み、「問いかけ・発言と自然なやり取りになる応答」となる選択肢を正解として選ぶようにします。

▶問いかけ・発言の英文を確実に聞き取って理解する

問いかけ・発言の英文を聞いて内容を訳さずに理解し、英語のまま記憶できる場合はそのまましっかりと記憶しておきます。

英語のまま記憶をしておくのが難しい場合には「分かりやすい 日本語に要約して」記憶に留めるようにします。

これを本書では「要約リテンション」（問いかけ・発言を要約して記憶に保持すること）と呼ぶことにします。

海外の映画には日本語の「字幕」が付くことがありますが、それを自分で瞬時に作り上げるイメージです。

それでは問いかけ・発言の要約の仕方と、それをどのようにして応答文と対応させていくのかを紹介していきましょう。

> Did you meet the clients yesterday?

①問いかけ・発言の英文を「要約リテンション」する

この英文の音声を聞き終えたとき、瞬時に「あなたは昨日クライアントに会いましたか」という意味であると理解できるのであれば、何も問題はありません。

可能であれば英文のままこの問いかけの内容をリテンションする練習を積むといいでしょう。

一方で、初級者〜中級者の方ですと、英語を英語のまま理解し、なおかつそれを記憶することがまだまだ難しいと感じる方は少なくないはずです。

その場合はここで紹介する「要約リテンション」に取り組むことをお勧めします。

Did you meet the clients yesterday?
「あなたは昨日クライアントに会いましたか」

これを「昨日クライアントに会った？」のように、自分の言葉で要約するのです。

この練習を何回も繰り返し行い、問いかけや発言の内容を要約することに慣れてくると、英文の音声を聞き終えた瞬間に、すぐに日本語字幕を作ることができるようになってきます。

さらにこれを引き続き繰り返していくうちに、英文を英語の語順のまま、日本語を介さずに英語で理解することができるようになります。

英文を聞き終えた瞬間に、一気にそれを要約するのが難しいと感じる場合は、スクリプト（英文）を見て意味を確認し、その日本語を要約する練習から始めるといいでしょう。

②選択肢の応答に対して Yes / No の判断を3回繰り返す

Part 1の問題を解答する際に使用した「ペン先を使った消去法」は、Part 2でも有効なコツです。

(1) 最初は（A）のマークの上にペン先を置いておきます。

(2)（A）の音声を聞き、それが「正解だ（もしくは正解かもしれない）」と思った場合には、ペン先はそのまま（A）のマークの上で止めておきます。

この選択肢は「不正解だ」と判断した場合には、ペン先は（B）のマークの上に移動させます。

(3)（B）以降も同様にペン先の移動を行うようにし、（C）の音声が流れ終わった時点でペン先が置いてあるマークを塗るようにします。

これに加えて、例えば「（A）が正解かもしれないと思っていたけれども（（C）の選択肢の音声が流れ終えた時点で）（A）ではなくて（C）が正解だ」と判断した場合には、（A）のマークの上からペン先を移動させ、（C）を正解としてマークするようにしてください。

具体的な解答手順

ここからは実際に解答する際の流れを、丁寧にたどりつつ説明していきます。

🎧 06 🇦🇺 M 🇬🇧 W

①呼吸を整えて、問題番号が読まれると同時のタイミングで軽く息を吸うようにするといいでしょう（軽めの鼻呼吸で行うようにします）。

各問題に対して常に同じリズムで取り組んでいけるようにすることにより、呼吸が整うだけでなく集中力も安定するからです。

No. 1
Did you meet the clients yesterday?

②問いかけの音声が流れ終えたら、瞬時にその英文を要約して記憶に保持します（要約リテンションを行います）。

「あなたは昨日クライアントに会いましたか」が正しい訳ですが、これを「自分の言葉」で要約します。

（例）
「昨日クライアントに会った？」

「昨日客に会った？」

できるだけ短く、各選択肢が読み上げられる合間に要約した問いかけと選択肢の英文をリズム良く合わせていける程度の長さの要約を作るようにします。

③問いかけの内容と応答の内容を１つひとつ合わせていきます。

ペン先は「現時点でこれが正解だ」と思える「最新の正解候補」のマークの上に置き、新たな正解候補と出合うまでは (A) から (B) へ、(B) から (C) へと状況に応じて移動させていきます。

「昨日クライアントに会った？」
↓
(A) My supervisor wasn't at the meeting yesterday.
　「違う（不正解）」と判断し、ペン先を (B) のマークの上に移動させます。

④「昨日クライアントに会った？」

　　↓

（B）I have to meet the deadline.

　　「違う（不正解）」と判断し、ペン先を（C）のマークの上に移動させます。

⑤「昨日クライアントに会った？」

　　↓

（C）I'll meet them tomorrow evening.

　　「これだ（正解）」と判断し、（C）のマークを塗りつぶします。

これでこの問題のタスクは終了しました。

呼吸を整えて、次の問題へのスタンバイをしましょう。

［音声のスクリプト］

🎧 06 🇦🇺 M　🇬🇧 W

🇦🇺 M　Did you meet the clients yesterday?

🇬🇧 W　（A）My supervisor wasn't at the meeting yesterday.

　　　　（B）I have to meet the deadline.

　　　　（C）I'll meet them tomorrow evening.

［スクリプトの訳］

🇦🇺 男性　あなたは昨日クライアントに会いましたか。

🇬🇧 女性（A）私の上司は昨日ミーティングにいませんでした。

　　　　（B）私は締め切りを守らなければいけません。

　　　　（C）私は明日の夜彼らに会います。

［正解］（C）

語句

□ client クライアント　□ supervisor 上司　□ have to do ～しなければならない

□ meet the deadline 締め切りを守る

［解説］

　Did you meet the clients yesterday? は Yes / No で応答することができるタイプの問いかけです。

　「あなたは昨日クライアントに会いましたか」という問いかけに対して、I'll meet them tomorrow evening.「私は明日の夜彼らに会います」と応答している（C）が正解です。

　本問の問いかけには No, I didn't.「いいえ、会っていません」などを使って応答するのがふつうですが、ここでは省略されています。

Point

　Did you meet the clients yesterday?「あなたは昨日クライアントに会いましたか」は、Yes, I did.「はい、会いました」や No, I didn't.「いいえ、会っていません」を使って応答することができる問いかけです。

　本問では I'll meet them tomorrow evening.「私は明日の夜彼らに会います」が正解となっていますが、これは Did you meet the clients yesterday? → No, I didn't. → I'll meet them tomorrow evening. の流れの中から No, I didn't. の部分を省いた応答であると考えてください。

　また、本問では問いかけにある meet が各応答文に含まれていますが、問いかけの中で使われている語は正解・不正解問わず、どの応答文の中にでも使われる可能性があるということを覚えておいてください。

もう1問見てみましょう。

次は最初の英文が「問いかけ」ではなく、「発言」であるパターンです。

例題 🎧07

2. Mark your answer on your answer sheet.

Ⓐ Ⓑ Ⓒ

［音声のスクリプト］

🎧 07 🇬🇧 W 🇨🇦 M

🇬🇧 W I'd like you to write a report on the progress of work.

🇨🇦 M (A) OK, when do you need it by?

(B) She reports to Mr. Sabre.

(C) I'd like another cup of coffee.

［スクリプトの訳］

あなたに仕事の進捗に関する報告書を書いてもらいたいです。

(A) いいですよ、いつまでにあなたはそれが必要ですか。

(B) 彼女は Sabre さんの下で働いています。

(C) コーヒーのお代わりが欲しいです。

［正解］(A)

語句

□ I'd like somebody to do 私は人に〜してほしい　□ progress 進捗　□ by 〜までに

□ report to 〜の下で働く　□ I'd like 私は〜が欲しい

□ another cup of coffee コーヒーのお代わり

［解説］

I'd like you to write a report on the progress of work.「あなたに仕事の進捗に関する報告書を書いてもらいたいです」は疑問文ではない単なる「発言」ですが、内容は「あなたに報告書を書いてほしい」という「依頼を表す表現」となっています。

これに対して OK, when do you need it by?「いいですよ、いつまでに必要ですか」と疑問文を使って応答している (A) の内容が発言と話がかみ合います。

(B) では発言にある report「報告書」という単語が report to「〜の下で働く」というフレー

ズの中で使われていますが、内容が発言とはかみ合いません。

　このように、問いかけや発言の中で使われている単語、もしくはその派生語が、不正解の応答文の中に組み込まれている場合が多々あります。

　問いかけや発言、もしくは応答文の内容をきちんと理解することができなかった場合、問いかけや発言の中で使われていた単語と同じもの、もしくは似た発音の単語を含んでいる応答文（錯乱肢）を学習者は選びがちだからです。

　単語単位ではなく、あくまでも問いかけや発言、そして応答文全体の「文意」を理解できるよう、普段の学習時から心がけることが大切です。

　(C) の冒頭で使われている I'd like「私は〜が欲しい」は発言の冒頭と重複しますが、（B）と同じく内容が発言とはかみ合いません。

Point

　report to は、ここでは「〜の下で働く」という意味で使われていますが、「〜に出向く」という意味でも使われます。

☐ I have to report to the head office today.

　私は今日、本社に出向かなくてはいけません。

語句　☐ head office 本社

スコアアップするためのコツ

　Part 2の正答率を上げるカギとなるのは、「いかに問いかけ・発言の英文をしっかりと聞き取って内容を理解し、なおかつそれをリテンションすることができるか」に尽きます。

　応答の3つの英文をいくら完璧に聞き取れて内容を理解することができたとしても、問いかけ・発言の英文を聞き取れない、もしくは理解できない場合には正解の選びようがないからです。

🎧 08 🇬🇧 W

Could you check the material for the meeting?
「会議で使う資料を確認していただけますか」

語句

□ Could you do...？ 〜していただけますか。　□ check 〜を確認する　□ material 資料

　この問いかけに対する正しい応答として、以下のようなものが考えられます。

🎧 09 🇨🇦 M

(1) My assistant has time to do so.
　「私のアシスタントがそれをやる時間があります」
　（依頼された仕事を他の人に回すパターン）

(2) I'm busy right now.
　「私は今忙しいです」
　（今忙しいので無理です、と、少しだけ遠回しに依頼を断るパターン）

(3) Not another meeting.
　「また会議ですか」（会議があることをこの依頼によって初めて知った、というパターン）

語句

□ assistant アシスタント　□ have time to do 〜をする時間がある　□ busy 忙しい
□ right now 現時点では　□ not another また〜ですか

　上記（1）〜（3）は、全て「問いかけの内容と話がかみ合う」ものになっていますが、いずれも依頼に対して「直接受ける」、もしくは「直接断る」ようなものではないため、瞬時

に正解だと確信を得ることは決して易しいとは言えません。

　（1）や（2）の応答は瞬時に文意を理解することが容易かもしれませんが、（3）の Not another meeting.「また会議ですか」の意味を聞いてすぐに理解することができる人は、あまり多くはないでしょう。

　Part 2の正答率を上げるためには、以下のことができるようにならなくてはいけません。

Point

　Part 2の問題に正答できるためには

①問いかけ・発言の英文を全てしっかりと聞き取って、その内容を瞬時に理解することができる

②聞き取った問いかけ・発言の英文の内容を頭の中にリテンション（保持）することができる

③3つの応答を英語のまま理解し、問いかけ・発言の内容とかみ合うものを選ぶことができる

　これら3つのことを瞬時にできる問題のストックを増やしていくこと、これが Part 2の正答率を上げていくために必要なことなのです。

　それでは次に具体的なトレーニング方法を紹介していきます。

応答問題

スコアアップトレーニング

Part 2の問題の復習方法です。

以下のやり方にしたがってトレーニングを進めてみてください。

学習素材としては本書のように「音声が付属している」参考書や問題集、模試などをお使いください。

▶ ①４つの英文の復習

（1）問いかけ・発言と応答の英文にある「意味が分からない語句」の意味を、解説などを読んで確認してください。

（2）スクリプトの英文を読んですぐに意味を言える状態にします。

　　（例）Could you check the material for the meeting?

　　　　「会議で使う資料を確認していただけますか」

（3）スクリプトを見ずに音声だけを聞き、その英文の意味が分かるかどうかを確認してください。

　　1文の音声を聞いてポーズにし、すぐにその英文の意味を言うことができれば大丈夫です。

▶ ②リッスン・アンド・リピート

　1文ずつ音声を聞いて（1文を聞いたらその時点で音声をポーズにして）、すぐに声に出して英文をリピート（音読）します。

　スクリプトを見ながら音声を聞き、各英文を音声に合わせて10回ずつ音読してください。

　できる限りナレーターの読み方の真似をするように心がけながら音読するのが上達のコツです。

　Part 2は1問につき4つの英文があるので、合計40回、英文の音読を行うことになります。

▶ ③音読筆写

　英文を音読しながら書き取るトレーニングです。

（1）英文を見て、音読しながら英文を3回書き取ります。

　　Did you meet the clients yesterday?

　　Did you meet the clients yesterday?

　　Did you meet the clients yesterday?

(2) 英文を見ずに、音読しながら英文を 3 回書き取ります。

　　日本語訳を見ながら行っても構いませんが、英文は見ずに行ってください。

　　Did you meet the clients yesterday?

　　Did you meet the clients yesterday?

　　Did you meet the clients yesterday?

(3) (2) で書いた英文が (1) で書いたものと同じように書けていれば終了です。

　　間違えてしまった部分があれば、(1) 〜 (3) の順に再度同じ英文を使った練習をしてください。

▶ ④ディクテーション

　　1 文ずつ音声を聞いて記憶し（1文を聞き終えたらその時点で音声をポーズにして）、その文を正確にノートに書いてください。

　　その際、スクリプトや日本語訳は見ないようにして、音声だけを頼りに英文を書くようにします。

　　（上記の①〜③のトレーニングを終えた時点で、何も見ずに英文を書くことができるようになるための準備が整っているはずです）。

　　書けなかった英文のみ、①に戻って確認し、再度②と③を行い、そして④までを完璧にこなせるようにします。

　　問いかけ・発言と応答の英文を全てディクテーションすることができるようになったら、それらの英文の意味をスクリプトを見ながら言えるかどうか確認してみてください。

　　これがクリアできたら Part 2の問題1問分のタスクは終了となります。

　　まずは本書に掲載されている全ての問題のストックを作ることを目標にしましょう。

　　上記のストックができたら、以下のやり方で解答する練習を行います。

　　以下に復習時に再度同じ問題を解答する際に心がけてほしいことをまとめておきました。

> 問いかけ・発言の内容を瞬時に要約する

　　問いかけ・発言の英文の音声を聞き終えた瞬間に、その英文の「字幕」を頭の中で作り、それを (A) 〜 (C) の応答の音声と（音声はポーズにせずに）それぞれ突き合わせていきます。

　　問いかけ・発言と選択肢の3つの応答の間で「話の内容がかみ合うもの」は1組しかありません。

　　その1組を完成させる選択肢の応答が正解となります。

Could you check the material for the meeting?

「資料を確認してくれる？」 ➡ (A) Mr. Okada attended the conference last week.

「資料を確認してくれる？」 ➡ (B) I'll check into the hotel at 5:00 P.M.

「資料を確認してくれる？」 ➡ (C) Sorry, I have to be at the airport in half an hour.

語句

□ Could you do...? ～することはできますか。　□ material 資料　□ attend ～に出席する

□ conference （参加人数の多い公式の）会議　□ check into ～にチェックインする

□ have to do ～しなければならない　□ in half an hour 30分後に

▶ 最新の正解候補を追い続ける

　各英文の音声が流れ終わった時点での「最新の正解候補」のマークの上に鉛筆（シャープペンシル）のペン先を置くようにしてください。

　（C）の音声が流れ終えた時点でペン先が置かれているマークを塗りつぶすようにすれば、マークミスを防ぐこともできます。

[スクリプトの訳]

会議で使う資料を確認していただけますか。

（A）Okada さんは先週の会議に出席しました。

（B）私は午後5時にホテルにチェックインします。

（C）すみません、30分後には空港にいなくてはならないんです。

[正解]（C）

[解説]

　Could you check the material for the meeting?「資料を確認していただけませんか」という、Could you do ...?「～することはできますか」を使った丁寧な依頼表現に対して、Sorry「すみません（申し訳ありませんができません）」とまずは断りを一言入れた後、すぐに I have to be at the airport「空港に行かなくてはならないんです」と具体的な断りの理由を続けている（C）が正解です。

　（A）では問いかけの英文にある meeting「会議」に関連する conference「会議」が使われていますが、「資料を確認してほしい」という依頼に対応する内容ではなく、単に Okada さんが先週行ったことを述べているにすぎないので不正解です。

　（B）では問いかけにある check「～を確認する」という動詞が使われていますが、こちらも（A）と同じく問いかけの内容とは話がかみ合いません。

Part 2の「不正解の選択肢（の英文）」は「問いかけに登場する語句から連想される関連表現を含むもの」、「問いかけに登場する語句と同じものを含むもの」、そして「問いかけに登場する語句と発音が重複するものを含むもの」が多いということを押さえておいてください。

錯乱肢は上記のような観点から作られているのです。

いずれにせよ、正解となる応答の英文は「問いかけ（発言）に対して話の内容がかみ合うもの」を選ぶようにすれば間違いありません。

Point

① attend「〜に出席する」は participate in に言い換えることが可能です。

　□ Mr. Okada attended the conference last week.

　　Okada さんは先週の会議に出席しました。

　□ Mr. Okada participated in the conference last week.

　　Okada さんは先週の会議に出席しました。

② check into「（ホテル）にチェックインする」は、check in に言い換えることができます。

　□ I'll check into the hotel at 5:00 P.M.

　　私は午後5時にホテルにチェックインします。

　□ I'll check in the hotel at 5:00 P.M.

　　私は午後5時にホテルにチェックインします。

③ in half an hour は「30分後に」ですが、within half an hour は「30分以内に」を表します。

　□ I have to be at the airport in half an hour.

　　私は30分後には空港にいなくてはなりません。

　□ I have to be at the airport within half an hour.

　　私は30分以内に空港にいなくてはなりません。

Part 2のまとめ

Part 2の応答問題への基本的な取り組み方を、ここでおさらいしておきましょう。

▶ 問いかけ・発言を瞬時に要約する

問いかけ・発言の英文を全力で聞き取って内容を理解します。

「自分の言葉」でそれを要約し、「字幕」を作ってリテンション（保持）します。

🎧 11 🇬🇧 W

Let's meet in the lobby at 11:00 A.M.

午前11時にロビーで会いましょう。

これを「11時にロビーで会おう」のように要約します。

▶ 問いかけ・発言の「要約」を（A）〜（C）の応答とそれぞれ突き合わせる

🎧 12 🇬🇧 W 🇨🇦 M

Let's meet in the lobby at 11:00 A.M.

「11時にロビーで会おう」 ➡ (A) I checked into this hotel last night.

「11時にロビーで会おう」 ➡ (B) That's a meat and produce market.

「11時にロビーで会おう」 ➡ (C) That's a bit too early for me.

語句

□ check into （ホテルなどに）チェックインする　□ last night 昨晩

□ meat and produce market 畜産物販売店　□ a bit too early 少し早すぎる

▶ 最新の正解候補を追い続ける

各選択肢の英文の音声が流れ終わった時点での「最新の正解候補」のマークの上に鉛筆（シャープペンシル）のペン先を置くようにしてください。

（C）の音声が流れ終えた瞬間にペン先のあるマークを塗りつぶすようにすれば、マークミスを防ぐこともできます。

［スクリプトの訳］

午前11時にロビーで会いましょう。

（A）私はこのホテルに昨晩チェックインしました。

（B）あれは畜産物販売店です。

（C）それは私には（時間が）早すぎます。

［正解］（C）

［解説］

　Let's meet in the lobby at 11:00 A.M.「午前11時にロビーで会いましょう」という勧誘に対して、That's a bit too early for me.「（午前11時は）私には早すぎます（行くのが難しいです）」という断りの応答をしている（C）が正解です。

　（A）は発言にある lobby「ロビー」に関連する hotel「ホテル」を含む応答ですが、発言とは話の内容がかみ合いません。

　（B）は発言にある meet「会う」と発音が同じ（同音異義語）である meat「肉」を含んでいますが、こちらも（C）と同様、発言とは話がかみ合いません。

Point

☐ That's a bit too early for me.

　それは私には（時間が）早すぎます。

　この応答にある too「〜すぎる」は、「〜すぎて…できない」という意味までを含んでいると考えてください。「早すぎて11時にロビーに行くことは私にはできません」という含みを持った表現なのです。

Part 2

応答問題

では、問題を8問解いてみましょう。
（巻末の解答用紙をお使いください）

問題 🎧 13〜20

1. Mark your answer on your answer sheet.

2. Mark your answer on your answer sheet.

3. Mark your answer on your answer sheet.

4. Mark your answer on your answer sheet.

5. Mark your answer on your answer sheet.

6. Mark your answer on your answer sheet.

7. Mark your answer on your answer sheet.

8. Mark your answer on your answer sheet.

1.

🎧 13 🇨🇦 M 🇬🇧 W

［音声のスクリプト］

🇨🇦 M　When did you complete the course in art history?

🇬🇧 W　(A) Oh, I haven't taken it yet.

　　　　(B) I'm not a PE teacher.

　　　　(C) At the bookstore.

語句
□ complete 〜を修了する
□ course 講座
□ art history 美術史
□ take 〜を取る　□ yet まだ
□ PE 体育（physical education）
□ bookstore 書店

［スクリプトの訳］

🇨🇦 男性　いつあなたは美術史の講座を修了しましたか。

🇬🇧 女性　(A) ああ、私はまだそれを受けていません。

　　　　(B) 私は保健体育の先生ではありません。

　　　　(C) 書店でです。

［正解］(A)

［解説］

　When did you complete the course in art history?「いつあなたは美術史の講座を修了しましたか」という問いかけに対して、Oh, I haven't taken it yet.「ああ、私はまだそれ（美術史の講座）を受けていません」と応答している (A) が正解です。

　(B) は問いかけにある course「講座」から連想される teacher「先生」を含む応答ですが、問いかけとは話の内容がかみ合いません。

　(C) は At the bookstore.「書店でです」という「場所」を答える応答文ですが、これは問いかけにある When「いつ」を Where「どこ」と聞き間違えた人が選んでしまうように仕向けられた錯乱肢です。

Point

　yet は疑問文では「もう」、否定文では「まだ」という意味で使われますが、「今までの中で」という意味で比較の最上級と一緒に使われることと、「けれども」という意味の接続詞として使われることも押さえておいてください。

□ Kenny Archer's latest movie looks like his best **yet**.

　Kenny Archer の最新の映画は、今までの（彼の作品の）中で彼の最高傑作のようです。

語句　□ latest 最新の　□ look like 〜のようだ

□ Hiroshi went to the meeting room, **yet** he couldn't find anyone there.

　Hiroshi は会議室に行きましたが、誰もそこにはいませんでした。

語句　□ find 〜を見つける　□ anyone（否定文で）誰も〜ない　□ there そこで

2.

🎧 14 ▣ W 🇦🇺 M

［音声のスクリプト］

▣ W　Do you know who designed this auditorium?

🇦🇺 M　(A) We have to go to the conference tomorrow.

　　　　(B) A famous architect, but I don't remember his
　　　　　　name.

　　　　(C) Who invited you?

［スクリプトの訳］

▣ 女性　あなたは誰がこの講堂をデザインしたのか知って
　　　　　いますか。

🇦🇺 男性 (A) 私たちは明日会議に行かなければいけません。

　　　　(B) 有名な建築家ですが、私は彼の名前を思い出せません。

　　　　(C) 誰があなたを招待したのですか。

［正解］(B)

［解説］

　Do you know who designed this auditorium?「あなたは誰がこの講堂をデザインしたの
か知っていますか」という問いかけに対して、A famous architect, but I don't remember
his name.「有名な建築家ですが、私は彼の名前を思い出せません」と応答している (B) が
正解です。

　この文は「間接疑問文」と呼ばれ、who designed this auditorium「誰がこの講堂をデザ
インしたのか」という疑問詞の who から始まる名詞節は、know「～を知っている」の目的
語となっています。

　(A) は問いかけにある auditorium「講堂」から連想される conference「会議」を含む応
答ですが、問いかけとは話の内容がかみ合いません。

　(C) は問いかけにある who「誰が」を含む応答ですが、こちらも (A) と同じく、問いか
けとは話の内容がかみ合いません。

語句

□ design ～をデザインする

□ auditorium 講堂

□ have to do
　　～しなければいけない

□ conference 会議

□ famous 有名な

□ architect 建築家

□ remember ～を覚えている

□ invite ～を招待する

Point

「会議」を表す単語はいくつかありますが、TOEIC® では以下の単語を押さえてくとよ
いでしょう。大まかなニュアンスの違いとともに覚えておいてください。

□ meeting ➡ 会議、会合　　　□ conference ➡ 参加者の多い公式の会議

□ convention ➡ 大規模な公式の会議　　　□ gathering ➡ 交流会、懇親会

□ assembly ➡ 重要なことを議論するための集まり

3.

🎧 15 🇬🇧 W 🇦🇺 M

[音声のスクリプト]

🇬🇧 W　Can you assist me repairing my laptop?

🇦🇺 M　(A) Sure, I'd love to.

　　　　(B) This is my faithful assistant.

　　　　(C) Some inspectors will arrive here tomorrow
　　　　　　afternoon.

[スクリプトの訳]

🇬🇧 女性　私のノートパソコンを修理する手伝いをしていた
　　　　　だけますか。

🇦🇺 男性　(A) もちろん、喜んでやらせていただきます。

　　　　　(B) こちらは私の信頼できるアシスタントです。

　　　　　(C) 何人かの検査官が明日の午後こちらにいらっしゃいます。

語句

□ assist somebody doing
　　人が～するのを助ける
□ repair ～を修理する
□ laptop ノートパソコン
□ sure もちろん
□ I'd love to. 喜んで。
□ faithful 信頼できる
□ assistant アシスタント
□ inspector 検査官
□ arrive 到着する

Part 2

応答問題

[正解]（A）

[解説]

　Can you assist me repairing my laptop?「私のノートパソコンを修理する手伝いをしていただけますか」という「依頼」をしている問いかけに対して、Sure, I'd love to.「もちろん、喜んでやらせていただきます」と依頼を受ける応答をしている（A）が正解です。

　Can you ...? は「～してくれますか」という依頼を表す表現です。

　assist somebody doing は「人が～するのを助ける」というフレーズとして覚えておくとよいでしょう。

　（B）は問いかけにある assist「～を手伝う」の派生語である assistant「アシスタント」を含む応答ですが、問いかけとは話の内容がかみ合いません。

　（C）は問いかけにある repairing「～を修理すること」から連想される inspectors「検査官」を含む応答ですが、こちらも（B）と同じく、問いかけとは話の内容がかみ合いません。

Point

　TOEIC® に登場する「～してくれませんか」という依頼を表す表現をまとめて押さえておきましょう。

□ Will you ...? ➡ ほぼ命令文に近い感じの依頼表現

□ Would you ...? ➡ 丁寧な依頼表現　　□ Can you ...? ➡ 部下や後輩に対して使う依頼表現

□ Could you ...? ➡ 丁寧な依頼表現　　□ Would you mind doing ...? ➡ 非常に丁寧な依頼表現

□ I wonder ... . / I'm wondering ... . / I was wondering if you could ... . ➡ 誰に対しても
　使える丁寧な依頼表現

4.

🎧 16　🇺🇸 M　🇬🇧 W

[音声のスクリプト]

🇺🇸 M　Where did you put the new pamphlet?

🇬🇧 W　(A) Yesterday's evening.

　　　(B) On your desk.

　　　(C) This is the pamphlet issued by the industry.

語句

□ put ～を置く

□ pamphlet パンフレット

□ issue ～を発行する

□ industry 業界

[スクリプトの訳]

🇺🇸 男性　どこにあなたは新しいパンフレットを置きましたか。

🇬🇧 女性　(A) 昨日の夜です。

　　　(B) あなたの机の上にです。

　　　(C) これは業界が発行したパンフレットです。

[正解] (B)

[解説]

　Where did you put the new pamphlet?「どこにあなたは新しいパンフレットを置きましたか」という「場所」を尋ねる問いかけに対して、On your desk.「あなたの机の上にです」とパンフレットを置いた場所を答えている (B) が正解です。

　(A) は問いかけにある Where「どこ」を When「いつ」と聞き間違えた人が選んでしまう錯乱肢です。

　(C) は問いかけにある pamphlet「パンフレット」を含む応答ですが、問いかけとは話の内容がかみ合いません。

　the pamphlet issued by the industry「業界が発行したパンフレット」は、名詞 the pamphlet が過去分詞 + α から成る issued by the industry「業界によって発行された」によって後ろから説明されているパターンです。

　このように、名詞を語句などが後ろから修飾することを「後置修飾」と呼びます。

Point

　issue は TOEIC® に頻出の多義語です。

「問題（点）」、「（定期刊行物の）号」、「～を刊行する」などの意味があることを押さえておいてください。

□ We have to address that **issue** immediately.

　私たちはすぐにその問題に対処しなければなりません。

語句　□ have to do ～しなければならない　□ address ～に対処する

　　　□ issue 問題　□ immediately すぐに

5.

🎧 17 ▇▇ W 🔻 M

[音声のスクリプト]

▇▇ W　How about holding a discount sale next month?

🔻 M　(A) Our manager will hold a conference next week.

　　　(B) That sounds nice.

　　　(C) They're discounted office supplies.

[スクリプトの訳]

▇▇ 女性　来月特価セールを開催しませんか。

🔻 男性　(A) 私たちの部長は来週会議を開きます。

　　　(B) それは素晴らしいですね。

　　　(C) それらは割引された事務用品です。

[正解] (B)

Part 2 応答問題

語句

□ How about doing ...? ～しませんか。　□ hold ～を開催する　□ discount sale 特価セール

□ manager 部長　□ conference 会議　□ discount ～を割引する　□ office supplies 事務用品

[解説]

　How about holding a discount sale next month?「来月特価セールを開催しませんか」という「提案」を表す問いかけに対して、That sounds nice.「それは素晴らしいですね」と提案に対する「同意」を表している (B) が正解です。

　(A) は問いかけにある holding「～を開催すること」の原形である hold「～を開催する」や、問いかけにある next month「来月」と同じく時を表す next week「来週」を含む応答ですが、問いかけとは話の内容がかみ合いません。

　(C) は問いかけにある discount「割引」の派生語である過去分詞の discounted「割引された」を含む応答ですが、こちらも (A) と同じく、問いかけとは話の内容がかみ合いません。

> **Point**
>
> 　office supplies「事務用品」で使われている supplies の派生語で TOEIC® に登場するものを、ここでまとめて押さえておきましょう。
>
> □ supply 供給、～を供給する
>
> □ supply A with B A に B を供給する
>
> □ supplier 供給(業)者

6.

🎧 18 🇦🇺 M 🇺🇸 W

[音声のスクリプト]

🇦🇺 **M** Why don't we have a break?

🇺🇸 **W** (A) The rest are in the warehouse.
(B) OK, this task will be completed soon.
(C) Why don't you call me later?

[スクリプトの訳]

🇦🇺 **男性** 休憩を取りませんか。

🇺🇸 **女性** (A) 残りは倉庫にあります。
(B) いいですよ、この仕事はもうすぐ終わ
ります。
(C) 後で私に電話してくれませんか。

[正解] (B)

[解説]

　Why don't we have a break?「休憩を取りませんか」という「勧誘」を表す問いかけに対
して、OK, this task will be completed soon.「いいですよ、この仕事はもうすぐ終わります」
と勧誘に応じている (B) が正解です。

　(A) は問いかけにある break「休憩」の同義語である rest「休息」を含む応答ですが、こ
の rest は「残り」の意味であるうえ、問いかけとは話の内容がかみ合いません。

　(C) は問いかけにある Why don't we ...?「(一緒に) 〜しませんか」(勧誘を表す表現) と
Why don't の部分が被っている表現である Why don't you ...?「〜してくれませんか」(提案
を表す表現) を含む応答ですが、こちらも (A) と同じく、問いかけとは話の内容がかみ合
いません。

[語句]

□ Why don't we ...?
　(一緒に) 〜しませんか。
□ have a break 休憩を取る
□ rest 残り　　□ warehouse 倉庫
□ task 仕事
□ complete 〜を完成させる
□ soon すぐに
□ Why don't you ...?
　〜してくれませんか。
□ call 〜に電話する　□ later 後で

Point

　動詞 complete「〜を完成させる」は形容詞「完全な、完璧な、完成した」も同じ綴
りなので、混同しないよう注意が必要です。
　副詞の completely「完全に」とともにしっかりと使い分けができるよう覚えておい
てください。
□ Our store has a **complete** selection of all the books by Leon White.
　当店は Leon White の書いた全ての本の完璧な品ぞろえがあります。
[語句] □ a selection of 〜の品ぞろえ

7.

🎧 19 🇦🇺 M 🇬🇧 W

[音声のスクリプト]

🇦🇺 M　How far is it from here to the station?

🇬🇧 W　(A) When does the next train leave?

　　　　(B) It costs 20 dollars.

　　　　(C) It's about a 15-minute walk from here.

[スクリプトの訳]

🇦🇺 男性　ここから駅まではどのくらいの距離がありますか。

🇬🇧 女性　(A) いつ次の電車は発車しますか。

　　　　(B) それは20ドルかかります。

　　　　(C) ここから徒歩で約15分です。

語句
- [ ] how far
　　〜の距離はどれくらいか
- [ ] from A to B　AからBまで
- [ ] leave 出発する
- [ ] cost（お金が）かかる
- [ ] dollar ドル　[ ] about 約
- [ ] a 15-minute walk
　　徒歩で15分

[正解] (C)

[解説]

　How far is it from here to the station?「ここから駅まではどのくらいの距離がありますか」という「距離」を尋ねる問いかけに対して、It's about a 15-minute walk from here.「ここから徒歩で約15分です」と、その道のりを歩いた場合にかかるおおよその時間に換算して応答している（B）が正解です。

　(A) は問いかけにある station「駅」に関連する train「電車」を含む応答ですが、問いかけとは話の内容がかみ合いません。

　(B) は問いかけにある How far「〜の距離はどれくらいか」を How much「（金額が）どのくらいか」と聞き間違えた人が選んでしまうように仕向けられた錯乱肢です。

　How much ...? に対する応答であれば、(B) は正解になり得ます。

Point

　leave「出発する」はさまざまな意味で使われる頻出単語です。
- [ ] There are only a few days **left** until his latest novel.

　　彼の最新の小説の発売まで、あとわずか数日となりました。

　この left は leave の過去分詞で「残されている」という意味で使われており、直前にある only a few days「数日だけ」を後ろから説明しています。

語句　[ ] There be 〜がある　[ ] a few 2、3の　[ ] until 〜まで　[ ] latest 最新の
　　　[ ] novel 小説

8.

🎧 20 🇺🇸 W 🇦🇺 M

［音声のスクリプト］

🇺🇸 W What are you going to do when the client arrives?

🇦🇺 M (A) I'll bring her a restaurant for dinner.

(B) The arrival time is 11:00 A.M.

(C) I'm going to go to the movie next Sunday.

語句

☐ be going to do
　〜するつもりだ
☐ client クライアント
☐ arrive 到着する
☐ bring A B
　A を B に連れて行く
☐ arrival 到着

［スクリプトの訳］

🇺🇸 女性 クライアントが到着したらあなたは何をするつもりですか。

🇦🇺 男性 (A) 私は彼女を夕食のためにレストランにお連れするつもりです。

(B) 到着時刻は午前11時です。

(C) 私は次の日曜日に映画に行くつもりです。

［正解］(A)

［解説］

　What are you going to do when the client arrives?「クライアントが到着したらあなたは何をするつもりですか」という問いかけに対して、I'll bring her a restaurant for dinner.「私は彼女を夕食のためにレストランにお連れするつもりです」と応答している (A) が正解です。

　(B) は問いかけにある arrives「到着する」の派生語である arrival「到着」を含む応答ですが、問いかけとは話の内容がかみ合いません。

　(C) は問いかけにある be going to do「するつもりです」を含む応答ですが、こちらも (B) と同じく、問いかけとは話の内容がかみ合いません。

Point

　arrive「到着する」は自動詞です。「〜に到着する」は arrive in、arrive at のように後ろに前置詞の in（〈内部〉のイメージを持つ前置詞）や at（〈点〉のイメージを持つ前置詞）を伴って表します。

　at は「点」なので、時点や地点を表す場合に使われます。

☐ The inspectors will **arrive at** the construction site on January 23.
　検査官たちは1月23日に建設現場に到着します。

語句 ☐ inspector 検査官　☐ construction site 建設現場

Part 3
会話問題

&

Part 4
説明文問題

Part 3「会話問題」&
Part 4「説明文問題」に挑戦！

　Part 3「会話問題」と Part 4「説明文問題」は、出題形式や解答方法などの「学ぶべき必須事項」がほぼ同じです。

　上記の理由から、本書では2つのパートをまとめて扱うことにします。

　Part 3では、2人または3人の人物による会話が1度だけ放送されます。

　Part 4では、アナウンスやナレーションのような説明文が1度だけ放送されます。

　会話（Part 4では説明文）を聞いて問題用紙に印刷された設問（設問は会話や説明文の音声が流れた後に放送されます）と選択肢を読み、4つの選択肢の中から最も適当なものを選んで解答します。

　会話（説明文）の中で聞いたことと、問題用紙に印刷された図などで見た情報を関連付けて解答する設問（図表問題〈グラフィック問題〉）もあります。

　各会話や説明文には設問が3つずつあります。

　出題される問題数は Part 3が全部で39問（1セット3問×13セット）、Part 4が全部で30問（1セット3問×10セット）です。

　Part 3では「3人の話し手が登場するセット」が2セット程度、Part 3と Part 4では「意図問題（話し手の意図を問う問題）」を含むセットが合計5セット程度、「図表問題（グラフィック問題）」を含むセットが合計5セット程度出題されます。

　Part 3と Part 4で出題される問題タイプを以下にまとめておきます。

①通常タイプの問題
　　Part 3：6セット程度
　　Part 4：5セット程度
②「意図問題（話し手の意図を問う問題）」を含むセット
　　Part 3：2セット程度
　　Part 4：3セット程度
③「図表問題（グラフィック問題）」を含むセット
　　Part 3：3セット程度
　　Part 4：2セット程度
④「3人の話し手が登場するセット」
　　Part 3：2セット程度

上記の①から順を追って、問題タイプ別の取り組み方や解答の手順を説明していきます。

④の「3人の話し手が登場するセット」に関しては、「やや会話の速度が速くなる」こと以外は「通常タイプの問題」と異なる部分はほとんどありませんので、本書では①〜③のタイプの問題への取り組み方を順番に説明していきます。

まずは Part 3に出題される①通常タイプの問題から見ていきましょう。

例題 🎧 21

1. Where do the speakers work?
   (A) Department store
   (B) Legal firm
   (C) Accounting office
   (D) Car dealer

2. What most likely was a reason for more visitors?
   (A) New policies
   (B) Change in business hours
   (C) Advertisements
   (D) Free gifts

3. What will the man do next?
   (A) Make a phone call
   (B) Visit a coworker
   (C) Check a Web site
   (D) Complete a report

解答の流れ

▶ Part 3 & Part 4の具体的な解答手順 ①通常タイプの問題

　ここでは実際に解答する際の流れを、例題を使って丁寧にたどりつつ説明していきたいと思います。

　Part 3 & Part 4では、最初のセットが始まる前に放送されるディレクションの音声が流れている間の時間（約30秒）、そして会話・説明文の音声が流れ終わり、次のセットの会話・説明文の音声が流れ始めるまでの時間（35 〜 45秒前後）を使って、次のセットの設問と選択肢を読むようにします（これを設問と選択肢の〈先読み〉と呼びます）。

　以下の①と②を、30秒以内に終えることを目標にするとよいでしょう。

①設問×３つを読み、簡単な日本語に要約して記憶します（目標制限時間：10秒）

　以下に日本語への要約の仕方を例として挙げますので参考にしてください。

　なお、most likely「おそらく」や probably「多分」などが設問の中にある場合には注意が必要です。

　会話や説明文に登場する「正解を選ぶための根拠」となる表現が、選択肢では他の表現に言い換えられていたり、会話や説明文で述べられている状況証拠（説明文中に登場するキーワード）から推測して正解を選ばなくてはならなかったりする場合があるということを覚えておいてください。

　また、英語のまま日本語を介さずに設問を記憶することができる場合には、日本語に訳すことなく極力そのようにする方が効率的です。

　ご自身のやりやすいやり方で練習するようにしてみてください。

1. Where do the speakers work?
　「話し手たちはどこで働いていますか」
　要約　「どこで働いていますか」

　話し手の男女は2人とも同じ職場で働いているということが設問から分かります。

　よって、正解に繋がるヒントを男女のどちらが言うのかを気にする必要はありません。

　男女のいずれもが正解に繋がるヒントを言う可能性があるので、主語の「話し手たちは」の部分を覚えておく必要がありません。

　この設問は「どこで働いていますか」と要約すれば大丈夫です。

2. What most likely was a reason for more visitors?

「より多くの訪問者が訪れるようになった理由は何だと考えられますか」

要約 「訪問者が増えた理由は何ですか」

設問に most likely「おそらく」が含まれているので注意が必要です。

会話や説明文に登場する「正解を選ぶための根拠」となる表現が、選択肢では他の表現に言い換えられていたり、会話や説明文で述べられている状況証拠（説明文中に登場するキーワード）から推測して正解を選ばなくてはならなかったりする場合があります。

3. What will the man do next?

「男性は次に何をしますか」

要約 「男性は何をしますか」

Part 3では3つ目の設問に「男性（女性）は次に何をしますか」という問いかけがしばしば登場します。

ちなみに Part 4の場合は「話し手（聞き手）は次に何をしますか」という問いかけが登場します。

このタイプの設問には next「次に」が含まれる場合が多いのですが、要約に含める必要はありません。

解答するうえで差し支えないからです。

②設問と選択肢を全て読みます（目標制限時間：20秒）

設問は日本語に要約して記憶することをお勧めします。

選択肢は内容を理解するのに必要な部分だけを読み、なおかつ英語のまま理解するようにしてみてください。

冠詞の a/an や the、形容詞の some などは読まなくても問題ありません。

各選択肢に共通する部分も読む必要がない場合がほとんどです。

もちろん時間に余裕のある人は、全ての選択肢をそのまま読んで理解する方がよいでしょう。

1. Where do the speakers work?

「どこで働いていますか」

(A) Department store

(B) Legal firm

(C) Accounting office

(D) Car dealer

2. What most likely was a reason for more visitors?

「訪問者が増えた理由は何ですか」

(A) New policies

(B) Change in business hours

(C) Advertisements

(D) Free gifts

3. What will the man do next?

「男性は何をしますか」

(A) Make a phone call

(B) Visit a coworker

(C) Check a Web site

(D) Complete a report

③会話の音声が流れてくるまでは、設問だけを何回も繰り返し読みながら待つようにします

　これを行うことにより、設問の内容がより濃く記憶に刷り込まれるため、会話の内容を聞き取って理解しようとしている間は音声と選択肢の内容のみに集中することが可能です。

　頭の中で以下のように唱えましょう。

（例）全ての設問の意味を会話の音声が流れてくるまでに3回ずつ唱えることができる場合。

「どこで働いていますか」 ➡ 「訪問者が増えた理由は何ですか」 ➡ 「男性は何をしますか」

「どこで働いていますか」 ➡ 「訪問者が増えた理由は何ですか」 ➡ 「男性は何をしますか」

「どこで働いていますか」 ➡ 「訪問者が増えた理由は何ですか」 ➡ 「男性は何をしますか」

④会話の音声を聞きながら解答します。

🎧 21 🇨🇦 M 🇺🇸 W

［音声のスクリプト］

Questions 1 through 3 refer to the following conversation.

🇨🇦 M ❶A lot more customers have been visiting the furniture section.

🇺🇸 W I think it's because of the latest online ad campaign -you know, the one led by Visualization Consulting.

🇨🇦 M It would be great if we could ask them to help us with sportswear.
We've had a lot of markdowns recently.
❷It would be interesting to find out why the furniture ads worked so well.

🇺🇸 W Well, you could go talk to Shingo and ask what they did differently this time.
He's putting together a report.

🇨🇦 M I'll definitely do that.
❸In fact, I'll stop by now since I'm heading to the staff room.

　会話の音声が流れ始めると同時に、視線は1問目の選択肢（A）～（D）に向けるようにします。

　正解の根拠となる箇所の英文の音声が流れ終わると同時にその内容と選択肢を照合し、正解だと判断した記号をマークします。

　1問目を解答し終えたらすぐに2問目の選択肢に視線を向け、正解の根拠となる箇所の英文の音声が流れ終わると同時に選択肢と照合し、正解だと判断した記号をマーク、3問目も同様に解答します。

　正解を選べたと感じたとき、私たちには「隙」が生まれます。

　正解を選べた手ごたえがあった場合、思わず嬉しくなってしまうからです。

　ですが、流れてくる音声への集中力が途切れてしまってはいけません。

　1問目の正解を選べたらすぐに2問目に備える、2問目の正解を選べたらすぐに3問目に備えるという意識を持つことが肝要なのです。

1. ❶ A lot more customers have been visiting the furniture section.

「家具売り場には、より多くのお客様にご来店いただいています」

（この部分の音声が流れ終えた瞬間に）

➡（A）Department store「デパート」が正解だと判断し、（A）をマークします。

　塗りつぶすべきマークの楕円の中に軽くペン先で印を付けるようにし、このセットの3問全てを解答し終えた時点で3つまとめてマークをしっかりと塗るようにすることをお勧めします。

　余裕のある方は1問解答するごとに（正解が分かるごとに）きちんとマークを塗りつぶすようにしてもいいでしょう。

　会話や説明文の音声が流れている間はペンによるマークをせずに「正解だと判断した記号の左側を左手の指先で押さえる」という方法もあります。

　このやり方だとマークを塗る作業に意識を持っていかれずに済むので、より音声の内容に集中することが可能です。

　いずれかの、自分のやりやすいやり方で行うようにしてみてください。

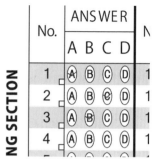

1. Where do the speakers work?
(A) Department store
(B) Legal firm
(C) Accounting office
(D) Car dealer
2. What most likely was a cause for more visitors?
(A) New policies
(B) Change in business hours
(C) Advertisements
(D) Free gifts
3. What will the man do next?
(A) Make a phone call
(B) Visit a coworker
(C) Check a Web site
(D) Complete a report

2. ❷ It would be interesting to find out why the furniture ads worked so well.

「家具の広告が非常にうまくいった理由を知るのは興味深いことです」

（この部分の音声が流れ終えた瞬間に）

➡（C）Advertisements「広告」が正解だと判断し、（C）をマークします。

3. ❸ In fact, I'll stop by now since I'm heading to the staff room.

「実は、今スタッフルームに向かっているところなので、これから（Shingo のところに）立ち寄ります」

（この部分の音声が流れ終えた瞬間に）

➡（B）Visit a coworker「同僚を訪ねる」が正解だと判断し、（B）をマークします。

⑤ 3問とも解答し終えたら、そのセットのタスクは終了です

　次のセットの会話の音声が流れ始めるまでの時間を利用して、（次のセットの）設問と選択肢をp.78 ～ 80で解説した①～③の手順でしっかりと先読みをして理解しておくようにしてください。

　会話の音声が流れ始める前に全ての設問と選択肢を読んで理解し、なおかつできる限り頭の中に叩きこんでおけるかどうかが勝負です。

[音声のスクリプト]

Questions 1 through 3 refer to the following conversation.

[M] M ❶A lot more customers have been visiting the furniture section.

[W] W I think it's because of the latest online ad campaign -you know, the one led by Visualization Consulting.

[M] M It would be great if we could ask them to help us with sportswear.

We've had a lot of markdowns recently.

❷It would be interesting to find out why the furniture ads worked so well.

[W] W Well, you could go talk to Shingo and ask what they did differently this time.

He's putting together a report.

[M] M I'll definitely do that.

❸In fact, I'll stop by now since I'm heading to the staff room.

[スクリプトの訳]

問題1-3は次の会話に関するものです。

[男性] 男性 ❶家具売り場には、より多くのお客様にご来店いただいています。

[女性] 女性 それは最新のオンライン広告キャンペーンのおかげだと思います。

Visualization Consulting が主導するキャンペーンです。

[男性] 男性 スポーツウェアの販売を手伝ってくれるようお願いできるといいですね。

最近、多くの商品を値下げしました。

❷家具の広告が非常にうまくいった理由を知るのは興味深いことです。

[女性] 女性 ええと、あなたは Shingo と話に行って、彼らが今回どのような違ったことをしたのかを尋ねることができます。

彼は報告書をまとめています。

[男性] 男性 絶対にそれをやります。

❸実は今スタッフルームに向かっているところなので、これから（Shingo のところに）立ち寄ります。

語句

□ a lot more よりたくさんの　□ customer 客　□ visit ～を訪れる

□ furniture section 家具売り場　□ because of ～のために　□ latest 最新の

□ online ad オンライン広告　□ campaign キャンペーン　□ led by ～によって主導された

□ ask somebody to do 人に～するようお願いする

□ help somebody with something 人の事を手伝う　□ a lot of たくさんの

□ markdown 値下げ　□ interesting 興味深い　□ find out ～を知る

□ work well うまくいく　□ well ええと　□ go do ～しに行く　□ talk to ～と話をする

□ differently 違って　□ put together ～をまとめる　□ report 報告書　□ definitely 絶対に

□ in fact 実は　□ stop by 立ち寄る　□ now これから　□ since ～なので

□ head to ～に向かう

［設問と選択肢のスクリプトと訳］

1. Where do the speakers work?

   (A) Department store

   (B) Legal firm

   (C) Accounting office

   (D) Car dealer

語句

□ department store デパート

□ legal 法律の

□ firm 会社

□ accounting 会計

□ dealer 販売店

1. 話し手たちはどこで働いていますか。

   (A) デパート

   (B) 法律事務所

   (C) 会計事務所

   (D) 自動車販売店

2. What most likely was a reason for more visitors?

   (A) New policies

   (B) Change in business hours

   (C) Advertisements

   (D) Free gifts

語句

□ most likely おそらく

□ reason 理由

□ more より多くの

□ visitor 訪問者

□ policy 方針

□ change 変更

□ business hours 営業時間

□ advertisement 広告

□ free 無料の

2. より多くの訪問者が訪れるようになった理由は何
　 だと考えられますか。

   (A) 新しい方針

   (B) 営業時間の変更

   (C) 広告

   (D) 無料ギフト

3. What will the man do next?

   (A) Make a phone call

   (B) Visit a coworker

   (C) Check a Web site

   (D) Complete a report

語句

□ coworker 同僚

□ Web site ホームページ

□ complete ～を完成させる

□ report 報告書

3. 男性は次に何をしますか。

   (A) 電話をかける

   (B) 同僚を訪ねる

   (C) ホームページを確認する

   (D) 報告書を完成させる

［正解］1.（A）　2.（C）　3.（B）

［解説］

1. 男性は❶で A lot more customers have been visiting the furniture section.「家具売り場には、より多くのお客様にご来店いただいています」と述べています。

選択肢の中で furniture section「家具売り場」があるのは、（A）の Department store「デパート」です。

Point

department は「部門、部署」という意味で頻出です。

□ Mr. Takayama is a human resources department manager.

Takayama さんは人事部長です。

語句　□ human resources department 人事部

2. 男性は❷で It would be interesting to find out why the furniture ads worked so well.「家具の広告が非常にうまくいった理由を知るのは興味深いことです」と述べています。「広告がうまくいったので家具売り場の客が増えた」ということがうかがえるため、正解は（C）の Advertisements「広告」になります。

Point

why the furniture ads worked so well「なぜ家具の広告が非常にうまくいったのか」は間接疑問文（文中に入り、疑問詞＋主語＋動詞の語順で表す）であり、ここでは find out「〜を明らかにする」の目的語となる名詞節となっています。

語句　□ ad 広告　□ work well うまくいく

3. 男性は❸で In fact, I'll stop by now since I'm heading to the staff room.「実は今スタッフルームに向かっているところなので、もうすぐ（Shingo のところに）立ち寄ります」と述べています。

男性はこれから「報告書をまとめている同僚の Shingo の元に立ち寄る」ことが分かるため、正解は（B）の Visit a coworker「同僚を訪ねる」です。

Point

ここで使われている since「〜なので」は「理由を表す接続詞」で、because や as に言い換えることができます。

**挑戦
してみよう！**

次に Part 4の問題を使って②「意図問題（話し手の意図を問う問題）」を含むセットを見てみましょう。

例題 🎧 22

4. Who most likely is the speaker?

　(A) A traveler

　(B) A radio show host

　(C) An instructor

　(D) An accountant

5. What is mentioned about the trains?

　(A) They will not be available on the
　　　weekend.

　(B) They are still in operation.

　(C) They are going through a maintenance
　　　procedure.

　(D) They have been canceled.

6. What does the speaker mean when he
　says, "Make the most of the situation"?

　(A) He hopes people will use the time
　　　productively.

　(B) He believes people should wait for the
　　　trains.

　(C) He is working hard to solve a problem.

　(D) He thinks the weather is making the
　　　situation worse.

▶ Part 3 & Part 4の具体的な解答手順 ②
「意図問題（話し手の意図を問う問題）」を含むセット

①設問×3つを読み、簡単な日本語に要約して記憶します

4. Who most likely is the speaker?

話し手は誰だと考えられますか。

要約 「話し手は誰ですか」

設問に most likely「おそらく」が入っています。このタイプの設問に解答する際は、状況証拠（説明文中に登場するキーワード）から話し手が誰なのかを推測する必要がある可能性があると考えてください。

5. What is mentioned about the trains?

電車について何が述べられていますか。

要約 「電車について何が述べられていますか」

6. What does the speaker mean when he says, "Make the most of the situation"?

話し手は "Make the most of the situation" という発言で、何を意味していますか。

要約 「その状況を最大限活用しようという発言は何を意味していますか」

> **意図問題**
>
> 設問の中に引用符があり、その中に会話や説明文の中で発せられるセリフの中の1つが入っている問題を「意図問題（話し手の意図を問う問題）」と呼びます。
>
> 意図問題の設問を読む際は「該当するセリフの文意をきちんと理解しておく」ことが大切です。
>
> Part 3であれば男性と女性のどちらがそのセリフを読むのかも、必ず確認するようにしてください。

②設問と選択肢を全て読みます

選択肢に共通する部分がある場合は、その部分は読まなくても構いません。

その場合4. の選択肢では、以下に挙げる例のように太字の部分だけを読むようにします。

最低限読むべき部分を太字にしておきましたので、選択肢を読む際の参考にしてみてください。

5. の選択肢では They が共通なので読む必要はありませんし、will や are、have been を読むのを省いたとしても選択肢の大まかな文意を理解することは可能です。

なお、6. の意図問題は、選択肢の内容を確実に理解したうえで解答すべき問題なので、選択肢の全文をきちんと読むことをお勧めします。

4. Who most likely is the speaker?
「話し手は誰ですか」
(A) A **traveler**
(B) A **radio show host**
(C) An **instructor**
(D) An **accountant**

5. What is mentioned about the trains?
「電車について何が述べられていますか」
(A) They will **not be available on the weekend**.
(B) They are **still in operation**.
(C) They are **going through a maintenance procedure**.
(D) They have been **canceled**.

6. What does the speaker mean when he says, "Make the most of the situation"?
「その状況を最大限活用しようという発言は何を意味していますか」
(A) He hopes people will use the time productively.
　　彼は人々が時間を生産的に使うことを願っている。
(B) He believes people should wait for the trains.
　　彼は人々が電車を待つべきであると思っている。
(C) He is working hard to solve a problem.
　　彼は問題を解決するために一生懸命取り組んでいる。
(D) He thinks the weather is making the situation worse.
　　彼は天候が状況をより悪くすると考えている。

　意図問題は選択肢の英文が長い（語数が多い）ことが多いだけでなく、会話や説明文の内容をきちんと理解できていないと正解することが難しいタイプの問題です。
　難易度が非常に高いため、初級者〜中級者の方は捨て問にするのも一手です。
　その場合は意図問題の設問と選択肢は読まずに適当にマークするようにし、他の2問の設問と選択肢をじっくりと読んで理解し、確実にこれら2問を正解しようとする方針で臨んでみてください。
　意図問題を捨てずに3問とも正解を狙うのであれば、選択肢を全て読み、内容をきちんと理解したうえで会話や説明文の音声を待つようにしてください。

③説明文の音声が流れてくるまでは、設問だけを何回も繰り返し読みながら待つようにします

頭の中で以下のように唱えましょう。

(例) 全ての設問の意味を説明文の音声が流れてくるまでに3回ずつ唱えることができる場合。

「話し手は誰ですか」 ➡ 「電車について何が述べられていますか」

➡ 「その状況を最大限活用しようという発言は何を意味していますか」

「話し手は誰ですか」 ➡ 「電車について何が述べられていますか」

➡ 「その状況を最大限活用しようという発言は何を意味していますか」

「話し手は誰ですか」 ➡ 「電車について何が述べられていますか」

➡ 「その状況を最大限活用しようという発言は何を意味していますか」

④説明文の音声を聞きながら解答します

🎧 22 🇦🇺 M

［音声のスクリプト］

Questions 4 through 6 refer to the following broadcast.

Good morning.

❶ Here's the latest weather forecast for Fresno.

Snow will be returning to the mountains shortly.

It looks like we have a storm on its way.

There's been a hold-up on the Sierra Line this morning due to poor weather, and a lot of trains have been delayed.

Many travelers are patiently waiting for the trains ❷ as all trains are still in operation.

We will have strong winds and snow this weekend, so make the most of the situation.

❸ Stay home, read your favorite book, and get ready to enjoy a winter wonderland on Monday.

Stay tuned for more information on traffic.

　説明文の音声が流れ始めると同時に、視線は1問目の選択肢 (A) ～ (D) に向けるようにします。

　正解の根拠となる箇所の英文の音声が流れ終わると同時にその内容と選択肢を照合し、正解だと判断した記号をマークします。

　1問目を解答し終えたらすぐに2問目の選択肢に視線を向け、正解の根拠となる箇所の英文の音声が流れ終わると同時に選択肢と照合し、正解だと判断した記号をマーク、3問目も同様に解答します。

4. ❶ Here's the latest weather forecast for Fresno.

「Fresno の最新の天気予報です」

（この部分の音声が流れ終わった瞬間に）

➡ （B）A radio show host「ラジオ番組のホスト」が正解だと判断し、（B）をマークします。

5. ❷ as all trains are still in operation

「全ての列車がまだ運行中であるため」

（この部分の音声が流れ終わった瞬間に）

➡ （B）They are still in operation.「それらはまだ稼働中である」が正解だと判断し、（B）を
マークします。

6. ❸ Stay home, read your favorite book, and get ready to enjoy a winter wonderland on
Monday.

「家にいて、お気に入りの本を読み、月曜日には冬のワンダーランドを楽しめるよう準備
をしてください」

（この部分の音声が流れ終わった瞬間に）

➡ （A）He hopes people will use the time productively.「彼は人々が時間を生産的に使うこ
とを願っている」が正解だと判断し、（A）をマークします。

＊意図問題の詳しい解き方は、［解説］を参考にしてください。

⑤ 3 問とも解答し終えたら、そのセットのタスクは終了です

次のセットの説明文の音声が流れ始めるまでの時間を利用して、（次のセットの）設問と
選択肢を p.87 ～ 89で解説した①～③の手順でしっかりと先読みをして理解するようにして
ください。

説明文の音声が流れ始める前に全ての設問と選択肢を読んで理解し、なおかつできる限り
頭の中に叩きこんでおけるかどうかが勝負です。

[音声のスクリプト]

Questions 4 through 6 refer to the following broadcast.

Good morning.

❶ Here's the latest weather forecast for Fresno.

Snow will be returning to the mountains shortly.

It looks like we have a storm on its way.

There's been a hold-up on the Sierra Line this morning due to poor weather, and a lot of trains have been delayed.

Many travelers are patiently waiting for the trains ❷ as all trains are still in operation.

We will have strong winds and snow this weekend, so make the most of the situation.

❸ Stay home, read your favorite book, and get ready to enjoy a winter wonderland on Monday.

Stay tuned for more information on traffic.

[スクリプトの訳]

問題4-6は次の放送に関するものです。

おはようございます。

❶次にお送りするのは Fresno の最新の天気予報です。

まもなく雪が山に戻ってきます。

嵐が近づいているようです。

今朝は悪天候のため Sierra 線が一時的に運休し、多くの電車に遅れが出ています。

❷全ての列車がまだ運行中であるため、多くの旅行者が辛抱強く列車を待っています。

今週末は強風となり、雪が降りますので、その状況を最大限に活用するようにしてください。

❸家にいて、お気に入りの本を読み、月曜日には冬のワンダーランドを楽しめるよう準備をしてください。

交通に関するさらなる情報については、この放送をそのままお聞き続けください。

語句
- [ ] latest 最新の　[ ] weather forecast 天気予報　[ ] return to ～に戻る　[ ] shortly まもなく
- [ ] look like ～のようだ　[ ] storm 嵐　[ ] on one's way（目的地への）途中で
- [ ] hold-up 一時運休　[ ] due to ～のせいで　[ ] poor weather 悪天候　[ ] a lot of たくさんの
- [ ] delay ～を遅らせる　[ ] traveler 旅行者　[ ] patiently 忍耐強く　[ ] wait for ～を待つ
- [ ] as ～なので　[ ] still いまだに（ずっと）　[ ] in operation 操業中　[ ] weekend 週末
- [ ] make the most of ～を最大限に利用する　[ ] situation 状況　[ ] favorite お気に入りの
- [ ] get ready to do ～する準備をする　[ ] wonderland おとぎの国
- [ ] stay tuned for ～のためにこの放送を聞き続ける　[ ] information 情報　[ ] on ～について
- [ ] traffic 交通

[設問と選択肢のスクリプトと訳]

4. Who most likely is the speaker?

(A) A traveler

(B) A radio show host

(C) An instructor

(D) An accountant

□ most likely おそらく

□ traveler 旅行者

□ radio show host ラジオ番組のホスト

□ instructor インストラクター

□ accountant 会計士

4. 話し手は誰だと考えられますか。

(A) 旅行者

(B) ラジオ番組のホスト

(C) インストラクター

(D) 会計士

5. What is mentioned about the trains?

(A) They will not be available on the weekend.

(B) They are still in operation.

(C) They are going through a maintenance procedure.

(D) They have been canceled.

語句

□ available 利用できる

□ on the weekend 週末に

5. 電車について何が述べられていますか。

(A) それらは週末に利用することはできない。

□ be in operation 稼働中だ

(B) それらはまだ稼働中である。

□ still いまだに(ずっと)

(C) それはメンテナンス中である。

□ go through (手続きなど)を踏む

(D) それらはキャンセルされた。

□ maintenance procedure 保守手順

6. What does the speaker mean when he says, "Make the most of the situation"?

(A) He hopes people will use the time productively.

(B) He believes people should wait for the trains.

語句

(C) He is working hard to solve a problem.

□ make the most of

(D) He thinks the weather is making the situation worse.

　　～を最大限活用する

□ situation 状況

6. 話し手は "Make the most of the situation" という発言で、

□ productively 生産的に

何を意味していますか。

□ wait for ～を待つ

(A) 彼は人々が時間を生産的に使うことを願っている。

□ solve ～を解決する

(B) 彼は人々が電車を待つべきであると思っている。

□ make A B A を B にする

(C) 彼は問題を解決するために一生懸命取り組んでいる。

□ worse より悪い

(D) 彼は天候が状況をより悪くすると考えている。

［解説］

4. ❶で Here's the latest weather forecast for Fresno.「次にお送りするのは Fresno の最新の天気予報です」と述べられています。

選択肢の中で weather forecast「天気予報」を読み上げる可能性のある人物は、（B）の A radio show host「ラジオ番組のホスト」です。

Point

Here's（Here is）は「次にお送りするのは〜です」という意味で、ラジオ放送などでよく使われる表現です。

□ Here's Go On A Walk by Easygoing Dogs.

次にお送りする曲は Easygoing Dogs の『Go On A Walk』です。

5. ❷で as all trains are still in operation「全ての列車がまだ運行中であるため」と述べられています。よって、（B）の They are still in operation.「それらはまだ稼働中である」が正解となります。

Point

ここで使われている as「〜なので」は「理由を表す接続詞」で、because や since に言い換えることができます。

□ The previous design was not practical as we have a limited budget.

私たちは予算に限りがあるので、以前のデザインは実用的ではありませんでした。

語句　□ previous 以前の　□ practical 実用的な　□ limited 限られた
□ budget 予算

6. What does the speaker mean when he says, "Make the most of the situation"?「話し手は "Make the most of the situation" という発言で、何を意味していますか」という意図問題を解答する際は、設問内にあるセリフ（Make the most of the situation）が登場する前後の内容を広い範囲で理解し、話し手にこのセリフを言わしめた「状況」や「背景」に沿うものを選択肢の中から選ぶようにします。

話し手は該当するセリフを述べた直後に、❸ Stay home, read your favorite book, and get ready to enjoy a winter wonderland on Monday.「家にいて、お気に入りの本を読み、月曜日には冬のワンダーランドを楽しめるよう準備をしてください」と言っており、これは Make the most of the situation の具体例であることが分かります。

話し手が言いたいことは、聞き手に「意義ある時間を過ごして欲しい」ということだと分かるため、正解は（A）の He hopes people will use the time productively.「彼は人々が時間を生産的に使うことを願っている」です。

Point

　意図問題は他の問題とは違い、会話や説明文の中で使われている語句が正解の選択肢の中に登場することはほとんどありません。

次は Part 3の問題を使って③「図表問題（グラフィック問題）」を含む
セットを見てみましょう。

例題　🎧 23　 W　　M

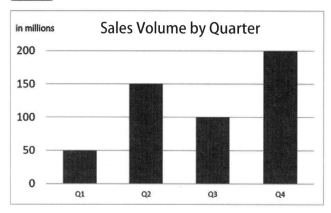

7. Why did the woman visit the man's office?
   (A) To review some information
   (B) To request some time off
   (C) To demonstrate a product
   (D) To drop off an application

8. Look at the graphic. How much sales
   volume is expected next quarter?
   (A) 50 millions
   (B) 100 millions
   (C) 150 millions
   (D) 200 millions

9. What is the man going to do on the plane?
   (A) Watch some movies
   (B) Look at some data
   (C) Read employee biographies
   (D) Update marketing plans

▶ Part 3 & Part 4の具体的な解答手順 ③ 「図表問題（グラフィック問題）」を含むセット

①設問×３つを読み、簡単な日本語に要約して記憶します

7. Why did the woman visit the man's office?

女性はなぜ男性のオフィスを訪れたのですか。

要約 「女性はなぜ男性のオフィスに行きましたか」

8. Look at the graphic. How much sales volume is expected next quarter?

図を見てください。次の四半期はどのくらいの売り上げが期待できますか。

要約 「次の四半期の売り上げはどのくらいですか」

> 図表問題
>
> 　図表が最初の設問の上にあり、会話（説明文）の中で聞いたことと、問題用紙に印刷された図などにある情報を関連付けて解答する問題を「図表問題（グラフィック問題）」と呼びます。
> 　図表問題の設問を読む際は、Look at the graphic. の部分は読む必要はありません。
> 　後ろに続く疑問文だけを読むようにして、その内容を要約して理解しておいてください。

9. What is the man going to do on the plane?

男性は飛行機で何をするつもりですか。

要約 「男性は飛行機で何をしますか」

②設問と選択肢を全て読みます（8. の Look at the graphic. は読まなくても大丈夫です）

　グラフィック問題は選択肢を読んで解答するのではなく、グラフィック上にある「選択肢に書かれていること以外の情報」を読んで（見て）解答してください。

　本問では、縦に並んでいる数字ではなく（選択肢に縦軸の50 〜 200の数字が並んでいるため）、横に並んでいる Q1 〜 Q4を見るようにします。

7. Why did the woman visit the man's office?

「女性はなぜ男性のオフィスに行きましたか」

(A) To review some information

(B) To request some time off

(C) To demonstrate a product

(D) To drop off an application

8. Look at the graphic. How much sales volume is expected next quarter?

「次の四半期の売り上げはどのくらいですか」

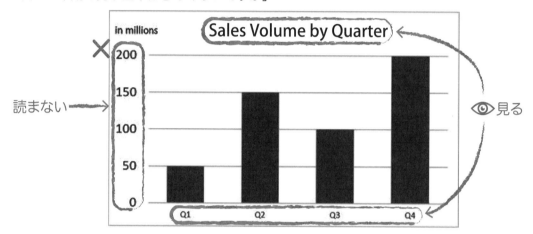

9. What is the man going to do on the plane?

「男性は飛行機で何をしますか」

(A) Watch some movies

(B) Look at some data

(C) Read employee biographies

(D) Update marketing plans

③会話の音声が流れてくるまでは、設問だけを何回も繰り返し読みながら待つようにします
　頭の中で以下のように唱えましょう。

（例）全ての設問の意味を会話の音声が流れてくるまでに3回ずつ唱えることができる場合。

「女性はなぜ男性のオフィスに行きましたか」
　➡「次の四半期の売り上げはどのくらいですか」➡「男性は飛行機で何をしますか」
「女性はなぜ男性のオフィスに行きましたか」
　➡「次の四半期の売り上げはどのくらいですか」➡「男性は飛行機で何をしますか」
「女性はなぜ男性のオフィスに行きましたか」
　➡「次の四半期の売り上げはどのくらいですか」➡「男性は飛行機で何をしますか」

④会話の音声を聞きながら解答します。

🎧 23 🇬🇧 W 🇨🇦 M

［音声のスクリプト］

Questions 7 through 9 refer to the following conversation and graph.

🇬🇧 W　John, I'm glad you're still in your office.

I know you have to leave for the airport, ❶ so I'll give you a quick summary of the sales results I just e-mailed you.

🇨🇦 M　Oh, thanks.

The flight got pushed back 20 minutes, so I have some extra time.

🇬🇧 W　OK, so as you know, our fourth quarter sales were at a record high.

The marketing team hasn't been as aggressive recently, ❷ so next quarter, we probably won't do as well.

❸ We're expecting to sell as much as we did in the second quarter of this year.

🇨🇦 M　I'll mention that when I meet with the executives in Chicago.

❹ I'll take a closer look at the numbers during the flight.

Part 3&4

会話問題＆説明文問題

　会話の音声が流れ始めると同時に、視線は1問目の選択肢（A）〜（D）に向けるようにします。

　正解の根拠となる箇所の英文の音声が流れ終わると同時にその内容と選択肢を照合し、正解だと判断した記号をマークします。

　1問目を解答し終わったらすぐに2問目の選択肢に視線を向け、正解の根拠となる箇所の英文の音声が流れ終わると同時に選択肢と照合し、正解だと判断した記号をマーク、3問目も同様に解答します。

7. ❶ I'll give you a quick summary of the sales results I just e-mailed you.

「今さっきEメールでお知らせした販売実績の概要を簡単にお伝えします」

（この部分の音声が流れ終わった瞬間に）

➡ （A）To review some information「情報を確認するため」が正解だと判断し、（A）をマークします。

8. ❷ so next quarter, we probably won't do as well. We're expecting to sell as much as we did in the second quarter of this year.

「そのため次の四半期は、おそらくそれほどうまくいってはいません。今年の第2四半期と同じくらいの売り上げを見込んでいます」

（この部分の音声が流れ終わった瞬間に）

➡ （C）150が正解だと判断し、（C）をマークします。

＊グラフィック問題（図表問題）の詳しい解き方は、［解説］を参考にしてください。

9. ❹ I'll take a closer look at the numbers during the flight.

「飛行中に数字を詳しく見ておきます」

（この部分の音声が流れ終わった瞬間に）

➡ （B）Look at some data「データを見る」が正解だと判断し、（B）をマークします。

⑤ 3 問とも解答し終えたら、そのセットのタスクは終了です

次のセットの会話の音声が流れ始めるまでの時間を利用して、（次のセットの）設問と選択肢を p.97 〜 98 で解説している①〜③の手順でしっかりと先読みして理解しておくようにしてください。

会話の音声が流れ始める前に、全ての設問と選択肢を読んで理解し、なおかつできる限り頭の中に叩きこんでおけるかどうかが勝負です。

［音声のスクリプト］

Questions 7 through 9 refer to the following conversation and graph.

🇬🇧 W　John, I'm glad you're still in your office.

I know you have to leave for the airport, ❶ so I'll give you a quick summary of the sales results I just e-mailed you.

🇨🇦 M　Oh, thanks.

The flight got pushed back 20 minutes, so I have some extra time.

🇬🇧 W　OK, so as you know, our fourth quarter sales were at a record high.

The marketing team hasn't been as aggressive recently, ❷ so next quarter, we probably won't do as well.

❸ We're expecting to sell as much as we did in the second quarter of this year.

🇨🇦 M　I'll mention that when I meet with the executives in Chicago.

❹ I'll take a closer look at the numbers during the flight.

［スクリプトの訳］

問題7-9は次の会話とグラフに関するものです。

🏴󠁧󠁢󠁥󠁮󠁧󠁿女性 John、あなたがまだオフィスにいてくれてよかったです。

空港に向けて出発する必要があることは承知しておりますので、❶今さっきＥメールでお知らせした販売実績の簡単な概要をお伝えします。

🇨🇦男性 ああ、ありがとう。

フライトが20分遅れたので、少し時間があります。

🏴󠁧󠁢󠁥󠁮󠁧󠁿女性 分かりました、ご存知のように、第4四半期の売上高は過去最高でした。

マーケティングチームは最近それほど積極的ではありません、❷そのため次の四半期は、おそらくそれほどうまくいってはいません。

❸今年の第2四半期と同じくらいの売り上げを見込んでいます。

🇨🇦男性 シカゴにいる幹部と会うときに伝えておきます。

❹飛行中に数字を詳しく見ておきます。

語句

☐ be glad うれしい　☐ still いまだに（ずっと）　☐ have to do ～しなければならない

☐ leave for ～へ向かう　☐ airport 空港　☐ quick summary 簡単な概要

☐ sales result 販売実績　☐ e-mail ～にＥメールを送る

☐ get pushed back 延期される、先送りされる　☐ extra time 余分な時間

☐ as you know ご存知のように　☐ fourth 4番目の　☐ quarter 四半期

☐ at a record high 過去最高で　☐ aggressive 積極的な　☐ recently 最近

☐ probably おそらく　☐ do as well うまくいく　☐ expect to do ～することを期待する

☐ as much as ～と同じくらいたくさん　☐ mention ～について言及する

☐ meet with ～に会う　☐ executive 幹部、役員　☐ take a look at ～を見る

☐ closer より綿密な　☐ during ～の間

[設問と選択肢のスクリプトと訳]

7. Why did the woman visit the man's office?

(A) To review some information

(B) To request some time off

(C) To demonstrate a product

(D) To drop off an application

語句

☐ review 〜を確認する

☐ request 〜を依頼する

☐ time off 休暇

☐ demonstrate 〜を実演する

☐ product 商品、製品

☐ drop off 〜を置く

☐ application 申込書

7. 女性はなぜ男性のオフィスを訪れたのですか。

(A) 情報を確認するため

(B) 休暇を依頼するため

(C) 製品の実演をするため

(D) 申込書を置いていくため

8. Look at the graphic. How much sales volume is expected next quarter?

(A) 50 millions

(B) 100 millions

(C) 150 millions

(D) 200 millions

語句

☐ how much
　（数量や金額について）どのくらい

☐ sales volume 売り上げ

☐ be expected 予想される

☐ quarter 四半期

8. 図を見てください。次の四半期の売り上げはどのくらいになると予想されますか。

(A) 5千万ドル

(B) 1億ドル

(C) 1億5千万ドル

(D) 2億ドル

9. What is the man going to do on the plane?

(A) Watch some movies

(B) Look at some data

(C) Read employee biographies

(D) Update marketing plans

語句

☐ be going to do 〜するつもりだ

☐ on the plane 飛行機（の中）で

☐ look at 〜を見る

☐ employee 従業員

☐ biography 経歴

☐ update 〜を更新する

☐ marketing plan
　マーケティングプラン

9. 男性は飛行機で何をするつもりですか。

(A) 何本かの映画を見る

(B) データを見る

(C) 従業員の経歴を読む

(D) マーケティングプランを更新する

［解説］

7. 女性は❶で I'll give you a quick summary of the sales results I just e-mailed you「今さっき E メールでお知らせした販売実績の簡単な概要を簡単にお伝えします」と述べています。

これを To review some information「情報を確認するため」と簡潔に言い換えている（A）が正解です。

Point

a quick summary of the sales results I just e-mailed you「今さっき E メールでお知らせした販売実績の簡単な概要」にある I の前には、目的格の関係代名詞である that や which が省略されていると考えてください。

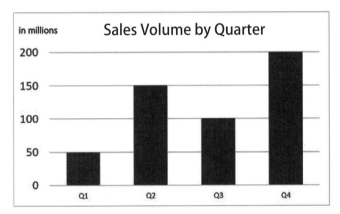

8. Look at the graphic. How much sales volume is expected next quarter?「図を見てください。次の四半期の売り上げはどのくらいですか」という設問から始まるグラフィック問題です。

このタイプの問題に解答する際は、グラフィック上にある「選択肢以外の情報」に目をやります。

本問では「Sales by Quarter」と「Q1 〜 Q4」がそれに当たります。

これらを見ながら会話の音声を聞くようにします。

❷ so next quarter, we probably won't do as well「次の四半期は、おそらくそれほどうまくいってはいません」、そして❸の We're expecting to sell as much as we did in the second quarter of this year.「今年の第2四半期と同じくらいの売り上げを見込んでいます」から分かるのは、今年の第2四半期の売り上げ150（million）と同じくらいということです。

よって、正解は（C）になります。

9. 男性は❹で I'll take a closer look at the numbers during the flight. 「飛行中に数字を詳しく見ておきます」と述べています。

これを簡潔に言い換えている (B) の Look at some data「データを見る」が正解です。

Point

　take a look at は「～をちらっと見る」という意味ですが、closer「より綿密な」を使うことにより take a closer look at「～を詳しく見る」という意味になります。

□ Please take a closer look at this document.

　この書類をしっかりと見てください。

【語句】　□ document 書類

スコアアップするためのコツ

これまでに説明してきたように、Part 3 & Part 4には大きく分けて4つのタイプの設問が登場します。

ここでは、各タイプの問題に取り組む際に大切な基本事項の確認に加えて、より確実に正解を得るために意識して行うべきことを学んでいきましょう。

①通常タイプの問題

🎧 24 ■ W ■ M

10. What are the speakers discussing?
(A) Finding summer interns
(B) Replacing an old advertisement
(C) Employing a new worker
(D) Holding a design contest

11. What does the man say they are doing?
(A) Searching for suitable advertisement designs
(B) Calling for submissions in design magazines
(C) Including candidates from outside the company
(D) Expanding the business internationally

12. What does the man say they will do next week?
(A) Determine a contest winner
(B) Talk with the candidates in person
(C) Consult with a design specialist
(D) Conduct a phone interview

▶ スコアアップのための5つのタスク

①設問×３つを読み、簡単な日本語に要約して記憶します（目標制限時間：10秒）

時間に余裕がない場合には「内容を理解するのに必要な部分だけ」を読むようにします。

例えば 11. の does the man say「男性は言いますか」などは読んでも読まなくても解答する際に不都合はありません、「何を彼らはしていますか」という内容だと理解してください。

ただし、この問題では「男性が正解につながるヒントを必ず言う」ということは非常に重要です。

男性の発言に特に注力して解答するようにします。

また、most likely「おそらく」や probably「多分」などが設問の中にある場合には、会話（Part 4では説明文）内にある「正解の根拠」となる表現が選択肢の内容とはやや乖離したものを用いている場合が多いです。

正解の根拠となる表現が会話内で選択肢の内容にダイレクトに繋がるようなものではなく、いわば会話内に登場する「状況証拠」となる語句などから正解を絞り込むようにして解答する必要があることもしばしばあります。

そして、設問の内容を英語のまま記憶することができる場合には、極力そのようにする方が効率的です。

日本語訳を使う必要は無いと感じるのであれば、是非、設問を英語のまま理解して記憶するように努めてみてください。

10. What are the speakers discussing?

「話し手たちは何について話し合っていますか」

要約 「何を話し合っていますか」

11. What does the man say they are doing?

「彼らは何をしていると男性は言っていますか」

要約 （男性がヒントを言う問題であると認識）「彼らは何をしていますか」

12. What does the man say they will do next week?

「来週彼らは何をすると男性は言っていますか」

要約 （男性がヒントを言う問題であると認識）「来週彼らは何をしますか」

②設問と選択肢を全て読みます（目標制限時間：20秒）

設問は日本語に要約することをお勧めしますが、選択肢は英語のまま理解するようにしてください。

10.「何を話し合っていますか」

  （A）Finding summer interns

  （B）Replacing an old advertisement

  （C）Employing a new worker

  （D）Holding a design contest

11.（男性がヒントを言う問題であると認識）「彼らは何をしていますか」

  （A）Searching for suitable advertisement designs

  （B）Calling for submissions in design magazines

  （C）Including candidates from outside the company

  （D）Expanding the business internationally

12.（男性がヒントを言う問題であると認識）「来週彼らは何をしますか」

  （A）Determine a contest winner

  （B）Talk with the candidates in person

  （C）Consult with a design specialist

  （D）Conduct a phone interview

③会話の音声が流れてくるまでは、設問だけを何回も繰り返し読みながら待つようにします

　これを行うことにより、設問の内容がより濃く記憶に刷り込まれるため、会話を聞き取っている間は音声と選択肢の内容のみに集中することができます。

（例）

「何を話し合っていますか」 ➡ 「彼らは何をしていますか」 ➡ 「来週彼らは何をしますか」

「何を話し合っていますか」 ➡ 「彼らは何をしていますか」 ➡ 「来週彼らは何をしますか」

「何を話し合っていますか」 ➡ 「彼らは何をしていますか」 ➡ 「来週彼らは何をしますか」

④会話の音声を聞きながら解答します

　会話の音声が流れ始めると同時に、視線は1問目の選択肢（A）～（D）に向けるようにします。

　正解の根拠の英文が流れると同時に、その内容と選択肢を照合し、正解だと判断した記号をマークします。すぐに2問目の選択肢に視線を移動させ、正解の根拠が聞こえたら選択肢と照合して正解だと判断した記号をマーク、3問目も同様の手順で解答します。

（例）

10. ❶ Have you found a replacement for the assistant designer position?

　「アシスタントデザイナー職の後継を見つけましたか」

　（この部分の音声が流れ終わった瞬間に）

　➡（C）Employing a new worker「新しい従業員を雇うこと」が正解だと判断し、（C）をマークします。

11. ❷ We tried to fill the position internally, but we couldn't find a suitable candidate – so now we're extending the search to external candidates.

「社内でポジションを埋めようとしたのだけれど、適任の候補者を見つけられなかったんだ、それで今、社外の候補者にまで広げて探しているんだよ」

（この部分の音声が流れ終わった瞬間に）

➡ （C) Including candidates from outside the company「社外からの候補者を含めること」が正解だと判断し、（C）をマークします。

12. ❸ We will meet with them face-to-face next week to select the most qualified candidates.

「来週直接彼らに会って、最適の候補者を選ぶつもりだよ」

（この部分の音声が流れ終わった瞬間に）

➡ （B) Talk with the candidates in person「候補者と直接話をする」が正解だと判断し、（B）をマークします。

⑤3問とも解答し終えたら、そのセットのタスクは終了です

　次の会話の音声が流れ始めるまでの時間を利用して、次のセットの設問と選択肢を p.106 ～ 107で解説している①〜③の手順で先読みしておくようにします。

Point

　通常タイプの問題に取り組む際は

①設問×3つを読んで要約する（目標時間：10秒）

②設問と選択肢を読む（目標時間：20秒）

時間に余裕がない場合には「内容を理解するのに必要な部分」だけを読むようにします

③ most likely や probably などが設問にある場合は、会話や説明文に登場する「状況証拠」となる語句などから正解を推測する必要があるかもしれないということに注意します

④設問の内容から男性もしくは女性のどちらが正解のヒントを言うのかが事前に分かる問題があることを意識します

⑤会話や説明文の音声が流れてくる前に、できる限り設問と選択肢を読み終えるようにします

⑥会話の音声を聞きながら解答し、正解を選んだらすぐに次の問題に移動します

⑦3問とも解答し終えたら、すぐに次のセットへと進み、設問と選択肢を読み始めるようにします

Questions 10 through 12 refer to the following conversation.

🇺🇸 W　Hi, Tetsuya.

❶ Have you found a replacement for the assistant designer position?

🇦🇺 M　No, not yet.

❷ We tried to fill the position internally, but we couldn't find a suitable candidate — so now we're extending the search to external candidates.

🇺🇸 W　I see.

Have you contacted the university career centers?

They usually have a good pool of candidates.

🇦🇺 M　Yes.

In fact, we have received about a dozen applications already.

❸ We will meet with them face-to-face next week to select the most qualified candidates.

［スクリプトの訳］

問題10-12は次の会話に関するものです。

🇺🇸 女性　こんにちは、Tetsuya。

❶アシスタントデザイナー職の後任の人を見つけましたか。

🇦🇺 男性　いや、まだなんだよ。

❷社内でポジションを埋めようとしたのだけれど、適任の候補者を見つけられなかったんだ、それで今、社外の候補者にまで広げて探しているんだよ。

🇺🇸 女性　なるほど。

大学のキャリアセンターには連絡を取りましたか。

そこにはたいていかなりの候補者たちがいますよ。

🇦🇺 男性　そうだね。

実のところ、すでに十数名の応募があったんだ。

❸来週直接彼らに会って、最適の候補者を選ぶつもりだよ。

語句

□ found 〜を見つけた　□ replacement 後任（の人）

□ assistant designer position アシスタントデザイナー職　□ not yet まだだ

□ try to do 〜しようとする　□ fill 〜を埋める　□ internally 内部で　□ suitable 適任の

□ candidate 候補者　□ extend 〜を広げる　□ search 調査　□ external 外部の

□ contact 〜に連絡を取る　□ university career center 大学のキャリアセンター

□ usually 普通、たいてい　□ a pool of ある程度の数の　□ in fact 実のところ

□ receive 〜を受け取る　□ about 約　□ dozen 十数の　□ application 応募

□ already すでに　□ meet with 〜に会う　□ select 〜を選ぶ　□ qualified 資格のある

10. What are the speakers discussing?

(A) Finding summer interns

(B) Replacing an old advertisement

(C) Employing a new worker

(D) Holding a design contest

語句
□ discuss 〜について話し合う
□ find 〜を見つける
□ intern インターン
□ replace 〜を取り替える
□ advertisement 広告
□ employ 〜を雇う
□ hold 〜を開催する

10. 話し手たちは何について話していますか。

(A) 夏期のインターンを見つけること。

(B) 古い広告を取り替えること。

(C) 新しい従業員を雇うこと。

(D) デザインコンテストを開催すること。

11. What does the man say they are doing?

(A) Searching for suitable advertisement designs

(B) Calling for submissions in design magazines

(C) Including candidates from outside the company

(D) Expanding the business internationally

語句
□ search for 〜を探す
□ suitable 適切な
□ advertisement 広告
□ call for 〜を呼び掛ける
□ submission 提出
□ include 〜を含む
□ candidate 候補者
□ outside 〜の外部で
□ expand 〜を拡大する
□ internationally 海外に

11. 男性は彼らは何をしていると言っていますか。

(A) 適切な広告デザインを探すこと。

(B) デザイン雑誌への投稿を呼び掛けること。

(C) 社外からの候補者を含めること。

(D) 業務を海外に広げること。

12. What does the man say they will do next week?

(A) Determine a contest winner

(B) Talk with the candidates in person

(C) Consult with a design specialist

(D) Conduct a phone interview

語句
□ determine 〜を決定する
□ talk with 〜と話をする
□ candidate 候補者
□ in person 本人が直接に
□ consult with 〜と協議する
□ specialist 専門家
□ conduct 〜を行う

12. 来週彼らは何をすると男性は言っていますか。

(A) コンテストの優勝者を決定する。

(B) 候補者と直接話をする。

(C) デザインの専門家と協議する。

(D) 電話による面接を行う。

［解説］

10. 女性は❶で Have you found a replacement for the assistant designer position?「アシスタントデザイナー職の後継を見つけましたか」と男性に対して質問をしています。

ここ以降のやり取りの内容を Employing a new worker「新しく従業員を雇うこと」と簡潔にまとめて表している (C) が正解です。

> ### Point
>
> replacement は「交換品」、「後任（の人）」という意味で使われる頻出の単語です。
> ☐ We have to find a replacement for Kenny.
> 　私たちは Kenny の後任を見つけなければなりません。

11. 男性は❷で We tried to fill the position internally, but we couldn't find a suitable candidate — so now we're extending the search to external candidates「社内でポジションを埋めようとしたのだけれど、適任の候補者を見つけられなかったんだ、それで今、社外の候補者にまで広げて探しているんだよ」と述べています。

これを言い換えている (C) の Including candidates from outside the company「社外からの候補者を含めること」が正解です。

> ### Point
>
> ここで使われている including は「〜を含めること」という動名詞ですが、including は「〜を含めて」という意味の前置詞としてもよく使われます。
> 対義語となる前置詞は excluding「〜を除いて」です。
> ☐ Ms. Fujimura will give a speech including a short overview of our immediate strategy.
> 　Fujimura さんは当面の戦略に関する簡単な概要を含めたスピーチをします。
> 語句　☐ give a speech スピーチをする　☐ overview 概要
> 　　　☐ immediate strategy 当面の戦略

12. 男性は❸で We will meet with them face-to-face next week to select the most qualified candidates.「来週直接彼らに会って、最適の候補者を選ぶつもりだよ」と述べています。

これを Talk with the candidates in person「候補者と直接話をする」と簡潔にまとめて表している (B) が正解です。

meet with は「（約束をして）人と会う」という意味です。

頻出である in person「本人が直接に」とともに押さえておいてください。

□ We have to discuss this in person.

私たちはこの件について直接話し合わなければいけません。

語句 □ have to do 〜しなければいけない □ discuss 〜について話し合う

②「意図問題（話し手の意図を問う問題）」

意図問題（話し手の意図を問う問題）は、会話の中の一部の文やフレーズが、どのような意図で発話されたのかを問う問題です。

ここで扱う例題（Part 3の形式です）には、What does the man mean when he says, "Haven't I told you?"「男性はどういう意味で "Haven't I told you?" と言っていますか」という設問があります。

この Haven't I told you?「お話していませんでしたか」という文を、話し手がどのような意図で発言したのかを問う問題が「意図問題」です。

各会話・説明文には設問が3つずつありますが、意図問題が含まれるセットではその中のどこかに1問、意図問題が登場します。

意図問題は、Part 3 & 4で合計5問ほど出題されます。

通常は意図問題を含む3問で1セットになりますが、ここでは意図問題のみを抜粋して扱うことにします。

13. What does the man mean when he says,
   "Haven't I told you?"
   (A) He thought someone else had spoken
       to the woman.
   (B) He already informed the woman
       about the customer.
   (C) He may have forgotten to share some
       news.
   (D) He was planning to talk to the woman
       later.

▶ スコアアップするための技術

　意図問題の難易度が高いのは、まず、見ての通り設問と選択肢の英文が比較的長い場合が多いということが挙げられます。

　設問は主語（the man）とダブルクォーテーションマーク（二重引用符）の中にあるHaven't I told you?「お話していませんでしたか」のところだけを読んでおけば大丈夫です。

　選択肢は全て読み、その内容を理解しておかなくてはなりません。

　例えば（A）の選択肢 He thought someone else had spoken to the woman. は、きちんと訳すと「彼は誰か他の人が女性に話しかけたと思っていた」となりますが、これを「誰かが女性に話しかけた」という程度の内容に簡略化して覚えておくようにしてください。

　（B）の He already informed the woman about the customer.「彼はすでに顧客について女性に伝えた」は「すでに顧客について女性に伝えた」、（C）の He may have forgotten to share some news.「彼はニュースを伝えるのを忘れていたかもしれない」は「ニュースを伝えるのを忘れていたかもしれない」、そして（D）の He was planning to talk to the woman later.「彼は女性に後で話しかけようと思っていた」は「後で女性に話しかけようと思っていた」というような感じで、全ての選択肢の内容を簡略化して理解しておきます。

　会話の音声が流れてくる前に、（A）～（D）の選択肢が、以下のような感じに見えている状態を作るのです。

（A）誰かが女性に話しかけた
（B）すでに顧客について女性に伝えた
（C）ニュースを伝えるのを忘れていたかもしれない
（D）後で女性に話しかけようと思っていた

　これでこの意図問題を解く用意ができました。いよいよ音声を聞きながら解答します。

　意図問題は、そのセリフが発話された前後の「状況・背景」を理解し、それに合う選択肢を選んで解答します。

　そのセリフを言うことを通じて「何が言いたいからその発言をしたのか」が述べられている選択肢を選ぶのです。

　意図問題はある一文の内容だけを聞き取れれば正解が選べるタイプの問題ではなく、設問にあるセリフの前後2文ずつくらいの内容を「広く」聞いて理解し、解答する必要があると考えてください。

　では、再度設問と選択肢を読み、音声を聞いて解答してみてください。

13. What does the man mean when he says, "Haven't I told you?"

(A) He thought someone else had spoken to the woman.

(B) He already informed the woman about the customer.

(C) He may have forgotten to share some news.

(D) He was planning to talk to the woman later.

Question 13 refers to the following conversation.

■ W　❶Hi, Shingo.

❷Have you heard back from L-I-J Systems about the proposal that we sent them?

■ M　❸Haven't I told you?

❹They called me yesterday to say that everything looks great.

❺They're going to mail us a signed copy of the contract this week.

■ W　That's great news!

That means that we can get started on the project.

■ M　Right—The first thing we'll need to do is order the wood for the tables and chairs.

I already filled out this order form—I was hoping that you could check it this afternoon.

We can place the order once we receive the signed contract.

［スクリプトの訳］

問題13は次の会話に関するものです。

■ 女性　❶Shingo さん、こんにちは。

❷うちが送った提案について、L-I-J Systems 社から返事はありましたか。

■ 男性　❸お話ししていませんでしたか。

❹昨日電話があって、すべて素晴らしいと思うとおっしゃっていました。

❺今週、契約書にサインをして郵送してくださるそうです。

■ 女性　それは素晴らしいニュースですね！

ということは、プロジェクトを始められるということですね。

■ 男性　そうです―まずすべきことは、テーブルと椅子用の木材の注文ですね。

もうこの注文書には記入しました―今日の午後、確認していただけたらと思っていました。

契約書を受け取り次第、注文できます。

語句

□ hear back from 〜から返事がある　□ proposal 提案　□ contract 契約

□ fill out 〜を（すべて）記入する　□ place an order 注文する

13. What does the man mean when he says, "Haven't I told you?"

  (A) He thought someone else had spoken to the woman.

  (B) He already informed the woman about the customer.

  (C) He may have forgotten to share some news.

  (D) He was planning to talk to the woman later.

13. 男性はどういう意味で "Haven't I told you?" と言っていますか。

  (A) 彼は誰かが女性に話しかけたと思っていた。

  (B) 彼はすでに女性に顧客について伝えた。

  (C) 彼はニュースを伝えるのを忘れていたかもしれない。

  (D) 彼は女性に後で話しかけようと思っていた。

語句

□ someone else 他の誰か　□ speak to ～に話しかける　□ already すでに

□ inform A about B A に B について知らせる　□ customer 顧客

□ forget to do ～するのを忘れる　□ share ～を共有する　□ plan to do ～する予定だ

□ talk to ～に話しかける　□ later 後で

［正解］13.（C）

［解説］

　男性のセリフである❸「お話ししていませんでしたか」が、本問のターゲットとなるセリフです。

　このセリフが発話される状況や背景を理解する必要があるので、ターゲットとなるセリフの前にある2文、後ろに続く2文くらいまで、（ターゲットとなるセリフを含めて少なくとも）5文程度の内容をしっかりと理解するようにします。

　❶は単なる女性の挨拶、❷では女性が「L-I-J Systems に送った提案に対する返事を聞いていますか」と男性に質問しています。

　これに対して男性は❸「お話ししていませんでしたか」と応答します。

　続けて❹で男性は「彼ら（L-I-J Systems）は昨日電話を掛けてきて、全て素晴らしいと言っていた」と女性に伝え、❺では「彼らは今週契約書を送ってきますよ」と述べています。

　この❶～❺のやり取りの状況に当てはまるものを選ぶのです。

　❸で男性は「お話ししていませんでしたか」と伝え、❹と❺では女性の質問に対する具体的な応答をしています。

　このことから、男性はすでに❹や❺の内容を女性に話していたつもりでしたが、「話すのを忘れていたかもしれない」と考えた、ということが分かります。

　よって、正解は（C）になります。

Point

「意図問題（話し手の意図を問う問題）」に取り組む際は

①選択肢は全て読み、その内容を簡略化して理解しておきます

②設問にある「ターゲットとなるセリフ」の前後2文ずつくらいの内容を「広く」理解して解答します

③設問にあるセリフが発話された「状況・背景」を理解し、そのセリフを言うことを通じて「何が言いたいからその発言をしたのか」が述べられている選択肢を選びます

③「図表問題（グラフィック問題）」

　図表問題（グラフィック問題）は、会話や説明文の中で聞いたことと、問題用紙に印刷された図などで見た情報を関連づけて解答する設問のことを指します。

　各会話・説明文には設問が3つずつありますが、図表問題が含まれるセットではその中のどこかに1問、図表問題が登場します。

　図表問題は、Part 3 & 4で合計5問ほど出題されます。

　通常は図表問題を含む3問で1セットになりますが、ここでは図表問題のみを抜粋して扱うことにします。

Schedule November 6	
10:00	Opening Ceremony
10:30	Orientation
12:00	Lunch
13:00	Workshop

14. Look at the graphic. What time did the woman attend the event on Wednesday?

(A) 10:00 A.M.

(B) 10:30 A.M.

(C) 12:00 P.M.

(D) 1:00 P.M.

▶ スコアアップするためのポイント

　図表問題（グラフィック問題）は、図表上にある「選択肢と一致しない部分」を会話や説明文の音声が流れてくる前に先に読み、その内容をあらかじめ理解しておくようにします。

　設問は「何時に女性は水曜日のイベントに参加しましたか」という内容ですが、グラフィック上にあり、なおかつ選択肢と同じ内容である「時刻の一覧」の部分ではなく、その右側にある「予定の一覧」を読む（見る）ようにしてください。

　また、これを行うことにより「設問の内容」と「図表上の見るべき部分の内容」にズレが生じることがあります。

　これは以下のように考えて対処するとスムーズに解答することができます。

①元々の設問の意味は「何時に女性は水曜日のイベントに参加しましたか」です
②図表上の見るべき部分は「イベントの一覧」となります
③図表上の見るべき部分に合わせて、設問の内容を「女性はどのイベントに参加しましたか」と変換し、会話を聞いて女性が参加したイベントがどれなのかを聞き取ります
④そのイベントの開始時刻を正解として選びます

　では、再度設問と選択肢を読み、音声を聞いて解答してみてください。

🎧 26 🇨🇦 M 🇺🇸 W

Schedule November 6	
10:00	Opening Ceremony
10:30	Orientation
12:00	Lunch
13:00	Workshop

14. Look at the graphic. What time did the woman attend the event on Wednesday?
　(A) 10:00 A.M.
　(B) 10:30 A.M.
　(C) 12:00 P.M.
　(D) 1:00 P.M.

Question 14 refers to the following conversation and schedule.

🇨🇦 M　Hey, Kairi.

🇺🇸 W　Oh, hi, Jiro.

🇨🇦 M　❶ How was the workshop you attended for new sales representatives on Wednesday?

🇺🇸 W　❷ It was really good.

I got a lot of interesting ideas for being a more productive and efficient sales representative.

The instructors explained ways to effectively communicate with clients as well.

What did you think when you took the workshop last time?

🇨🇦 M　Umm ... I enjoyed it and learned a lot from the workshop, too.

However, I thought it was a little bit long.

They should have shortened it and covered other important issues.

🇺🇸 W　Yeah, I agree with you.

In fact, I had to reschedule an important appointment because it was longer than I expected.

🇨🇦 M　Oh, that's too bad.

［スクリプトの訳］

問題14は次の会話と予定表に関するものです。

🇨🇦 男性　やあ、Kairi。

🇺🇸 女性　ああ、こんにちは Jiro。

🇨🇦 男性　❶水曜日にあなたが参加した新人の販売員向けのワークショップはいかがでしたか。

🇺🇸 女性　❷非常に良かったです。

より生産的で効率的な販売員になるための、たくさんの面白いアイディアを得ました。

講師の方たちはクライアントと効果的にコミュニケーションを取る方法も説明してくれました。

あなたが前回ワークショップに参加したときはいかがでしたか。

🇨🇦 男性　うーん、私もワークショップは楽しかったですし、たくさんのことを学びました。

ですが、私は少し時間が長めだったと思います。

彼らはワークショップを短くし、他の重要な課題をカバーするべきだったと思います。

🇺🇸 女性　はい、私もあなたに同意します。

実は、ワークショップが予想よりも長かったので、大事な約束のスケジュールを変更しなければならなかったんです。

🇨🇦 男性　ああ、それはお気の毒です。

[設問と選択肢のスクリプトと訳]

Schedule November 6	
10:00	Opening Ceremony
10:30	Orientation
12:00	Lunch
13:00	Workshop

予定表 11月6日	
10:00	オープニングセレモニー
10:30	オリエンテーション
12:00	ランチ
13:00	ワークショップ

14. Look at the graphic. What time did the woman attend the event on Wednesday?
    (A) 10:00 A.M.
    (B) 10:30 A.M.
    (C) 12:00 P.M.
    (D) 1:00 P.M.

14. 図を見てください、何時に女性は水曜日のセミナーに参加しましたか。
    (A) 午前10時
    (B) 午前10時30分
    (C) 正午
    (D) 午後1時

［正解］14.（D）

［解説］
　男性は❶で How was the workshop you attended for new sales representatives on Wednesday? 「水曜日にあなたが参加した新人の販売員向けのワークショップはいかがでしたか」と、女性に対してワークショップの感想を尋ね、女性はそれに対して❷で It was really good. 「非常に良かったです」と返答しています。
　よって、女性が参加したイベントはワークショップであり、図表を見るとワークショップは13時から始まったということが分かるので、正解は（D）です。

> ### Point
>
> 　the workshop「ワークショップ」の後ろには、関係代名詞の目的格である that や which が省略されていると考えてください。

> ### Point
>
> 「図表問題（グラフィック問題）」に取り組む際は
> ①図表上にある「選択肢と一致しない部分」を会話や説明文の音声が流れてくる前に先に読み（見て）、内容をあらかじめ理解しておきます
> ②「設問の内容」と「図表上の見るべき部分の内容」にズレが生じる場合には、設問の内容を必要に応じて変換します
> ③図表上の情報の中から正解となるものを選び、それに対応している選択肢を正解として選びます

スコアアップトレーニング

▶ Part 3 & Part 4の学習法

Part 3 & Part 4の学習法も、基本事項の確認の部分は Part 1や Part 2と同様です。

▶ スクリプトの確認

（1）設問と選択肢、会話や説明文のスクリプトにある「意味が分からない語句」の意味を、解説などを読んで確認してください。

（2）語句の意味を調べて覚え、設問と選択肢、会話や説明文のスクリプトを読んですぐに意味を言える状態にします。

（3）スクリプトを見ずに音声だけを聞き、その英文の意味が分かるかどうかを確認してください。

1文の音声を聞いてポーズにし、すぐにその英文の意味を言うことができれば大丈夫です。

本書の問題の音声を使ったトレーニングに取り組んでみましょう。

本書の Part 3 & Part 4の会話・説明文を、全て完璧にシャドーイングができるようになるまで練習を続けてみてください。

まずは 1つの会話を100% 完璧にシャドーイングできるようになることを目指しましょう。

1つの会話のシャドーイングを完成させるのに、数日〜数週間かかるかもしれませんが、1日に10分程度でもいいので、完璧なシャドーイングができるようになるまで毎日地道に練習を重ねてみてください。

録音できる機器を使って自分がシャドーイングしている音声を録音し、その音声をスクリプトと照らし合わせてみることを強くお勧めします。

うまくシャドーイングができていない部分の英文のスクリプトを蛍光ペンなどで塗り、その部分は特に念入りに練習し、英文が正しく口から出るようになるまで繰り返し音読するようにしてみてください。

▶ シャドーイング

自分の声を少し遅らせて英語の音声にかぶせるように話すトレーニングです。

Part 3 & Part 4の実戦トレーニングとして効率的かつ効果的なのがシャドーイングです。

シャドーイングを繰り返すことにより、英語の語順のまま英文を理解する習慣が身に付きます。

Part 1や Part 2のトレーニングとして推奨している音読やディクテーションなども大きな

効果を期待できます。

　ですが、Part 3 & Part 4の英文はPart 1やPart 2の英文と比較すると長いので、ディクテーションを行うにはあまり適していないのです。

　会話や説明文を題材にしてディクテーションをしっかり行おうとすると、非常に多くの時間を費やさなければならなくなります。

　そこでお勧めしたいのが、短い時間で効率的に行うことが可能なシャドーイングなのです（もちろん会話や説明文を題材にしたディクテーションを行うことは英語力の向上に大きく寄与しますので、可能であれば、ぜひ挑戦してみてください）。

▶ やり方

(1) 英文と日本語訳を読み、内容を理解します（語句、文法事項、文意の確認を行います）。

(2) 音声を聞きながら、ナレーターの発音を極力真似しつつ英文を読むようにします。

(3) 英文を見ずに音声を聞きながら発声します。

　このとき、自分の声を少し遅らせて音声にかぶせながら話すようにします。

　これがシャドーイングです。

　上記 (1) 〜 (3) のステップを経て、完璧にシャドーイングをすることができる会話や説明文を1つずつ増やしていきましょう。

　このストックを増やしていくことが、リスニング力のアップに大いに貢献します。

　リスニングセクションの音声のスピードとリズムを体に覚え込ませることができ、英文の意味を英語の語順通りに理解することができるようになります

　練習を上記の3段階に分けて行えば、無理なく確実にシャドーイングを行うことができるようになっていきます。

　シャドーイングを行う際はスマートフォンやポータブルオーディオプレーヤーなどを使用し、ヘッドホンやイヤホンを使うことをお勧めします。

　そうすれば聞こえてくる音声が自分の声でかき消されることがないため、スムーズに練習に取り組むことができるからです。

　ナレーターの発音をできる限り真似するようにし、英語の語順のまま英文の意味が理解できるようになるまで、同じ会話や説明文のシャドーイングを繰り返し練習してみてください。

　リテンション能力（英文を一定の間記憶しておく能力）を高めたいのであれば、自分が発声するタイミングを遅めにするといいでしょう。

　シャドーイングの練習を続けていくと英文を返り読みせずに読み進めていく力も付くので、リーディングセクションの英文をより速く理解できるようになることも期待できます。

Part 3 & Part 4のまとめ

　Part 3の会話問題、Part 4の説明文問題への基本的な取り組み方を、ここでおさらいしておきましょう。

　ここでは Part 3 & Part 4の全ての問題に共通することをまとめています。「意図問題（話し手の意図を問う問題）」や「図表問題（グラフィック問題）」に関しては「スコアアップするためのコツ」で説明したことを参考にしてください。

設問を3つとも読み、要約して記憶する

　3つの設問を読み、それを要約して記憶に保持します。

設問と（A）～（D）の選択肢を読む ➡ これを3つの設問＋各選択肢に対して行う

　できる限り設問と選択肢を「記憶するつもりで」読もうとするのがコツです。

設問を上から順に解答 ➡「正解のヒント」となる英文の音声が聞こえた瞬間に、正解だと判断した選択肢をマークする

「正解のヒント」となる部分の音声を聞き終えた瞬間に、正解だと判断した選択肢のマークに「チョン」と印をつけるようにするとよいでしょう。

　その時点でしっかりとマークを塗ろうとすると、会話や説明文の内容に対する集中力が一時的に切れてしまう可能性があるからです。

　セット内の3問全てのマークに「チョン」という軽いマークをし終えた時点で、しっかりとそれら3つを塗りつぶすようにすることをお勧めします。

では、Part 3の練習問題を4セット解いてみましょう。
（巻末の解答用紙をお使いください）

問題 🎧 27

1. Why is the man concerned?
   - (A) He has a budget issue.
   - (B) He missed his meeting.
   - (C) The report had an error.
   - (D) The product price is too high.

2. Who most likely is the woman?
   - (A) A janitor
   - (B) A designer
   - (C) A manager
   - (D) A receptionist

3. What does the woman tell the man to do next?
   - (A) Prepare a document
   - (B) Talk to a competitor
   - (C) Contact a coworker
   - (D) Make an announcement

問題 🎧 28

4. Why will the man be late to a meeting?
   - (A) He needs medical support.
   - (B) He has to meet an applicant.
   - (C) He wants to have lunch.
   - (D) He needs to run an errand.

5. What is one thing the man requests of the woman?
   - (A) Send product samples
   - (B) Buy a new printer
   - (C) Take notes
   - (D) Get keys for a room

6. What does the woman mean when she says, "Got it"?
   - (A) She can go to the bank.
   - (B) She will make copies.
   - (C) She gave a presentation.
   - (D) She needs more time.

Part 3&4

会話問題&説明文問題

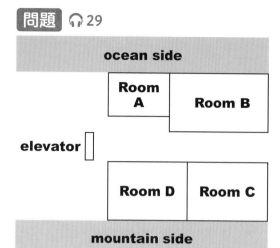

7. What is the woman's problem?
   (A) View
   (B) Cost
   (C) Cleanliness
   (D) Noise

8. What does the woman suggest?
   (A) She is staying with colleagues.
   (B) She has been to the hotel before.
   (C) She is staying for over a week.
   (D) She has attended a conference.

9. Look at the graphic. Which room is the woman's new room?
   (A) Room A
   (B) Room B
   (C) Room C
   (D) Room D

問題 🎧 30

10. Why do the women need to change their plan?
    (A) They need more space.
    (B) Their destination changed.
    (C) They want to cut down on cost.
    (D) Their luggage is missing.

11. What does the man offer to do?
    (A) Take a photograph
    (B) Print a document
    (C) Lend a phone
    (D) Give a special rate

12. What type of car will the women rent?
    (A) A compact car
    (B) A full-size car
    (C) A van
    (D) A truck

Part 4の練習問題を3セット解いてみましょう。
（巻末の解答用紙をお使いください）

問題 🎧31

1. Who most likely is the listener?
   (A) A designer
   (B) A janitor
   (C) A driver
   (D) A pharmacist

2. Why has the product launch been delayed?
   (A) There is a scheduling conflict.
   (B) The product received negative reviews.
   (C) There has been a production delay.
   (D) The team has been on vacation.

3. What is the listener requested to do?
   (A) Purchase some supplies
   (B) Check some data
   (C) Complete a form
   (D) Make a phone call

問題 🎧32

4. What does the speaker mean when she says, "It's a good deal"?
   (A) The quality of a machine is good.
   (B) Price has been cut dramatically.
   (C) A new contract has been signed.
   (D) The room size will be expanded.

5. What does the speaker propose?
   (A) Purchase a new printer
   (B) Invite employees to join an event
   (C) Introduce a new employee
   (D) Continue using an office equipment

6. Who most likely is Robbie Lawlor?
   (A) A director on the board
   (B) A long-term client
   (C) A printer rental personnel
   (D) A marketing manager

Part 3&4

会話問題&説明文問題

Time	Speaker	Topic
1:00-1:50	Jeff Henare	Digital Transformation
2:00-2:50	Jay Owens	Change Management
3:00-3:50	Kota Naito	HR Policies
4:00-4:50	Takaaki Sugabayashi	Charismatic Leadership

7. Where does the talk most likely take place?

(A) At a hotel

(B) At a museum

(C) At a cafeteria

(D) At a television studio

8. Look at the graphic. When will Jeff Henare start his talk?

(A) 1:00

(B) 2:00

(C) 3:00

(D) 4:00

9. What is true about Shigeki Togo?

(A) He is currently on vacation.

(B) He was featured in a magazine.

(C) He will give a talk today.

(D) He is a former seminar participant.

Part 3の解説

🎧 27 🇨🇦 M 🇺🇸 W

［音声のスクリプト］

Questions 1 through 3 refer to the following conversation.

🇨🇦 M　Good morning, Miho.

Do you have a minute?

🇺🇸 W　I'm on my way to a meeting with a client.

What's the matter?

🇨🇦 M　I have the printout of the competitor analysis report ready for you.

❶ It seems like we're selling our new product at a higher price than others.

❷ This is worrisome.

🇺🇸 W　We'll have to match or beat their price to stay ahead of our competitors in the industry.

Can you do me a favor?

❸ I want to bring this up at the managers' meeting this afternoon, so ❹ ask Zack if he can put it on the agenda.

［スクリプトの訳］

問題1-3は次の会話に関するものです。

🇨🇦 男性　おはよう、Miho。

少し時間はありますか。

🇺🇸 女性　クライアントとのミーティングに向かっています。

どうしましたか。

🇨🇦 男性　競合他社の分析レポートの印刷物を用意しました。

❶私たちは新製品を他社よりも高い価格で販売しているようです。

❷これは気になります。

🇺🇸 女性　業界の競合他社に先んじるには、価格面で匹敵するか、それを上回る必要があります。

ちょっとお願いを聞いてもらえませんか。

❸このことを今日の午後の経営者会議で取り上げたいので、❹Zack にそれを議題に載せてもらえないか聞いてみてください。

□ have a minute 少し時間がある　□ on my way to 〜へ行く途中で

□ What's the matter? どうしましたか。　□ printout 印刷物　□ competitor 競合他社

□ analysis 分析　□ it seems like 〜のように見える　□ product 製品

□ worrisome 心配させる　□ have to do 〜しなければならない　□ match 〜に匹敵する

□ beat 〜を打ち負かす　□ Can you do me a favor? ちょっとお願いを聞いてもらえませんか。

□ want to do 〜したい　□ bring up（議題などを）提起する　□ if 〜かどうか

□ put on 〜を載せる　□ agenda 議題

[設問と選択肢のスクリプトと訳]

1. Why is the man concerned?

(A) He has a budget issue.

(B) He missed his meeting.

(C) The report had an error.

(D) The product price is too high.

語句

□ be concerned 心配する

□ miss 〜を逃す

□ error エラー

□ product price 商品価格

□ too high 高すぎる

1. なぜ男性は心配しているのですか。

(A) 彼は予算の問題を抱えているから。

(B) 彼は会議に出席できなかったから。

(C) レポートにエラーがあったから。

(D) 商品価格が高すぎるから。

2. Who most likely is the woman?

(A) A janitor

(B) A designer

(C) A manager

(D) A receptionist

語句

□ most likely おそらく

□ janitor 用務員

□ receptionist 受付係

2. 女性は誰であると考えられますか。

(A) 用務員

(B) デザイナー

(C) マネージャー

(D) 受付係

3. What does the woman tell the man to do next?

　(A) Prepare a document

　(B) Talk to a competitor

　(C) Contact a coworker

　(D) Make an announcement

3. 女性は男性に次に何をするように言いますか。

　(A) 文書を準備する

　(B) 競合他社と話す

　(C) 同僚に連絡する

　(D) 発表する

語句

□ prepare 〜を準備する

□ document 書類

□ talk to 〜と話す

□ competitor 競合他社

□ contact 〜に連絡する

□ coworker 同僚

□ make an announcement

　発表する

［正解］1. (D)　2. (C)　3. (A)

［解説］

1. 男性は❶と❷で It seems like we're selling our new product at a higher price than others. This is worrisome.「私たちは新製品を他よりも高い価格で販売しているようです。これは気になります」と述べています。

　これを簡潔に言い換えている (D) の The product price is too high.「商品価格が高すぎるから」が正解です。

> ## Point
>
> It seems like「〜のようだ」の後ろには、節も名詞句も続けることができます。
> また、以下の例文のように、接続詞の that を加えることも可能です。
> □ It seems like that our new product will sell out immediately.
> 　当社の新製品はすぐに売り切れるでしょう。
> 語句　□ product 製品　□ sell out 売り切れる　□ immediately すぐに

2. 女性は❸で I want to bring this up at the managers' meeting this afternoon「このことを今日の午後の経営者会議で取り上げたい」と男性に対して応答しています。

　女性は manager's meeting「経営者会議」に参加する立場にあることが分かるため、正解は (C) の A manger「マネージャー」になります。

bring up は「(議題などを) 提起する」という表現ですが、目的語が代名詞の場合には、bring this up「これを提起する」のように動詞＋代名詞＋副詞の語順になります。

□ Please don't bring that up.

その話は持ち出さないでください。

3. 女性は❹で ask Zack if he can put it on the agenda「Zack にそれを議題に載せてもらえないか聞いてみてください」と述べています。

これを Contact a coworker「同僚に連絡する」と簡潔にまとめて表している (C) が正解です。

coworker「同僚」は、colleague や peer、associate などに言い換えることができます。

□ My colleagues and I agree that you are an excellent candidate.

私の同僚たちと私は、あなたが素晴らしい候補者だということで意見が一致しています。

語句 □ agree that ～ということで意見が一致している　□ excellent 素晴らしい
　　　 □ candidate 候補者

［音声のスクリプト］

Questions 4 through 6 refer to the following conversation.

🇦🇺 M　Asuka, I need your help.

🇬🇧 W　Sure, what's wrong?

🇦🇺 M　❶I have an urgent matter to take care of, so I'm stepping out of the office to go to the bank.

　　　I have a meeting from one o'clock, but I might be late.

　　　Can you go on behalf of me?

🇬🇧 W　Sure.

　　　You're last on the agenda, so I'm assuming you'll make it to your presentation?

🇦🇺 M　Yes, ❷just take minutes for me until I get there.

　　　The handouts are on my desk, so pick them up and take them with you.

　　　❸Oh, and I haven't made copies yet.

　　　❹Eight people will be at the meeting.

🇬🇧 W　Got it.

［スクリプトの訳］

問題4-6は次の会話に関するものです。

🇦🇺 男性　Asuka、あなたの助けが必要です。

🇬🇧 女性　ええ、どうしたのですか。

🇦🇺 男性　❶緊急の問題への対応が必要なので、事務所を出て銀行に行きます。

　　　　1時から会議がありますが、遅れるかもしれません。

　　　　私の代わりに行くことはできますか。

🇬🇧 女性　もちろんです。

　　　　あなたは議題の最後に登場する予定なので、プレゼンテーションに間に合うと思ってもいいですか。

🇦🇺 男性　はい、❷私がそこに行くまで議事録だけ取っておいてください。

　　　　配布物は私の机の上にあるので、あなたが持っていってください。

　　　　❸ああ、私はまだコピーを作成していません。

　　　　❹8人が会議に出席します。

🇬🇧 女性　了解しました。

［設問と選択肢のスクリプトと訳］

4. Why will the man be late to a meeting?

(A) He needs medical support.

(B) He has to meet an applicant.

(C) He wants to have lunch.

(D) He needs to run an errand.

4. 男性はなぜ会議に遅れますか。

(A) 彼は医療支援を必要としているから。

(B) 彼は応募者に会わなければならないから。

(C) 彼は昼食をとりたいと思っているから。

(D) 彼は用事を済ます必要があるから。

5. What is one thing the man requests of the woman?

(A) Send product samples

(B) Buy a new printer

(C) Take notes

(D) Get keys for a room

5. 男性が女性に依頼することの1つは何ですか。

(A) 製品のサンプルを送る

(B) 新しいプリンターを購入する

(C) メモを取る

(D) 部屋の鍵を入手する

6. What does the woman mean when she says, "Got it"?

(A) She can go to the bank.

(B) She will make copies.

(C) She gave a presentation.

(D) She needs more time.

語句

□ mean 〜を意味する

□ Got it. 了解しました。

□ give a presentation
   プレゼンテーションをする

□ more より多くの

6. 女性は "Got it" という発言で、何を意味していますか。

(A) 彼女は銀行に行くことができる。

(B) 彼女はコピーを作成する。

(C) 彼女はプレゼンテーションをした。

(D) 彼女はもっと時間が必要だ。

［正解］4. (D)　5. (C)　6. (B)

［解説］

4. 男性は❶で I have an urgent matter to take care of, so I'm stepping out of the office to go to the bank. 「緊急の問題への対応が必要なので、事務所を出て銀行に行きます」と述べています。

これを簡潔に言い換えている (D) の He needs to run an errand. 「彼は用事を済ます必要があるから」が正解です。

> **Point**
>
> run an errand for で「(人の) 使い走りをする」という意味になります。
> □ Mr. Obari needs someone to run an errand for him.
>   Obari さんは彼のために使い走りをしてくれる人が必要です。

5. 男性は❷で just take minutes for me until I get there「私がそこに行くまで議事録だけ取っておいてください」と述べています。

take minutes「議事録を取る」を Take notes「メモを取る」に言い換えている (C) が正解です。

6. 男性は❸で Oh, and I haven't made copies yet.「ああ、私はまだコピーをしていません」、❹で Eight people will be at the meeting.「8人が会議に出席します」と述べています。

これらは男性による女性への「8人分のコピーを作成してください」という依頼であり、女性はそれに対して Got it.「了解です」と応答したと考えられます。

よって正解は、(B) の She will make copies.「彼女はコピーを作成します」になります。

🎧 29 🇨🇦 M 🇬🇧 W

［音声のスクリプト］

Questions 7 through 9 refer to the following conversation and floor plan.

🇨🇦 M　Good evening, Ms. Kamitani.

❶ Are you enjoying your stay?

🇬🇧 W　❷ Unfortunately, not really.

❸ The elevator makes a large sound.

I would like a different room if you have any available.

🇨🇦 M　I'm sorry to hear that.

We do have a few rooms available now.

Would you like the ocean side or the mountain side?

🇬🇧 W　❹ I'd like to stay on the ocean side and the same floor if possible.

❺ My coworkers are on the same floor.

🇨🇦 M　❻ The only room we have is the one next to yours.

❼ It's a slightly bigger room, but I won't charge you any extra.

Is that OK?

🇬🇧 W　❽ Yes, that would be great.

Thank you so much.

［スクリプトの訳］

問題7-9は次の会話と間取り図に関するものです。

🇨🇦 男性　こんばんは、Kamitani 様。

❶滞在を楽しんでいますか？

🇬🇧 女性　❷残念ながら、楽しめていません。

❸エレベーターが大きな音を立てるんです。

空きがあれば別の部屋をお願いしたいのですが。

🇨🇦 男性　それを聞いて申し訳なく思います。

現在いくつかの部屋をご利用いただけます。

海側と山側のどちらがよろしいですか？

🇬🇧 女性　❹できれば海側の同じ階にいたいです。

❺私の同僚たちが同じ階にいるのです。

🇨🇦 男性　❻今空いている唯一の部屋はあなたの隣の部屋です。

❼少し広い部屋ですが、追加料金はかかりません。

そこでよろしいでしょうか？

🇬🇧 女性　❽はい、それは素晴らしいですね。

どうもありがとうございます。

- □ floor plan 間取り図　□ unfortunately 残念ながら　□ not really そうではない
- □ would like ～が欲しい　□ different 別の　□ available 利用できる　□ ocean 海
- □ if possible できれば　□ coworker 同僚　□ next to ～の隣の　□ slightly わずかに
- □ charge ～に課金する　□ extra (fee) 追加料金

[図表と設問と選択肢のスクリプトと訳]

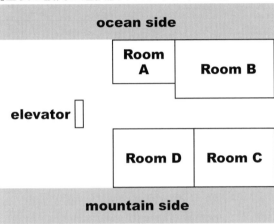

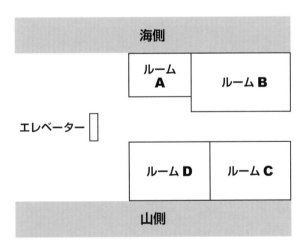

7. What is the woman's problem?

   (A) View

   (B) Cost

   (C) Cleanliness

   (D) Noise

7. 女性の問題は何ですか。

   (A) 眺め

   (B) 費用

   (C) 清潔さ

   (D) 騒音

8. What does the woman suggest?

   (A) She is staying with colleagues.

   (B) She has been to the hotel before.

   (C) She is staying for over a week.

   (D) She has attended a conference.

語句
□ suggest ～を示唆する
□ colleague 同僚
□ have been to ～に行ったことがある
□ before 以前
□ attend ～に出席する
□ conference 会議

8. 女性は何を示唆していますか。

   (A) 彼女は同僚と一緒に滞在している。

   (B) 彼女は以前そのホテルに来たことがある。

   (C) 彼女は1週間以上滞在している。

   (D) 彼女は会議に出席している。

9. Look at the graphic. Which room is the woman's new room?

   (A) Room A

   (B) Room B

   (C) Room C

   (D) Room D

9. 図を見てください。女性の新しい部屋はどの部屋ですか。

   (A) ルーム A

   (B) ルーム B

   (C) ルーム C

   (D) ルーム D

［正解］7.（D） 8.（A） 9.（B）

［解説］

7. 男性が❶で Are you enjoying your stay?「滞在を楽しんでいますか」と女性に声をかけたのに対して、女性は❷で Unfortunately, not really.「残念ながら、楽しめていません」と応答しています。

その理由として女性は❸で The elevator makes a large sound.「エレベーターが大きな音を立てるんです」と続けています。

よって、女性の述べている問題を簡潔に示している（D）の Noise「騒音」が正解です。

Point

not really は「そうでもありません」という意味を表します。

☐ I think that this is not really a problem in the long run.

この件は長い目で見れば大した問題ではないと私は思います。

語句　☐ in the long run 長い目で見ると

8. 女性は❺で My coworkers are on the same floor.「私の同僚たちが同じ階にいるのです」と述べています。

coworker「同僚」の同義語である colleague を使って上記の内容を言い換えている（A）が正解です。

9. 女性は❹で I'd like to stay on the ocean side and the same floor if possible.「できれば海側の同じ階にいたいです」と述べているため、この時点で正解はルーム A とルーム B の2つに絞られます。

その後男性は❻と❼で The only room we have is the one next to yours. It's a slightly bigger room, but I won't charge you any extra.「今空いている唯一の部屋はあなたの隣の部屋です。少し広い部屋ですが、追加料金はかかりません」と述べていることから、海側にあるやや広めの部屋となっているルーム B が正解候補となります。

これに対して女性は❽で Yes, that would be great.「はい、それは素晴らしいですね」と応答しているため女性が使う部屋が確定し、正解は（B）です。

🎧 30 🇨🇦 M 🇺🇸 W1 🇬🇧 W2

［音声のスクリプト］

Questions 10 through 12 refer to the following conversation with three speakers.

🇺🇸 W1 Hi, we have a reservation for a rental car.

We're here to pick it up.

🇨🇦 M Certainly.

May I have your reservation number and ID with a photo?

🇺🇸 W1 Yes, here you go.

❶ Actually, we now have three people with a lot of luggage.

❷ Can we upgrade to a full-size car so we have more space?

🇨🇦 M Uh, let's see ... ❸ we only have a van that seats nine people.

❹ Is that OK?

❺ I can give you a discount.

🇺🇸 W1 Mayu, are you good with big cars?

I usually drive a compact car, so I'm not quite sure.

🇬🇧 W2 No worries.

I drive a truck back home, so I can do the driving.

❻ Let's upgrade.

［スクリプトの訳］

問題10-12は3人の話し手による次の会話に関するものです。

🇺🇸 女性1 こんにちは、レンタカーを予約しています。

私たちはそれを借りるためにここに来ています。

🇨🇦 男性 もちろんです。

予約番号と写真付きの身分証明書を頂けますか。

🇺🇸 女性1 はい、どうぞ。

❶実は今、荷物をたくさん持っている人が3人います。

❷フルサイズの車にアップグレードしてスペースを増やすことはできますか。

🇨🇦 男性 ええと、見てみましょう…❸うちには9人乗りのバンしかありません。

❹それでも大丈夫でしょうか。

❺割引させていただきますよ。

🇺🇸 女性1 Mayu、あなたは大きな車の運転は得意ですか。

私は普段はコンパクトカーを運転しているのでよく分からないんです。

🇬🇧 女性2 心配ありません。

私はトラックを運転して家に帰っているので、運転をすることができますよ。

❻アップグレードしましょう。

☐ reservation 予約　☐ rental car レンタカー　☐ pick up ～を拾う

☐ certainly もちろんです　☐ here you go どうぞ　☐ actually 実は　☐ a lot of たくさんの

☐ luggage 荷物　☐ upgrade to ～にアップグレードする　☐ van バン

☐ seat （～人）収容する　☐ discount 割引　☐ be good with ～が得意だ

☐ usually 普段は　☐ quite sure よく分かっている　☐ worry 心配　☐ drive ～を運転する

☐ truck トラック

[設問と選択肢のスクリプトと訳]

10. Why do the women need to change their plan?

(A) They need more space.

(B) Their destination changed.

(C) They want to cut down on cost.

(D) Their luggage is missing.

10. 女性はなぜ自分の計画を変える必要があるのですか。

(A) 彼女たちはより多くのスペースが必要だから。

(B) 彼女たちの目的地が変更されたから。

(C) 彼女たちはコストを削減したいと思っているから。

(D) 彼女たちの荷物が見当たらないから。

☐ need to do ～する必要がある

☐ more より多くの

☐ destination 目的地

☐ change 変更される

☐ want to do ～したい

☐ cut down on ～を削減する

☐ luggage 荷物

☐ missing 見当たらない

11. What does the man offer to do?

(A) Take a photograph

(B) Print a document

(C) Lend a phone

(D) Give a special rate

☐ offer to do ～することを申し出る

☐ take a photograph 写真を撮る

☐ document 書類

☐ rate 料金

11. 男性は何をすることを申し出ますか。

(A) 写真を撮る

(B) 書類を印刷する

(C) 電話を貸す

(D) 特別料金を与える

12. What type of car will the women rent?

   (A) A compact car

   (B) A full-size car

   (C) A van

   (D) A truck

語句

□ rent ～を（お金を払って）借りる

12. 女性たちはどのタイプの車を借りますか。

   (A) コンパクトカー

   (B) フルサイズの車

   (C) バン

   (D) トラック

［正解］10.（A）　11.（D）　12.（C）

［解説］

　10. 女性1は❶と❷で Actually, we now have three people with a lot of luggage. Can we upgrade to a full-size car so we have more space? 「実は今、荷物をたくさん持っている人が3人います。フルサイズの車にアップグレードしてスペースを増やすことはできますか」と発言しています。

　これを簡潔に言い換えている（A）の They need more space. 「彼女たちはより多くのスペースが必要だから」が正解です。

> **Point**
>
> 　a lot of「たくさんの」は、可算名詞と不可算名詞の両方を修飾することができます。
> □ We have a lot of material to cover today.
> 　私たちは、今日は取り上げる案件がたくさんあります。
> 語句　□ material 案件、題材　□ cover ～を取り上げる

　11. 男性は❺で I can give you a discount. 「割引させていただきますよ」と述べています。

　これを Give a special rate「特別料金を与える」と言い換えて表している（D）が正解になります。

　12. 女性1は❷で Can we upgrade to a full-size car so we have more space? 「フルサイズの車にアップグレードしてスペースを増やすことはできますか」と述べており、これに対して男性は❸と❹で we only have a van that seats nine people. Is that OK? 「うちには9人乗りのバンしかありません。それで大丈夫でしょうか」と応答しています。

その後女性1は女性2に対して「大きな車の運転は得意ですか」と尋ね、この問いかけに対して女性2は「心配ありません、運転できます」と答えています。

　さらに女性2は❻で Let's upgrade.「アップグレードしましょう」と発言しています。

　彼女たちはバンにアップグレードすることに決めたということが分かるため、正解は（C）の A van「バン」です。

Point

　seat はここでは「（場所がある人数を）座らせることができる」という意味の他動詞として使われており、be seated は「座る」という意味になります。

☐ All of the people are seated on the sofa.

　全員がソファーに座っています。

Part 4の解説

🎧 31 🇦🇺 M

［音声のスクリプト］

Questions 1 through 3 refer to the following telephone message.

Hi Julia.

❶ I'm calling to let you know that I've got the results back from the user interviews.

❷ We asked them to review our new driving app.

❸ It looks like we'll have to revise the colors and icons a bit before we release it.

❹ The subjects said that the colors were too bright and it was making them tired.

❺ While people initially enjoy the looks, their concentration level quickly goes down in about 3 minutes.

❻ They also had a problem locating the button to look at their account summary.

❼ We need to have your team redesign the top page, so I've set a new launch date for October 7.

❽ Call me back and let me know what you think about the new deadline.

［スクリプトの訳］

問題1-3は次の電話のメッセージに関するものです。

こんにちは Julia。

❶ユーザーインタビューの結果が返ってきたことをお知らせします。

❷私たちは彼らに新しい運転アプリを批評するよう依頼しました。

❸私たちはそれをリリースする前に、色とアイコンを少し修正する必要があるようです。

❹被験者は、色が明るすぎて疲れてしまうと言っていました。

❺人々は、最初はその見た目を楽しみますが、彼らの集中力は約3分で急速に低下します。

❻また、アカウントの概要を確認するためのボタンを見つけることに関しても問題がありました。

❼あなたのチームにトップページを再設計してもらう必要があるため、新しいリリース日を10月7日に設定しました。

❽折り返し電話していただき、新しい締め切りについてのご意見をお聞かせください。

語句

☐ let somebody do 人に～させる　☐ result 結果

☐ ask somebody to do 人に～するよう依頼する　☐ review ～を批評する

☐ driving app 運転アプリ　☐ look like ～のようだ　☐ have to do ～する必要がある

☐ revise ～を修正する　☐ icon アイコン　☐ a bit 少し　☐ release ～をリリースする

☐ subject 被験者　☐ too ～過ぎる　☐ bright 明るい　☐ make A B A を B にする

☐ tired 飽きて　☐ while ～である一方で　☐ initially 最初は　☐ looks 見た目

☐ concentration 集中力　☐ quickly 急に　☐ go down 低下する　☐ also ～もまた

☐ have a problem doing ～するのに問題がある　☐ locate ～を見つける　☐ button ボタン

☐ look at ～を見る　☐ account アカウント　☐ summary 概要

☐ need to do ～する必要がある　☐ have somebody do 人に～させる

☐ redesign ～を再設計する　☐ launch date リリース日

☐ call me back 私に折り返し電話する　☐ let somebody do 人に～させる

☐ think about ～について考える　☐ deadline 締め切り

[設問と選択肢のスクリプトと訳]

1. Who most likely is the listener?

　(A) A designer

　(B) A janitor

　(C) A driver

　(D) A pharmacist

語句

☐ most likely おそらく

☐ janitor 用務員

☐ pharmacist 薬剤師

1. 聞き手は誰だと考えられますか。

　(A) デザイナー

　(B) 用務員

　(C) ドライバー

　(D) 薬剤師

2. Why has the product launch been delayed?

(A) There is a scheduling conflict.

(B) The product received negative reviews.

(C) There has been a production delay.

(D) The team has been on vacation.

□ product 製品

□ launch リリース

□ delay 〜を遅らせる

□ scheduling conflict
　　スケジュールが重なること

□ receive 〜を受ける

□ negative 否定的な

□ review レビュー

□ production delay 生産の遅れ

□ be on vacation 休暇中だ

2. 製品のリリースが遅れたのはなぜですか。

(A) スケジュールが重なったから。

(B) 製品が否定的なレビューを受けたから。

(C) 生産の遅れがあったから。

(D) チームは休暇中だから。

3. What is the listener requested to do?

(A) Purchase some supplies

(B) Check some data

(C) Complete a form

(D) Make a phone call

語句

□ be requested to do
　　〜するよう求められる

□ purchase 〜を購入する

□ supplies 消耗品

□ data データ

□ complete 〜を完成させる

□ form フォーム

□ make a phone call 電話をかける

3. 聞き手は何をするよう求められますか。

(A) いくつかの消耗品を購入する

(B) いくつかのデータを確認する

(C) フォームに記入する

(D) 電話をかける

［正解］1. (A)　2. (B)　3. (D)

［解説］

1. 話し手は❷と❸で We asked them to review our new driving app. It looks like we'll have to revise the colors and icons a bit before we release it. 「私たちは彼らに新しい運転アプリを批評するよう依頼しました。私たちはそれをリリースする前に、色とアイコンを少し修正する必要があるようです」と述べています。

また、❼では We need to have your team redesign the top page, so I've set a new launch date for October 7. 「あなたのチームにトップページを再設計してもらう必要があるため、新しいリリース日を10月7日に設定しました」と述べています。

これらのことから、聞き手はアプリを制作する designer 「デザイナー」であることが分かるため、正解は (A) です。

> ## Point
>
> have your team redesign「あなたのチームに再設計してもらう」では、have＋目的語＋動詞の原形「〜に…させる」という have を使った使役表現が使われています。
> ☐ Mr. Sugabayasi had his secretary call a taxi.
> Sugabayashi さんは秘書にタクシーを呼んでもらいました。

2. 話し手は❶で I'm calling to let you know that I've got the results back from the user interviews.「ユーザーインタビューの結果が返ってきたことをお知らせします」と述べています。

また、❸〜❻では It looks like we'll have to revise the colors and icons a bit before we release it. The subjects said that the colors were too bright and it was making them tired. While people initially enjoy the looks, their concentration level quickly goes down in about 3 minutes. They also had a problem locating the button to look at their account summary. 「私たちはそれをリリースする前に、色とアイコンを少し修正する必要があるようです。被験者は、色が明るすぎて疲れてしまうと言っていました。人々は、最初はその見た目を楽しみますが、彼らの集中力は約3分で急速に低下します。また、アカウントの概要を確認するためのボタンを見つけることに関しても問題がありました」と述べています。

アプリに対して否定的なコメントが寄せられた結果、❼にあるようにアプリのリリース日を先送りにしたということが分かるため、正解は（B）になります。

> ## Point
>
> ❺の文にある while は「〜ではあるものの」という意味の逆接の接続詞です。
> この意味で使われる while は whereas に言い換えることができます。
> ☐ Whereas the former design was quite eye-catching, its layout was not very practical.
> 以前のデザインはかなり人目を引くものではあるものの、レイアウトはあまり実用的ではありませんでした
> 語句 ☐ former 以前の　☐ quite かなり　☐ eye-catching 人目を引く
> 　　　☐ practical 実用的な

3. 話し手は❽で Call me back and let me know what you think about the new deadline.「折り返し電話していただき、新しい締め切りについてのご意見をお聞かせください」と聞き手に伝えています。

これを Make a phone call「電話をかける」と端的に表している（D）が正解です。

Point

　関係代名詞の what は「〜するもの、こと」という意味で使われ、what she said「彼女の言ったこと」、what is expected「予想されること」のような名詞句を作ります。

☐ Our restaurant promises to make exactly what you want.

　当レストランはまさにお客様がお望みのものを作ることをお約束いたします。

語句　☐ promise to do 〜することを約束する

　　　☐ exactly 正確に、ちょうど

[音声のスクリプト]

Questions 4 through 6 refer to the following excerpt from a meeting.

Next on our agenda is about purchasing a new copy machine. As we discussed before, our office printer lease is ending soon. ❶ We were considering purchasing a new copy machine, ❷ but the printer we have now is doing really well. It's a good deal —no breakdowns in the past year and we pay based on usage. Therefore, ❸ I'd like to propose extending our contract for another six months and reconsidering a purchase in fall. ❹ If no one is against this idea, I'll contact Robbie Lawlor to extend our contract.

[スクリプトの訳]

問題4-6は次の会議の抜粋に関するものです。

女性：次の議題は、新しいコピー機の購入についてです。

前に議論したように、オフィスにある印刷機のリースはまもなく終了します。

❶私たちは新しいコピー機の購入を検討していましたが、❷私たちが現在使用している印刷機はとても順調です。これはお得です―過去1年間に故障はなく、どれだけ使用したかに基づいて支払いをします。

そのため、❸契約をさらに6か月延長し、秋に購入を再検討することを提案したいと思います。❹この考えに反対する人がいない場合は、Robbie Lawlor に連絡して契約を延長します。

語句

□ excerpt 抜粋　□ agenda 議題　□ purchase ～を購入する　□ as ～のように

□ end 終了する　□ consider ～を検討する　□ good deal お得　□ breakdown 故障

□ in the past year 過去1年間に　□ pay 支払いをする　□ based on ～に基づいて

□ usage 使用量　□ therefore そのため　□ I'd like to do 私は～したい

□ propose doing ～することを提案する　□ extend ～を延長する　□ contract 契約

□ for another six months さらに6か月（間）　□ reconsider ～を再検討する

□ be against ～に反対だ　□ contact ～に連絡する

4. What does the speaker mean when she says, "It's a good deal"?

    (A) The quality of a machine is good.

    (B) Price has been cut dramatically.

    (C) A new contract has been signed.

    (D) The room size will be expanded.

4. 話し手は It's a good deal という発言で、何を意味していますか。

    (A) 機械の品質は良好だ。

    (B) 価格が大幅に引き下げられた。

    (C) 新しい契約が締結された。

    (D) 部屋のサイズが拡大される。

語句

☐ good deal お得

☐ quality 品質

☐ dramatically 大幅に

☐ contract 契約

☐ sign 〜に署名する

☐ expand 〜を拡大する

5. What does the speaker propose?

    (A) Purchase a new printer

    (B) Invite employees to join an event

    (C) Introduce a new employee

    (D) Continue using an office equipment

5. 話し手は何を提案していますか。

    (A) 新しい印刷機を購入する

    (B) 従業員にイベントに参加することを勧める

    (C) 新入社員を紹介する

    (D) 事務機器の使用を継続する

語句

☐ propose 〜を提案する

☐ purchase 〜を購入する

☐ invite somebody to do
　　人 に〜することを勧める

☐ employee 従業員

☐ join 〜に加わる

☐ introduce 〜を紹介する

☐ continue doing 〜することを継続する

☐ office equipment 事務機器

6. Who most likely is Robbie Lawlor?

    (A) A director on the board

    (B) A long-term client

    (C) A printer rental personnel

    (D) A marketing manager

6. Robbie Lawlor は誰だと考えられますか。

    (A) 役員会の取締役

    (B) 長期にわたるクライアント

    (C) 印刷機のレンタル担当者

    (D) マーケティング部長

語句

☐ director 役員

☐ board 取締役会

☐ long-term 長期にわたる

☐ client クライアント

☐ personnel 担当者

☐ marketing マーケティング

☐ manager 部長

［解説］

4. 話し手は❶と❷で We were considering purchasing a new copy machine, but the printer we have now is doing really well.「私たちは新しいコピー機の購入を検討していましたが、私たちが現在使用している印刷機はとても順調です」と述べています。

これらのことを踏まえた上で話し手が述べた It's a good deal「これはお得です」なので、正解は (A) の The quality of a machine is good.「機械の品質は良好だ」です。

この machine「機械」は the printer we have now「私たちが現在使用している印刷機」のことを指しています。

Point

consider「～を検討する」は後ろに動名詞が続き、不定詞は続きません。

consider doing「～することを検討する」という形を押さえておいてください。

☐ Our company is considering doing business with HAON Co. in the near future.

当社は HAON 社と、近い将来にビジネスを行うことを考えています。

語句　☐ do business with ～とビジネスを行う　☐ in the near future 近い将来に

5. 話し手は❸で I'd like to propose extending our contract for another six months and reconsidering a purchase in fall「契約をさらに6か月延長し、秋に購入を再検討することを提案したいと思います」と述べています。

これを Continue using an office equipment「事務機器の使用を継続する」と簡潔に言い換えている (D) が正解になります。

Point

another「もう1つの」は、下にある例文のように、後ろに単数形の名詞が続くのが普通です。another six months「さらに6か月」では、six months を「1つのカタマリ」として扱っていると考えてください。

☐ I think that we should get input from another manager.

私たちは他の部長からも意見をもらうべきだと思います。

語句　☐ input 意見

6. 話し手は❹で If no one is against this idea, I'll contact Robbie Lawlor to extend our contract.「この考えに反対する人がいない場合は、Robbie Lawlor に連絡して契約を延長します」と聞き手に伝えています。

this idea「この考え」とは、❸で述べられている「（現在使用している印刷機のリース）契約をさらに6か月延長すること」であり、契約の延長をするために連絡する相手がRobbie Lawlor です。

　よって、正解は（C）の A printer rental personnel「印刷機のレンタル担当者」です。

Point

ここで使われている前置詞の against は「〜に反対して」という意味です。

対義語は for「〜に賛成で」になります。

☐ Our CEO was very much against that idea.

私たちの CEO は、そのアイディアには大反対でした。

語句 ☐ CEO 最高経営責任者（Chief Executive Officer）

[音声のスクリプト]

Questions 7 through 9 refer to the following talk and schedule.

❶ <u>Good afternoon and welcome to the Monthly Leadership Seminar here at United Empire Hotel.</u>

❷ <u>Unfortunately, Jeff Henare is running late, so he will switch with Kota Naito today.</u>

We apologize for the last-minute change.

However, I'm very happy to announce that we've gotten a generous donation of refreshments from Linwood Café down the street.

❸ <u>The owner, Shigeki Togo, took part in our seminar last month</u> and was greatly impressed, so he offered to bring some coffee, tea, and pastries around 1:30.

We will place them outside the ballroom, so feel free to enjoy them during your break.

[スクリプトの訳]

問題7-9は次の話と予定表に関するものです。

❶<u>こんにちは、ここ、United Empire ホテルで開催されるマンスリーリーダーシップセミナーへようこそ。</u>

❷<u>残念ながら、Jeff Henare は到着が遅れているので、本日は Kota Naito と交代します。</u>

土壇場での変更をお詫び申し上げます。

ですが、通りの向こう側にある Linwood Café から軽食の寛大な寄付をいただいたことをお知らせできてとてもうれしく思います。

❸オーナーの Shigeki Togo さんは先月のセミナーに参加して非常に感動したので、1時半ごろにコーヒー、紅茶、ペストリーを持参することを申し出ました。

ボールルームの外に置いておきますので、休憩中にお気軽にお召し上がりください。

語句

□ welcome to 〜にようこそ　□ unfortunately 残念ながら　□ run late （予定より）遅れる

□ switch with 〜と交代する　□ apologize for 〜に対して謝罪する

□ last-minute 土壇場での　□ change 変更　□ however けれども

□ announce 〜を発表する　□ generous 寛大な　□ donation 寄付　□ refreshments 軽食

□ down the street 通りの向こう側の　□ owner オーナー　□ take part in 〜に参加する

□ be impressed 感動する　□ greatly 非常に　□ offer to do 〜することを申し出る

□ bring 〜を持参する　□ pastry ペストリー（パイやタルトなどのこと）　□ around 〜ごろに

□ place 〜を置く　□ outside 〜の外に　□ ballroom ボールルーム（大宴会場）

□ feel free to do 気軽に〜する　□ during 〜の間　□ break 休憩

[図表と設問と選択肢のスクリプトと訳]

Time	Speaker	Topic
1:00-1:50	Jeff Henare	Digital Transformation
2:00-2:50	Jay Owens	Change Management
3:00-3:50	Kota Naito	HR Policies
4:00-4:50	Takaaki Sugabayashi	Charismatic Leadership

時間	話し手	トピック
1:00-1:50	Jeff Henare	デジタルトランスフォーメーション
2:00-2:50	Jay Owens	経営戦略の変更
3:00-3:50	Kota Naito	人事部の方針
4:00-4:50	Takaaki Sugabayashi	カリスマ的なリーダーシップ

7. Where does the talk most likely take place?

(A) At a hotel

(B) At a museum

(C) At a cafeteria

(D) At a television studio

語句

□ most likely おそらく

□ take place 行われる

□ museum 美術館

7. 話はどこで行われると考えられますか。

(A) ホテルで

(B) 美術館で

(C) カフェテリアで

(D) テレビスタジオで

8. Look at the graphic. When will Jeff Henare start his talk?

    (A) 1:00

    (B) 2:00

    (C) 3:00

    (D) 4:00

□ graphic 図

8. 図を見てください。Jeff Henare はいつ話を始めますか。

    (A) 1:00

    (B) 2:00

    (C) 3:00

    (D) 4:00

9. What is true about Shigeki Togo?

    (A) He is currently on vacation.

    (B) He was featured in a magazine.

    (C) He will give a talk today.

    (D) He is a former seminar participant.

語句

□ true 正しい

□ currently 現在

□ be on vacation 休暇中だ

□ be featured in ～に掲載される

□ magazine 雑誌

□ give a talk 話をする

□ former 以前の

□ participant 参加者

9. Shigeki Togo について正しいことは何ですか。

    (A) 彼は現在休暇中だ。

    (B) 彼は雑誌に掲載された。

    (C) 彼は今日話をする。

    (D) 彼は元セミナー参加者だ。

［正解］7.(A)　8.(C)　9.(D)

[解説]

7. 話し手は❶で Good afternoon and welcome to the Monthly Leadership Seminar here at United Empire Hotel.「こんにちは、ここ、United Empire ホテルで開催されるマンスリーリーダーシップセミナーへようこそ」と述べています。

よって、正解は（A）の At a hotel「ホテルで」です。

8. 話し手は❷で Unfortunately, Jeff Henare is running late, so he will switch with Kota Naito today.「残念ながら、Jeff Henare は到着が遅れているので、本日は Kota Naito と交代します」と述べています。

図を見ると、元々は Kota Naito が3:00から話をすることになっていたことが分かるため、Jeff Henare が登場するのはこの時間帯になるということが分かります。

以上のことから正解は（C）になります。

Point

switch with は「〜と交代する」という意味ですが、switch to「〜に切り替える」も一緒に覚えておくとよいでしょう。

☐ Ms. Kanamori will switch to her new career next month.
Kanamori さんは来月新しい職に移ります。

語句 ☐ career 職業、職歴

9. 話し手は❸で The owner, Shigeki Togo took part in our seminar last month「オーナーの Shigeki Togo さんは先月のセミナーに参加しました」と述べています。

これを He is a former seminar participant.「彼は元セミナー参加者だ」と言い換えている（D）が正解です。

Point

take part in「〜に参加する」は、participate in や attend、partake in に言い換えることができます。

☐ You can participate in an upcoming brainstorming session next week.
あなたは来週行われる、次回のブレーンストーミングセッションに参加することが可能です。

語句 ☐ upcoming 次回の、今度の
　　　☐ brainstorming session ブレーンストーミングセッション

Part 5
短文穴埋め問題

Part 5「短文穴埋め問題」に挑戦！

　リーディングセクションの最初のパートである Part 5では、<u>4つの選択肢の中から空所に入る最も適当な語句を選んで解答します</u>。

　出題される問題数は<u>全部で30問</u>です。

　<u>目標解答時間は10分</u>です。

　10分で30問を解答するということは、<u>1問平均20秒で解答</u>するということになります。

　Part 5で出題される問題は、大きく分けて以下の7つのタイプに分類することができます。

---

①品詞問題：ある単語の派生語が選択肢に並んでいるタイプの問題

②動詞問題：動詞のさまざまな形が選択肢に並んでいるタイプの問題

③前置詞 vs 接続詞 vs 副詞問題：前置詞、接続詞、そして副詞が選択肢に混在しているタイプの問題

④代名詞問題：代名詞が選択肢に並んでいるタイプの問題

⑤関係詞問題：関係代名詞や関係副詞が選択肢に並んでいるタイプの問題

⑥ペア表現・語法・数・比較の知識を問う問題

⑦語彙問題：同じ品詞のさまざまな単語や語句が選択肢に並んでいる問題

　それでは上記の①〜⑦の解答の流れを、1つひとつ順番に説明していきます。

　例題に解答し、解答の流れを読んで理解してください。

　Part 5では（A）〜（D）の4つの選択肢にある語句の中から空所に入る最も適当なものを1つ選び、その記号をマークします。

🎧 34

1. It is a well-known fact that Kidani Motors' vehicles sell well because they are highly -------.

(A) depend

(B) dependable

(C) dependably

(D) dependability

🎧 35

2. Keiichi Sayama ------- as the sales manager because he was honored as a model sales representative last year.

(A) is choosing

(B) has chosen

(C) chooses

(D) was chosen

🎧 36

3. Tetsuya Takahashi, the winner of this year's Energy Saving Award, thanked his subordinates for their support ------- the last decade.

(A) previously

(B) within

(C) during

(D) while

🎧 37

4. Kenta Tanaka donated a portrait to the museum that had been painted for ------- by a famous Canadian painter, Kenny Komatsu.

(A) he

(B) his

(C) him

(D) himself

🎧 38

5. There is a space in this building ------- can be used for a meeting, provided you make a reservation in advance.

(A) who

(B) which

(C) whom

(D) what

🎧 39

6. SHO & TOGO's customers can park in ------- the parking lot adjacent to the store or in the area across the road at 52nd Street.

(A) both

(B) alike

(C) neither

(D) either

🎧 40

7. Our store ------- refunds customers' money with no-questions-asked when they return an item with a receipt.

(A) recently

(B) exponentially

(C) suddenly

(D) usually

Part
5

短文穴埋め問題

161

解答の流れ

▶ 1. 品詞問題 🎧 34 🇨🇦 M

It is a well-known fact that Kidani Motors' vehicles sell well because they are highly -------.

(A) depend
(B) dependable
(C) dependably
(D) dependability

【語句】
□ well-known よく知られた
□ fact 事実　□ vehicle 車
□ sell 売れる　□ well よく
□ highly 非常に

品詞問題の解答の流れ

問題文を読む前に、まずは（A）〜（D）の選択肢を確認します。

最初に選択肢を確認

選択肢には動詞 depend「信頼する」の派生語が並んでいることが分かります。

このように、ある単語の派生語が選択肢に並んでいるタイプの問題を、本書では「品詞問題」と呼ぶことにします。

このタイプの問題は、まずは空所の前後を確認するようにします。

品詞問題は空所の前後を確認

空所の前には they are highly「それらは非常に」があります。

be 動詞の後ろには形容詞（句）や名詞（句）などが続きます。

highly「非常に」は副詞なので、後ろには副詞が修飾する形容詞が続くことが分かります。

形容詞は（B）の dependable「信頼できる」だけなので、これが正解となります。

highly dependable「非常に信頼できる」は副詞＋形容詞から成る形容詞句です。

句の中心となるのは「被修飾語」なので、highly dependable は形容詞の dependable が中心の句、つまり形容詞句となるのです。

［問題文と選択肢の訳］

Kidani Motors の車は非常に信頼できるので売れ行きがよいことは、よく知られている事実です。

（A）動詞「信頼する」
（B）形容詞「信頼できる」
（C）副詞「忠実な方法で」
（D）名詞「信頼性」

［正解］(B)

［解説］

選択肢には動詞 depend「信頼する」の派生語が並んでいます。

空所の前には they are highly「それらは非常に」があります。

be 動詞（are）は前後をイコールの関係にするため、they = highly ＋ 空所という関係を作ればよいと考えます。

be 動詞の後ろには形容詞（句）や名詞（句）などが続きますが、highly「非常に」は副詞なので後ろには副詞の被修飾語となる形容詞が続きます。

選択肢の中でこれに当てはまるのは (B) の dependable「信頼できる」です。

they are highly dependable「それらは非常に信頼できる」となり、問題文の文意も通ります。

Point

be 動詞の後ろに続く Best 3は、①形容詞（句）、②名詞（句）、そして③前置詞＋α です。

① Mr. Naito is <u>very busy</u>.

Naito さんはとても忙しい。

② Mr. Naito was <u>a member of the team</u>.

Naito さんはそのチームのメンバーでした。

③ Mr. Naito was <u>on the hill in Mexico</u>.

Naito さんはメキシコの丘の上にいました。

▶ 2. 動詞問題 🎧 35 🇺🇸 W

Keiichi Sayama ------- as the sales manager because he was honored as a model sales representative last year.

(A) is choosing

(B) has chosen

(C) chooses

(D) was chosen

動詞問題の解答の流れ

　問題文を読む前に、まずは (A) 〜 (D) の選択肢を確認します。

最初に選択肢を確認

　選択肢には動詞 choose「〜を選ぶ」のさまざまな形が並んでいることが分かります。

　このようにある動詞のさまざまな形が選択肢に並んでいるタイプの問題を、本書では「動詞問題」と呼ぶことにしまます。

　1. の品詞問題とは違い、動詞問題では主語と動詞の一致（主述の一致）や態（受動態と能動態）、時制（現在時制・過去時制）などが問われます。

　このタイプの問題は、上記の3つの観点から正解を絞り込むようにします。

動詞問題は主述の一致、態、時制を確認

　主述の一致は、主語と（述語となる）動詞を正しい組み合わせにすることを意味します。

　例えば、I have a pen.「私はペンを持っています」は正しい文ですが、Mr. Yoshihashi have a pen. は誤りです。

　正しくは Mr. Yoshihashi has a pen.「Yoshihashi さんはペンを持っています」になります。

　主語の Mr. Yoshihashi は三人称単数なので、時制が現在の文では have ではなく has を使うからです。

　これが主述の一致です。

　態は能動態と受動態のことです。

　Kota plays the guitar.「Kota はギターを弾きます」は能動態、The guitar is played by Kota.「ギターは Kota によって弾かれます」が受動態です。

　受動態では動詞の後ろに目的語となる名詞（句）は続きません（授与を表す動詞を使った受動態では、受動態の後ろに1つ目的語が続くことがあります）。

　このことをポイントとして押さえておいてもらえればと思います。

　時制は動詞の現在形や過去形、未来を表す表現などに関することですが、それらの時制に関連する語句に注意して問題に解答してください。

　では、本問の解答の流れを解説します。

空所の前には主語となる Keiichi Sayama、後ろには前置詞から始まる as the sales manager「販売部長として」が続いています。

　空所の後ろには目的語がないため、空所に入るのは受動態であると判断します。

　受動態は (D) の was chosen「選ばれた」だけなので、これを空所に入れると Keiichi Sayama was chosen as the sales manager「Keiichi Sayama は販売部長に選ばれました」となり、問題文の文意も通ります。

[問題文と選択肢の訳]

　Keiichi Sayama は昨年模範販売員として表彰されたので、販売部長に選ばれました。

(A) 現在進行形「～を選んでいる」

(B) 現在完了形「～を選んだ」

(C) 三人称単数現在形「～を選ぶ」

(D) 受動態の過去形「選ばれた」

[正解] (D)

[解説]

　選択肢には動詞 choose「～を選ぶ」のさまざまな形が並んでいます。

　choose「～を選ぶ」は他動詞なので後ろには目的語となる名詞（句）が続きますが、本問では空所の後ろには目的語がなく、前置詞の as「～として」が続いています。

　他動詞を入れるべき空所の後ろに目的語がない場合、空所には受動態を入れればいいのではと考えてください。

　受動態は (D) の was chosen「選ばれた」だけであり、これを空所に入れると「Keiichi Sayama は販売部長に選ばれました」となり、問題文の文意も通ります。

Point

☐ Keiichi Sayama chose the sales manager.

　Keiichi Sayama は販売部長を選びました。

☐ Keiichi Sayama was chosen as the sales manager.

　Keiichi Sayama は販売部長に選ばれました。

　上の能動態の例文では、動詞 chose「～を選んだ」の直後に the sales manager「販売部長」という名詞句が続いています。

　これに対して下の受動態を使った例文では、was chosen「選ばれた」という動詞句の直後には as「～として」という前置詞が続いています。

語句　☐ chose ～を選んだ（choose の過去形）　☐ sales manager 販売部長

　　　☐ as ～として

▶ 3. 前置詞 vs 接続詞 vs 副詞問題 🎧 36 🇨🇦 M

Tetsuya Takahashi, the winner of this year's Energy Saving Award, thanked his subordinates for their support ------- the last decade.

(A) previously

(B) within

(C) during

(D) while

語句

☐ winner 勝者　☐ energy saving 省エネ　☐ award 賞

☐ thank 〜に感謝する　☐ subordinate 部下

☐ support サポート　☐ decade 10年

前置詞 vs 接続詞 vs 副詞問題の解答の流れ

　問題文を読む前に、まずは (A) 〜 (D) の選択肢を確認します。

最初に選択肢を確認

　選択肢には副詞の previously「以前に」、前置詞の within「〜以内に」と during「〜の間 (中)」、そして接続詞の while「〜する間に」が並んでいます。

前置詞 vs 接続詞 vs 副詞問題は、空所の後ろに節があるかどうかを確認

　選択肢に前置詞と接続詞と副詞が含まれている問題では、まずは空所の後ろを確認します。

　空所の後ろには the last decade「過去10年間」という期間を表す名詞句が続いています。

　選択肢の中で名詞 (句) の前に置いて使われるのは前置詞です。

　within と during が前置詞ですが、空所にふさわしいのは during です。

　during the last decade で「過去10年間における」という意味になります。

　within は within 5 days「5日以内に」のように「(今後) 〜以内に」という意味で使われるため、過去を表す the last decade の前には置かれません。

　よって、正解は (C) になります。

[問題文と選択肢の訳]

　今年の省エネ賞の受賞者である Tetsuya Takahashi は、過去10年間におけるサポートについて部下たちに感謝をした。

(A) 副詞「以前に」

(B) 前置詞「〜以内に」

(C) 前置詞「〜の間中」

(D) 接続詞「〜する間に」

[正解] (C)

［解説］

選択肢には副詞、前置詞、そして接続詞が並んでいます。

空所の後ろには the last decade「過去10年間」という名詞句が続いています。

選択肢の中で冠詞から始まる名詞句の前に置けるのは前置詞の (B)within「～以内に」と (C)during「～の間（中）」ですが、空所に入れて問題文の文意が通るのは during「～の間中」です。

during the last decade で「過去10年間における」という意味になります。

Point

during も while も「～の間（中）」と訳されますが、during の後ろには名詞（句）だけが続き、while の後ろには節が続きます。

☐ Mr. Nakamura was promoted three times during his 8-year tenure at the company.

Nakamura さんは、その会社で8年間の在職期間中に3回昇進しました。

語句 ☐ be promoted 昇進する ☐ three times 3回 ☐ tenure 在職期間

☐ We would like to ask everyone to remain silent while the movie is being played.

映画を上映している間は静かにしていただきますようお願いいたします。

語句 ☐ would like to do ～したい

☐ ask somebody to do 人に～するよう頼む

☐ remain ～のままである

☐ silent 静かな

▶ 4. 代名詞問題 🎧 37 🇺🇸 W

Kenta Tanaka donated a portrait to the museum that had been painted for ------- by a famous Canadian painter, Kenny Komatsu.

(A) he

(B) his

(C) him

(D) himself

語句

□ donate A to B A を B に寄贈する　□ portrait 肖像画

□ museum 美術館　□ paint（絵を）描く

□ for 〜のために　□ by 〜によって　□ famous 有名な

□ Canadian カナダの　□ painter 画家

代名詞問題の解答の流れ

問題文を読む前に、まずは (A) 〜 (D) の選択肢を確認します。

最初に選択肢を確認

選択肢には代名詞のさまざまな形が並んでいます。

代名詞問題は空所の前後を確認

代名詞問題では、まずは空所の前後を確認します。

空所の前には前置詞の for「〜のために」があります。

前置詞の後ろには目的語になれるものが続きますが、選択肢の中で目的語になることができるのは (B) の his「彼のもの」、(C) の him「彼を、彼に」、そして (D) の himself「彼自身」の3つです。

(D) の himself は再帰代名詞と呼ばれ、「主語が同じ節の中で再度登場するとき」に使われれます。

空所を含む節の主語は関係代名詞の that であり、この that は先行詞である a portrait「肖像画」のことを指します（that の直前にある the museum「美術館」は先行詞ではないので注意が必要です）。

そのため、もし that から始まる節の中で再帰代名詞を使うのであれば、a portrait を代名詞にした itself を使うことになります。

(B) の his と (C) の him のどちらを選ぶかですが、これは文意から判断するしかなさそうです。

for の前には Kenta Tanaka donated a portrait to the museum that had been painted「Kenta Tanaka は描かれた肖像画を博物館に寄付しました」とありますが、空所に him を入れると「Kenta Tanaka は彼のために描かれた肖像画を博物館に寄付しました」となり、問題文の文意が通ります。

for his「彼のもののために」とすると問題文の文意は通りません。

よって、正解は (C) になります。

本問は文法知識を使って選択肢を絞り込み、最後は文意が通るかどうかという観点から正解を確定するタイプの問題でした。

[問題文と選択肢の訳]
　4. Kenta Tanaka は有名なカナダ人の画家である Kenny Komatsu によって彼のために描かれた肖像画を美術館に寄付しました。
(A) 代名詞の主格「彼は」
(B) 代名詞の所有格「彼の」、所有代名詞「彼のもの」
(C) 代名詞の目的格「彼を、彼に」
(D) 再帰代名詞「彼自身」

[正解] (C)

[解説]
　選択肢には代名詞が並んでいます。
　空所の前には前置詞の for「～のために」、後ろには前置詞の by が続いています。
　選択肢の中で前置詞の後ろに置ける代名詞は、(A) の he「彼は」以外の3つですが、目的格の him「彼に」を入れると for him「彼のために」となり問題文の文意が通ります。
　(B) の his は所有格「彼の」であると考えると後ろには名詞が必要になり、「彼のもの」という意味の所有代名詞であると考えると問題文の文意が通りません。
　(D) の再帰代名詞は、同じ節にある主語が再度登場する際に使うのが基本です。
　had been painted for「～のために描かれた」の主語は関係代名詞の that であり、この that は a portrait「肖像画」のことを表しています。
　関係代名詞節内に himself「彼自身」を表す人はいないため、ここでは使うことができません。

Point

　前置詞＋再帰代名詞を使った表現を2つ紹介します。
□ Kairi was able to learn English by herself.
　Kairi は独力で英語を学ぶことができました。
□ Kairi learned English for herself.
　Kairi は自分のために英語を学びました（Kairi は自力で英語を学びました）。
　語句　□ be able to do ～することができる　□ by oneself 独力で
　　　　□ for oneself 自分のために、自力で

▶ 5. 関係詞問題 🎧 38 🇨🇦 M

There is a space in this building ------- can be used for a meeting, provided you make a reservation in advance.

(A) who
(B) which
(C) whom
(D) what

関係詞問題の解答の流れ

　問題文を読む前に、まずは (A) ～ (D) の選択肢を確認します。

最初に選択肢を確認

　選択肢にはさまざまな関係代名詞が並んでいます。

関係詞問題は空所の前後を確認

　選択肢に関係代名詞や関係副詞が並ぶ関係詞問題では、まずは空所の前後を確認します。

　空所の前までには空所に入る関係詞の先行詞となる a space「スペース」、後ろには動詞のカタマリである can be used「使われることができる」が続いています。

　空所の前にある先行詞が物、そして空所の後ろに動詞が続く場合、空所には主格の関係代名詞である which か that が入ります。

　よって、正解は (B) の which です。

　目的格の関係代名詞は省略することができますが、主格の関係代名詞は省略することができないということも押さえておいてください。

[問題文と選択肢の訳]

前もって予約するという条件で、この建物には会議のために使うことができるスペースがあります。

(A) 人を先行詞とする関係代名詞の主格
(B) 物を先行詞とする関係代名詞の主格・目的格
(C) 人を先行詞とする関係代名詞の目的格
(D) 先行詞を含んだ関係代名詞

[正解] (B)

［解説］

選択肢には関係代名詞が並んでいます。

空所の前には There is a space in this building「この建物にはスペースがあります」があり、後ろには can be used for a meeting「会議のために使うことができる」が続いています。「会議のために使うことができる」のは a space「スペース」であると考え、これが空所に入る関係代名詞の先行詞になると想定します。

空所の前にある先行詞が物で、空所の後ろに動詞が続く場合は、空所には関係代名詞の主格である which（もしくは that）が入ります。

There is a space in this building which can be used for a meeting とすると「この建物には会議のために使うことができるスペースがあります」となり、問題文の文意も通ります。

よって、正解は（B）です。

本問に登場する provided は「〜という条件で」という意味の接続詞として使われています。

Point

どの関係詞を使えばいいのかについては、以下の表にあるパターンを全て押さえておいてください。

関係詞一覧

先行詞	関係詞	後ろに続くもの
人	who（関係代名詞の主格）	動詞 + α
人	whom（関係代名詞の目的格）	主語 + 動詞 + α
物	which（関係代名詞の主格・目的格）	動詞 + α / 主語 + 動詞 + α
人 / 物	whose（関係代名詞の所有格）	（先行詞に所有される）名詞 + 動詞 + α
人 / 物	that（関係代名詞の主格・目的格）	動詞 + α / 主語 + 動詞 + α
—	what（先行詞を含んだ関係代名詞）	動詞 + α / 主語 + 動詞 + α
時を表す表現	when（関係副詞）	主語 + 動詞 + α（完全な文）
場所を表す表現	where（関係副詞）	主語 + 動詞 + α（完全な文）

- 関係代名詞の what は先行詞を含んでおり、the thing(s) which/that に置き換えることが可能です
- 目的格の関係代名詞 whom、後ろに主語 + 動詞 + α が続く which/that（いずれも目的格の関係代名詞）は省略することができます
- 関係副詞の where は先行詞を含む場合もあり、その場合は「〜な場所」という意味になります。
- 関係副詞の when は、先行詞が the time や the period の場合、先行詞を省略することがあります。
- □ Our new office is close to where I live.
  私たちの新しいオフィスは私の住んでいる場所の近くにあります。

▶ 6. ペア表現・語法・比較問題 🎧 39 🇺🇸 w

SHO & TOGO's customers can park in ------- the parking lot adjacent to the store or in the area across the road at 52nd Street.

(A) both
(B) alike
(C) neither
(D) either

語句

☐ customer 顧客　☐ park 駐車する
☐ parking lot 駐車場　☐ adjacent to 〜に隣接した
☐ area 場所　☐ across 〜を横切って　☐ road 道
☐ 52nd Street 52番街

ペア表現・語法・数・比較問題の解答の流れ

　問題文を読む前に、まずは (A) 〜 (D) の選択肢を確認します。

最初に選択肢を確認

　選択肢にはさまざまな相関接続詞が並んでいます。

　相関接続詞とは、both A and B「A と B の両方」のように、2つのことをペアで表す表現のことで、both A and B のほかに either A or B「A か B のどちらか」、neither A nor B「A でも B でもない」、not A but B「A ではなく B」、not only A but (also) B「A だけでなく B も」などがあります。

ペア表現問題は問題文中にセットで使われる表現を見つける

　空所の後ろの方を見てみると、相関接続詞の either A or B で使われる or があることが分かります。

　空所に either を入れると、either the parking lot adjacent to the store or in the area across the road at 52nd Street「店に隣接した駐車場か52番街の道を渡ったところにある場所のどちらか」となり、問題文の文意も通ります。

　よって、正解は (D) になります。

　ここではペア表現を含む問題の解答の流れを説明しましたが、例題1 〜 5で説明したパターンの問題以外にも語法問題（単語の使い分けや使い方を問う問題）や数を表す単語（語句）の問題、比較の問題、そして次の例題7で説明する語彙問題（語句の知識を問う問題）が Part 5 では出題されます。

［問題文と選択肢の訳］

　SHO & TOGO の客は、店に隣接した駐車場か52番街の道を渡ったところにある場所に駐車することができます。

(A) both A and B「AもBも」

(B) A and B alike「AもBも同様に」

(C) neither A nor B「AもBも〜ない」

(D) either A or B「AかBのどちらか」

［正解］(D)

［解説］

　選択肢には相関接続詞が並んでいます。

　空所に either「〜かまたは…か」を入れると空所の後ろの方にある or「〜か」とセットになって either A or B「AかBのどちらか」というフレーズを作り、なおかつ問題文の文意も通ります。

　よって、正解は (D) です（選択肢とその訳のところには、選択肢にある単語を使った相関接続詞の表現を示してあります）。

> **Point**
>
> 　either A or B「AかBのどちらか」のような表現を相関接続詞と呼びます。
>
> 　上記の選択肢にあるもの以外にも、not only A but (also) B（= not only A but B as well)「AだけでなくBも」などもしばしば TOEIC® には登場します。
>
> □ This fee includes both transportation and accommodation.
>
> 　この料金には交通費と宿泊費の両方が含まれています。
>
> **語句** □ fee 料金　□ include 〜を含む　□ transportation 輸送、運賃
>
> 　　　□ accommodation 宿泊施設

▶ 7. 語彙問題 🎧40 🇨🇦M

Our store ------- refunds customers' money with no-questions-asked when they return an item with a receipt.

(A) recently
(B) exponentially
(C) suddenly
(D) usually

語彙問題の解答の流れ

　問題文を読む前に、まずは（A）～（D）の選択肢を確認します。

最初に選択肢を確認

　選択肢にはさまざまな副詞が並んでいます。

　同じ品詞のさまざまな単語や語句が選択肢に並んでいる問題を、本書では「語彙問題」と呼ぶことにします（いくつかの品詞のさまざまな語句が選択肢に並ぶ場合もあります）。

語彙問題は文頭から問題文を読み進めていき、空所に入れて問題文の文意が通るものを選ぶ

　空所に入るのは副詞なので、後ろに続く動詞 refunds「～を払い戻す」を修飾するのにふさわしいものが正解になることが分かります。

　副詞は動詞を修飾するからです。

　選択肢に並んでいる単語と refunds だけを見て正解を選ぶことも可能ですが、語彙問題を解答する際はきちんと最後まで問題文を読み、問題文全体の文意が通るかどうかを必ず確認するようにしてください。

　選択肢の中で refunds の前に置けそうな副詞は（D）の usually「通常は」です。

　usually を空所に入れ、そのまま最後まで問題文を読むと、問題文の文意が通ることが分かります。

　よって、正解は（D）です。

[問題文と選択肢の訳]

　私たちの店は、顧客が領収書とともに商品を返品する場合、通常は無条件でお金を払い戻します。
(A) 副詞「最近」
(B) 副詞「急激に」
(C) 副詞「突然」
(D) 副詞「通常は」

［正解］（D）

［解説］

　選択肢には副詞が並んでおり、空所に入る副詞は後ろに続く動詞 refunds「〜を払い戻す」を前から修飾します。

　refunds を修飾して意味が通るのは、（D）の usually「通常は」だけです。

　usually refunds で「通常は〜を払い戻す」となり、問題文の文意も通ります。

　語彙問題を解答する際は、空所に入る単語が空所以外にあるどの語句を修飾するのか、その語句とどのような関係になりそうなのかを考えて正解を選ぶようにするとよいでしょう。

Point

　usually「通常は」は typically「通常は」に言い換えることができます。

□ The raffle tickets typically sell out within ten minutes.

　くじの抽選券はたいてい10分以内に売り切れてしまいます。

語句 □ raffle ticket くじの抽選券　□ sell out 売り切れる　□ within 〜以内に

スコアアップするためのコツ

　Part 5には大きく分けて7つのタイプの設問が登場するということを説明してきましたが、ここではより確実に正解を得るために行うべきことを1つひとつ丁寧に確認していきましょう。

　まずは次の問題を見てください。

When David Robinson joined the WEA Bank
more than a decade ago, he didn't know the
first thing about -------.

(A) flnanclal
(B) financed
(C) finances
(D) financially

［解説］

　Part 5に出題される問題は、大きく分けて文法問題と語彙問題の2種類あります。

　本問は選択肢に finance の派生語が並んでいる文法問題（品詞問題）です。

　このようなタイプの問題は、まずは空所の前後を確認します。

　本問では見るべき部分は、空所の前にある about と空所だけです。

　正解は前置詞の後に続く名詞の finances「財務」になります。

　前置詞の後ろには名詞（句）が続く、という基本を押さえておけばすぐに解答できる問題でした。

　次に、上記の問題を使って、どのような手順で解答すれば効率よく解答できるのか、そのためにはどのような知識を習得し、活用すればよいのかを説明します。

When David Robinson joined the WEA Bank more than a decade ago, he didn't know the first thing about -------.

(A) financial
(B) financed
(C) finances
(D) financially

▶ ①選択肢に目をやり、問題のタイプを判別する

(A) financial

(B) financed

(C) finances

(D) financially

　ある単語の派生語が選択肢に並んでいる場合は「文法問題（品詞問題）」、同じ品詞のさまざまな単語が並んでいる場合は「語彙問題」であると判断します。

　この作業は瞬時に終えることができるので、すぐに次のステップへと移ります。

▶ ②空所の前後を見る

　問題のタイプは文法問題（品詞問題）であると判断したら、次は空所の前後を見てみます。

　空所の前後をどこで区切るのかは以下を参考にしてください。

> ・主語と動詞の間　　　・動詞と目的語（補語）の間
> ・接続詞の前　　　・関係詞の前　　　・前置詞の前　　　・時を表す表現の前後
> ・場所を表す表現の前後

　本問を上記のルールに従ってスラッシュを入れてみると、以下のようになります。

When David Robinson / join / the WEA Bank / more than a decade ago, / he / didn't know / the first thing / about -------.

　空所の後ろはピリオドなので自動的にそこは区切りとなり、空所の前には前置詞の about があるので、その前が区切りとなります。

　よって、文法知識だけを使って解答する場合、この問題文の見るべき部分は about ------- のところだけでよい、ということになります。

▶ ③文法知識を駆使して解答する

　前置詞の後ろには名詞が続きます。

　選択肢の中で名詞は（C）の finances だけです。

　-ance（-ence）は名詞の語尾に付く接尾辞です。

　よって、正解は（C）になります。

　本問を解答するために必要な知識は以下の2つでした。

・about が前置詞だと分かり、前置詞の後ろには名詞が続くという知識

・finances が名詞の複数形だと分かり、なおかつ他の3つの選択肢が「名詞ではない」と判断できる知識

　上記のことから、文法問題を解答する力を養うためには、単語を以下の観点から学んでい

くとよいでしょう。

①単語の意味を覚える
②単語の品詞を覚える
③品詞の使い方を覚える
④接辞（接尾語、接頭語）を覚える

［問題文と選択肢の訳］

　10年以上前に WEA 銀行に入社したとき、David Robinson は財務に関する基本的なことも知りませんでした。

(A) 形容詞「財務の」

(B) 動詞 finance「〜に出資する」の過去形・過去分詞

(C) 名詞「財務」の複数形、動詞 finance「〜に出資する」の三人称単数現在形

(D) 副詞「財政上」

語句

□ join 加わる　　□ more than 〜より多い　　□ a decade ago 10年前

□ the first thing 基本的なこと

［正解］（C）

　次に「語彙問題」を見てみましょう。

　選択肢には同じ品詞の単語が並ぶ場合と、いくつかの品詞のさまざまな語句が並ぶ場合があります。

Please inform Mr. Takagi that if he wishes to use an image from the brochure, he will need to ------- the permission of us.

(A) seek

(B) find

(C) look

(D) search

［解説］

　文脈から permission「許可」を目的語とする「〜を求める」という意味の単語が空所に入るのではと考えることができます。

　よって、直後に目的語を取れる他動詞の (A)seek が正解です。

「〜を（探し）求める」という意味で使う場合、look と search は後ろに前置詞を従えて look for、search for という使い方をします。

　permission は「許可」ですが、permit「許可（証）」を使った parking permit「駐車許可証」という表現も覚えておくといいでしょう。

　語彙問題は、文頭から問題文の文意を理解しつつ読み進め、問題文の文意に合い、なおかつ単語の使い方（今回の例題で言えば seek と search、look の使い方）が正しくなるものを選ぶようにします。

[問題文と選択肢の訳]

　もしその小冊子の画像を使用したいなら、私たちの許可を求める必要があると、Takagi さんに伝えてください。

(A) 動詞「〜を求める」

(B) 動詞「〜を見つける」

(C) 動詞「眺める」

(D) 動詞「〜を探す」

語句

□ inform somebody that 人 に that 以下のことを知らせる、伝える

□ wish to do 〜したいと願う、思う　□ image 画像　□ permission 許可　□ author 著者

[正解]（A）

スコアアップトレーニング

Part 5の問題の学習法（復習方法）を紹介します。

▶ 基本事項の確認

（1）語句の確認

（2）文法事項の確認

（3）文意の確認

▶ 実践トレーニング

（1）英文の音読

　語句、文法、そして文意を確認した後は、英文を何回も音読し、英語を英語のままで返り読みせずに一発で内容を理解できているという状態に自分がなっているかどうかを確認してください。

「日本語を思い浮かべずに英文の意味を理解できている」と実感できれば大丈夫です。

　まだ引っかかりが感じられるようであれば、基本事項の確認の（1）〜（3）のどこかの段階で理解しきれていない部分や誤解している部分があるということになります。

　必ずそこに立ち戻って確認し、再び音読練習を行うようにしてください。

（2）セルフ解説

　簡単でいいので、問題の解説を自分自身に対して行います。

　英語のまま理解できる英文のストックが多ければ多いほど、セルフ解説ができる問題数が多ければ多いほど、本番の試験で出合う問題（＝初見の問題）に対してより柔軟に対応できるようになってきます。

▶ セルフ解説の例

When David Robinson joined the WEA Bank more than a decade ago, he didn't know the first thing about -------.

（A）financial

（B）financed

（C）finances

（D）financially

①選択肢を見ると finance「財務」の派生語が並んでいるので文法問題（品詞問題）です。

②空欄の前には前置詞の about「〜について」、後ろにはピリオドがあります。

③前置詞の後ろには名詞が続くので、正解は（C）の finances です。

Part 5のまとめ

短文穴埋め問題への基本的な取り組み方をおさらいしておきましょう。

▶ (A)〜(D)の選択肢を確認する

選択肢にどのような語句が並んでいるのかを確認します。

そのタイプによって解答方法が変わってきます。

▶ 問題タイプに応じて問題への接し方を変える

ここまでに説明してきた、1.の品詞問題〜 6.のペア表現・語法・数・比較の知識を問う問題のいずれかであると判断できれば、文法知識を駆使して解答するようにします。7.の語彙問題であれば問題文を文頭から読み進めていき、問題文の文意が通るものを正解として選ぶようにします。

では、問題を7問解いてみましょう。
（巻末の解答用紙をお使いください）

🎧 41

1. As, with only one week to go, the concert stage has not been constructed, the ------- of the venue is in doubt.

(A) ready

(B) readily

(C) readiness

(D) readying

🎧 42

2. Our company has started offering commissions on sales so as to ------- their employees.

(A) motivate

(B) motivated

(C) motivating

(D) motivation

🎧 43

3. Tomohiro Yano gained a lot of attention ------- donating a major piece of artwork to be hung in CAS Hotel.

(A) because

(B) within

(C) therefore

(D) by

🎧 44

4. The staff members of our company are required to clean ------- work areas until a new cleaning company is contracted.

(A) we

(B) our

(C) ours

(D) ourselves

🎧 45

5. Our CEO announced yesterday that people ------- participate in the company marathon for more than five years in a row receive a special bonus.

(A) which

(B) what

(C) who

(D) whom

🎧 46

6. Our sales manager pointed out that although sales are not the only measurement of success, it is the ------- important.

(A) much

(B) many

(C) more

(D) most

🎧 47

7. Marubu Market has recently opened
an online store to keep up with the
recent industry -------.

(A) trend

(B) obligation

(C) employment

(D) reminiscence

Part
5

短文穴埋め問題

▶ 品詞問題 🎧41 🇨🇦M

1.

As, with only one week to go, the concert stage has not been constructed, the ------- of the venue is in doubt.

(A) ready
(B) readily
(C) readiness
(D) readying

語句

□ as ～なので

□ to go（時間・距離など）残って

□ construct ～を建設する

□ venue 会場

□ in doubt 不確かで

［問題文と選択肢の訳］

　あとわずか1週間しかないのにコンサートのステージが作られていないので、会場の準備ができるのかは不確かです。

(A) 形容詞「用意ができて」、動詞「～を用意させる」
(B) 副詞「たやすく」
(C) 名詞「用意ができていること」
(D) 動名詞「～を用意させること」、現在分詞「～を用意させている」

［正解］(C)

［解説］

　空所の前には冠詞の the「その」が、後ろには前置詞の of「～の」が続いています。

　冠詞と前置詞の間に入るのは名詞なので、正解は選択肢の中で唯一の名詞である (C) の readiness「用意ができていること」になります。

　カンマに挟まれている with only one week to go「あとわずか1週間しかないのに」は、As the concert stage has not been constructed「コンサートのステージが作られていないので」にさらに詳しく「状況」の説明を付け加えています。

▶ 動詞問題 🎧 42 ▆ w

2.

Our company has started offering commissions on sales so as to ------- their employees.

(A) motivate
(B) motivated
(C) motivating
(D) motivation

語句
□ start doing ～し始める　□ offer ～を提供する
□ commission on sales 売り上げの歩合
□ so as to do ～するように
□ employee 従業員

[問題文と選択肢の訳]

　私たちの会社は従業員をやる気にさせるために、売り上げから歩合を提供し始めました。

(A) 動詞「～をやる気にさせる」
(B) 過去形「～をやる気にさせた」、過去分詞「やる気にさせられた」
(C) 動詞の -ing 形
(D) 名詞「やる気」

[正解] (A)

[解説]

　空所の前には so as to がありますが、後ろには動詞の原形が続き so as to do で「～するために」という意味を表すフレーズを作ります。

　選択肢の中で動詞の原形は motivate「～をやる気にさせる」だけです。

　これを空所に入れると問題文の文意も通るため、正解は (A) になります。

Point

so as to do は in order to do に言い換えることができます。
また、so as to do の否定形は so as not to do「～しないように」
in order to do の否定形は in order not to do「～しないように」です。
不定詞を否定する場合は不定詞の前に not を置くということを押さえておいてください。
□ In order to apply for this position, the candidates have to get letters of recommendation from former employers.
　この職に応募するためには、応募者は以前の雇用主に推薦状を書いてもらわないといけません。
語句　□ apply for ～に応募する　□ position 職　□ candidate 応募者
　　　□ have to do ～しなければならない　□ letter of recommendation 推薦状
　　　□ former 以前の　□ employer 雇用主

短文穴埋め問題

▶ 前置詞 vs 接続詞（vs 副詞）問題 🎧 43 🇨🇦 M

3.

Tomohiro Yano gained a lot of attention ------- donating a major piece of artwork to be hung in CAS Hotel.

(A) because
(B) within
(C) therefore
(D) by

語句
□ gain ～を得る　□ a lot of たくさんの
□ attention 注目　□ donate ～を寄付する
□ a major piece of 重要な～
□ artwork 芸術作品　□ be hung 壁に掛ける

［問題文と選択肢の訳］

　Tomohiro Yano は、CAS ホテルの壁に掛けるための重要な芸術作品を寄付することによってたくさんの注目を集めました。

(A) 接続詞「～なので」
(B) 前置詞「～以内に」
(C) 接続副詞「その結果」
(D) 前置詞「～によって」

［正解］(D)

［解説］

　空所の後ろには donating「～を寄付すること」が続いており、空所に前置詞の by「～によって」を入れると by donating「～を寄付することによって」となり、問題文の文意が通ります。

　(A) の because「～なので」は接続詞なので後ろには節が続きます。

　(B) の前置詞 within「～以内に」や (C) の接続副詞 therefore「その結果」は、空所に入れても問題文の文意が通らないので正解にはなり得ません。

Point

　by doing「～することによって」のように「後ろに動詞の -ing 形が続く」頻出表現をまとめて覚えておきましょう。

□ before doing ～する前に　　□ while doing ～している間に
□ after doing ～した後で　　□ since doing ～して以来
□ when doing ～する時に
□ We have to take the utmost care when handling customers' garments.
　お客様の衣類を取り扱う際は、細心の注意を払わなくてはいけません。

語句　□ have to do ～しなければいけない　□ take care 注意を払う
　　　□ handle ～を取り扱う　□ customer 顧客　□ garment 衣類

▶ 代名詞問題　🎧 44 ▥ W

4.

The staff members of our company are required to clean ------- work areas until a new cleaning company is contracted.

(A) we

(B) our

(C) ours

(D) ourselves

語句

□ staff member 社員

□ be required to do　～するように求められている

□ work area 仕事場　□ until ～まで(ずっと)

□ contract ～と契約する

[問題文と選択肢の訳]

　弊社の社員は新しい清掃会社と契約をするまで、自分たちの仕事場の掃除をするよう求められています。

(A) 代名詞の主格「私たちは」

(B) 代名詞の所有格「私たちの」

(C) 所有代名詞「私たちのもの」

(D) 再帰代名詞「私たち自身」

[正解]（B)

[解説]

　空所の後ろには work areas「仕事場」という名詞（句）が続いています。

　選択肢の中で名詞（句）の前に置けるのは、（B）の our「私たちの」です。

　(A) の we「私たちは」は主格なので主語として使われるため、後ろには動詞＋αが続きます。

　(C) の ours「私たちのもの」は所有代名詞と呼ばれ、文の中では単独で主語や目的語になります。

　(D) の ourselves「私たち自身」は再帰代名詞と呼ばれ、主語と同じ人やものが同じ節の中に再度登場する場合に使われます。

Point

staff は「スタッフ、職員、社員」という意味で使われ、個人ではなく全体を表す単語です。

☐ LIJ Co. has a wonderful staff.

LIJ 社には素晴らしいスタッフがいます。

staff を使って社員などの数を表す場合には、member(s) を使って表します。

また、アメリカ英語とイギリス英語では表記の仕方が異なるので注意が必要です。

☐ There are 5 staff members at LIJ Co.

LIJ 社には5人のスタッフがいます。＊アメリカ英語

☐ There are 5 members of staff in LIJ Co.

LIJ 社には5人のスタッフがいます。＊イギリス英語

そして、staff には「〜を配置する」という動詞としての使い方もあります。

☐ Our hospital is staffed by more than 10 physicians.

私たちの病院には10人を超える医師がいます。

語句　☐ be staffed by 〜が配置されている

　　　☐ more than 〜より多い（= over）

▶ 関係詞問題 🎧45 🇨🇦 M

5.

Our CEO announced yesterday that people ------- participate in the company marathon for more than five years in a row receive a special bonus.

(A) which

(B) what

(C) who

(D) whom

> **語句**
> □ CEO 最高経営責任者（Chief Executive Officer）
> □ announce ～を発表する　□ participate in ～に参加する
> □ marathon マラソン　□ more than ～より多い
> □ in a row 続けて、連続して　□ receive ～を受け取る
> □ bonus ボーナス

［問題文と選択肢の訳］

　当社の CEO は、5年より長く連続して社内のマラソン大会に参加する人たちは特別ボーナスがもらえるということを昨日発表しました。

(A) 物を先行詞とする関係代名詞の主格・目的格

(B) 先行詞を含んだ関係代名詞

(C) 人を先行詞とする関係代名詞の主格

(D) 人を先行詞とする関係代名詞の目的格

［正解］（C）

［解説］

　空所の前には people「人々」があり、後ろには participate in the company marathon「社内のマラソン大会に参加する」が続いています。

「社内のマラソン大会に参加する」のは people であると考え、これを先行詞とします。

　空所には関係代名詞が入りますが、先行詞が人で空所の後ろに動詞が続く場合、空所には関係代名詞の主格である who、もしくは that が入ります。

　people who participate in the company marathon とすると「社内のマラソン大会に参加する人たち」となり、問題文の文意も通るため、正解は（C）です。

▶ ペア表現・語法・数・比較問題 🎧46 ▀▀W

6.

Our sales manager pointed out that although sales are not the only measurement of success, it is the ------- important.

(A) much

(B) many

(C) more

(D) most

語句

□ sales manager 営業部長　□ point out 〜を指摘する

□ although 〜だけれども　□ sales 売り上げ高

□ measurement 測ること、測定　□ success 成功

□ important 重要な

[問題文と選択肢の訳]

　私たちの営業部長は、売り上げ高は成功の大きさを測る唯一のものではないけれども、それは最も重要なものであると指摘しました。

(A) 形容詞「たくさんの」

(B) 形容詞「たくさんの」

(C) 形容詞「もっとたくさんの」

(D) 形容詞「最もたくさんの」

[正解] (D)

[解説]

　空所の前には冠詞の the「その」、後ろには形容詞の important「重要な」が続いています。

　冠詞の the が比較の「最上級」を表す際のキーワードだと考え、important の前に most を置いて the most important とすると「最も重要だ」となり、問題文の文意も通ります。

　よって、正解は (D) です。

　(A) の much は不可算名詞を前から修飾、(B) の many は可算名詞の複数形を前から修飾します。

　(C) の more は much や many の比較級であり、比較的長めの形容詞や副詞の前に置いて more important「より重要な」のような形で比較級を作ります。

Point

much は比較級を強める副詞として「はるかに、とても」という意味でも使われます。
同じように比較級を強める副詞を以下にまとめておきます。

☐ far ☐ a lot
☐ much ☐ a great deal
☐ considerably ☐ a good deal

☐ Our product is far better than those of our competitors.
弊社の製品は競合他社の製品よりもはるかに素晴らしいです。

語句 ☐ product 製品 ☐ better than 〜よりも素晴らしい ☐ competitor 競合他社

▶ **語彙問題** 🎧 47 🇨🇦 M

7.

Marubu Market has recently opened an online store to keep up with the recent industry
-------.

(A) trend
(B) obligation
(C) employment
(D) reminiscence

語句

☐ recently 最近 ☐ online store オンラインストア
☐ keep up with 〜に遅れずについていく
☐ recent 最近の ☐ industry 業界

[問題文と選択肢の訳]

　Marubu Market は最近の業界のトレンドに遅れずについていくために、最近オンライン
ストアを開設しました。

(A) 名詞「トレンド、傾向」
(B) 名詞「義務」
(C) 名詞「雇用」
(D) 名詞「思い出すこと」

[正解]（A）

［解説］

　問題文の中心は Marubu Market has recently opened an online store「Marubu Market は最近オンラインストアを開設しました」であり、その後ろには「オンラインストアを開設した理由」として to keep up with the recent industry 〜「最近の業界の〜に遅れずについていくために」が続いています。

　空所に trend「トレンド」を入れると the recent industry trend「最近の業界のトレンド」となり、問題文の文意が通ります。

　よって、正解は（A）です。

Point

recently「最近」は、主に過去形や現在完了形の文の中で使います。

これに対して lately「最近」は、現在完了形の文中で使われる場合がほとんどです。

☐ Kota restarted working out recently.

Kota は最近トレーニングを再開しました。

☐ Lately, Tetsuya has been very busy.

Tetsuya は最近ずっと忙しいです。

語句　☐ restart 〜を再開する

　　　☐ work out トレーニングをする

Part 6
長文穴埋め問題

Part 6「長文穴埋め問題」に挑戦！

　リーディングセクションの2つ目のパートである Part 6では、空所に入る最も適当な語句や文を選んで解答します。

　1つの文書に対して空所が4つあり、そのうちの3つが語句を選ばせる問題で、残りの1つが文を選ばせる「文挿入問題」となります。

　このような文書が4つ登場するため、1セットにつき4問×4セットの文書＝全部で16問出題されます。

　目標解答時間は8分です。

　8分で16問を解答するということは、1問平均30秒で解答するということになります。

　語句を選ばせる問題は、Part 5と同じく以下の7つのタイプに分類することができます。

①品詞問題：ある単語の派生語が選択肢に並んでいるタイプの問題
②動詞問題：動詞のさまざまな形が選択肢に並んでいるタイプの問題
③前置詞 vs 接続詞（vs 副詞）問題：前置詞、接続詞、そして副詞が選択肢に混在しているタイプの問題
④代名詞問題：代名詞が選択肢に並んでいるタイプの問題
⑤関係詞問題：関係代名詞や関係副詞が選択肢に並んでいるタイプの問題
⑥ペア表現・語法・数・比較の知識を問う問題
⑦語彙問題：同じ品詞のさまざまな単語や語句が選択肢に並んでいる問題

　各セットに1問ずつ出題される文挿入問題は、空所の前後の文脈をきちんと理解して解答する必要があります。

　それでは解答の流れを説明していきます。

　例題に解答し、解答の流れを読んで理解してください。

　Part 6では（A）〜（D）の4つの選択肢にある語句や文の中から空所に入る最も適切なものを1つ選び、その記号をマークします。

Questions 1-4 refer to the following notice. 🎧 48

Bay Area's "Best Employer" Award

To be ------- for the "Best Employer" award, a company must have a minimum of ten
employees. Also, it has to be located within the Bay Area district. --------. Please do
not nominate any companies that do not meet these -------.

You can nominate your company for the award by filling out the form on the Web
page listed above by October 1. Our selection committee ------- the winner at the
ceremony in the Bay Area Community Center on October 31.

---

1. (A) consider
   (B) considered
   (C) considering
   (D) considerable

2. (A) We wish to reward good local
       companies.
   (B) A list of prizes can be found on
       our Web site.
   (C) Finally, it needs to be at least
       three years old.
   (D) Last year's winner was UMAMI-
       Grill.

3. (A) businesses
   (B) judgments
   (C) guidelines
   (D) accomplishments

4. (A) announce
   (B) announced
   (C) to announce
   (D) will announce

解答の流れ

　ここでは先ほどの問題を使って、どのような手順で解答していけば効率よく解答できるのか、そのためにはどのような知識を習得し、活用すればいいのかをお伝えしていきます。

　まずは1問目です。

▶ 空所を含む文の最後まで問題文を読み進める①

　Part 6の問題は、空所を含む文を最後まで読み終えた段階で解答するようにしてください。

　ただし、選択肢に文（主語＋動詞＋α.）が並んでいる文挿入問題は、空所に続く次の文を読み終えたうえで解答するとよいでしょう。

To be ------- for the "Best Employer" award, a company must have a minimum of ten employees.
1.

1. (A) consider

　(B) considered

　(C) considering

　(D) considerable

▶ 選択肢から問題のタイプを判別する①

　ある単語の派生語が選択肢に並んでいる場合には「品詞問題」、同じ品詞のさまざまな単語が並んでいる場合には「語彙問題」であると判断します（語彙問題の場合、選択肢にはいくつかの品詞のさまざまな単語が並んでいる場合もあります）。

　この作業は1秒で終えることができますので、すぐに次のステップへと移ります。

▶ 正解を絞り込む①

　問題のタイプは品詞問題であると判断したら、次は空所の前後を見てみます。

　空所の前後をどこで区切るのかは以下を参考にしてください。

・主語と動詞の間	・動詞と目的語（補語）の間	
・接続詞の前	・関係詞の前	・前置詞の前
・時を表す表現の前後	・場所を表す表現の前後	・カンマの後ろ

　本問を上記の区切りに従ってスラッシュを入れて区切ってみると、次のようになります。

To be ------- / for the "Best Employer" award, / a company / must have / a minimum / of
　　　1.
ten employees.

　空所の後ろは前置詞の for なので区切りとなります。

　よって、文法知識を使って解答する場合、ひとまずこの問題文において見るべき部分は、
To be ------- のところだけでよい、ということになります。
　　　1.

▶ 正解を確定する

　be 動詞の後ろには形容詞や名詞、もしくは前置詞＋αが続きます。

　また、to ＋動詞の原形は不定詞と呼ばれ、ここにある To be は「〜であるためには」と
いう意味で使われています。

　選択肢の中にある単語の中で、形容詞は（B）〜（D）です。

　そのため、空所を含む区切りの中だけでは正解がどれなのかを判断することはできませ
ん。

　このような場合には読む範囲をもう少しだけ広げてみるようにします。

　次の区切りまで見てみましょう。

To be ------- for the "Best Employer" award,
　　　1.
　（B）の considered を空所に入れると、「最優秀雇用主賞に検討されるには」となり、こ
の部分の文意が通ります。

　（C）の considering は後ろに目的語が必要になるのでここでは使えません．

　動詞の consider は他動詞であり、他動詞は -ing 形になっても後ろには目的語が続くとい
うことを覚えておきましょう。

　（D）の considerable は「かなりの」という意味なので、空所に入れてもこの部分の文意
は通りません。

　よって、正解は（B）になります。

　本問を解答するために必要な知識は以下になります。

・各選択肢にある単語の品詞と意味は何なのかという知識
・空所は be 動詞の後ろなので形容詞や名詞、もしくは前置詞＋αが入るという知識
・to ＋動詞の原形は不定詞と呼ばれ、ここにある To be は「〜するためには」という
　意味であるという知識
・他動詞は -ing 形になっても後ろには目的語が続くという知識

　上記のことから、Part 6の問題を解答する力を養うためには、Part 5と同様、単語を以下
の観点から学んでいくとよいでしょう。

①単語の意味を覚える

②単語の品詞を覚える

③品詞の使い方を覚える

④接辞（接頭語、接尾語）を覚える

次は2問目と3問目です。

2問目は文挿入問題（選択肢に文が並んでいる問題）です。

文挿入問題を解答する際は「空所のある文の次の文」までを読み進めたうえで解答するようにします。

前後の文脈に合うものを選ぶようにしてください。

また、このタイプの問題は接続詞、副詞、そして代名詞が正解のヒントに繋がることが多いということも覚えておいてください。

▶ 文挿入問題は「空所を含む文の次の文」まで問題文を読み進める

Also, it has to be located within the Bay Area district. ------- . Please do not nominate any
2.
companies that do not meet these ------- .
3.

2. の空所を含む英文の次の文まで読むようにすると、3. の空所を含む文までを読み終えることになります。

なので、ここでは2問目と3問目を2つまとめて扱うことにします。

▶ 選択肢から問題のタイプを判別する②

2問目は文挿入問題です。

文挿入問題は、空所のある文の直前直後の文をきちんと読解し、前後の文脈に合うものを正解として選ぶようにします。

▶ 正解を絞り込む②

空所より前には a company must have a minimum of ten employees「最低10人の従業員がいる会社でなければなりません」、そして Also, it has to be located within the Bay Area district.「また、その所在地は Bay Area 地区内でなければなりません」とあります。

空所の前には「最優秀雇用主」賞の審査対象となる条件が列挙されていることから、空所にはそれらの条件の3つ目となる（C）の Finally, it needs to be at least three years old.「最後に、創業から少なくとも3年が経過している必要があります」が入ります。

3. の空所を含む文は Please do not nominate any companies that do not meet these ------- . 「これらの〜に合わない企業は推薦しないでください」という内容ですが、空所の直前にある these「これらの」が上記3つの「条件」のことを表していると考えることができます。

よって、この「条件」を言い換えている (D) の guidelines「ガイドライン、指針」が正解となります。

最後は4問目です。

▶ 空所を含む文の最後まで問題文を読み進める②

You can nominate your company for the award by filling out the form on the Web page listed above by October 1. Our selection committee ------- the winner at the ceremony in the Bay Area Community Center on October 31.

空所を含む文の前の文は You can nominate your company for the award by filling out the form on the Web page listed above by October 1. 「10月1日までに上記に記載されたウェブページのフォームに記入して、あなたの会社を推薦することができます」という内容です。

そして、空所を含む文は Our selection committee ------- the winner at the ceremony in the Bay Area Community Center on October 31. 「当団体の選考委員会が10月31日にコミュニティセンターで行われる式典において受賞者を〜」というものです。

October 31「10月31日」は「未来」のことなので、正解は未来を表す表現の will「〜する予定だ」を含んでいる (D) の will announce「発表する」になります。

Part
6

長文穴埋め問題

Bay Area's "Best Employer" Award

To be ------- for the "Best Employer" award, a company must have a minimum of ten
1.
employees.

Also, it has to be located within the Bay Area district. ------- .
2.

Please do not nominate any companies that do not meet these ------- .
3.

You can nominate your company for the award by filling out the form on the Web
page listed above by October 1.

Our selection committee ------- the winner at the ceremony in the Bay Area
4.
Community Center on October 31.

［問題文と選択肢の訳］

　問題1-4は次のお知らせに関するものです。

Bay Area's「最優秀雇用主」賞

「最優秀雇用主」賞の審査対象となるには、最低10人の従業員がいる会社でなければなりません。

また、その所在地は Bay Area 地区内でなければなりません。

最後に、創業から少なくとも3年が経過している必要があります。

これらのガイドラインに合わない企業は推薦しないでください。

10月1日までに上記に記載されたウェブページのフォームに記入して、あなたの会社を推薦することができます。

当団体の選考委員会が10月31日にコミュニティセンターで行われる式典において受賞者を発表いたします。

語句

☐ employer 雇用者　☐ award 賞　☐ minimum 最小限　☐ employee 従業員　☐ also また

☐ locate ～を（場所に）置く　☐ within ～の範囲内に　☐ district 地域

☐ nominate ～を指名する、推薦する　☐ by doing ～することによって

☐ fill out ～を（すべて）記入する　☐ listed above 上記に記載された　☐ by ～までに

☐ selection committee 選考委員会　☐ winner 受賞者　☐ ceremony 式典

1. (A) consider 動詞「〜を検討する」

(B) considered 動詞 consider の過去形・過去分詞「検討される」

(C) considering 動詞 consider の動名詞・現在分詞

(D) considerable 形容詞「かなりの」

2. (A) We wish to reward good local companies.

(B) A list of prizes can be found on our Web site.

(C) Finally, it needs to be at least three years old.

(D) Last year's winner was UMAMI-Grill.

(A) 我々は地元の優良企業に報酬を与えたいと願っています。

(B) 賞の一覧は当団体のウェブサイトで閲覧できます。

(C) 最後に、創業から少なくとも3年が経過している必要があります。

(D) 昨年の受賞者は UMAMI-Grill でした。

⋮ 語句
⋮ □ wish to do 〜したいと願う　□ reward 〜に報酬を与える　□ local 地元の　□ prize 賞
⋮ □ finally 最後に　□ need to do 〜する必要がある　□ at least 少なくとも

3. (A) businesses　　　(A) 名詞「事業」

(B) judgments　　　(B) 名詞「判定」

(C) guidelines　　　(C) 名詞「ガイドライン、指針」

(D) accomplishments　(D) 名詞「業績」

4. (A) announce　　　(A) 動詞「〜を発表する」

(B) announced　　　(B) 動詞 annnce の過去形・過去分詞

(C) to announce　　　(C) 動詞 announce の不定詞

(D) will announce　　(D) 動詞 announce の未来を表す表現

[正解] 1.（B）　2.（C）　3.（C）　4.（D）

［解説］

1. 空所の直前には be（動詞の原形）があるので、動詞の原形である（A）の consider「〜を検討する」は正解候補から外れます、1つの節には動詞は1つしか置けないからです。

空所の直後には目的語となる名詞がないため、受動態を作る過去分詞の（B）の considered「検討される」を空所に入れると、空所からカンマまでが「最優秀雇用主賞に検討されるには」となり、この部分の意味が通ります。

（C）の considering は現在分詞「〜を検討している」または動名詞「〜を検討すること」、（D）の considerable「かなりの」は consider から派生した形容詞です。

Point

名詞の consideration「考慮、検討事項」と一緒に、take into consideration「〜を考慮に入れる」も覚えておいてください。

これに加えて consider doing「〜することを検討する」という表現も押さえておいてください。

以下の例文のように consider が considering の形になる場合でも、considering doing の形で使います。

□ Mr. Komatsu is considering going to New Zealand on vacation.

　Komatsu さんは休暇でニュージーランドに行くことを考えています。

語句　□ on vacation 休暇で

2. 空所の前までにある2文では、賞への応募の条件が述べられています。

最初の文で1つ目の条件が述べられた後で、2つ目の条件が Also「また、それから」から始まる文で示されています。

これらに続く空所に Finally「最後に」から始まる3つ目の応募条件を説明している（C）を入れると文脈が自然な流れになります。

3. 空所のある文を訳すと「これらの〜を満たさない企業は応募しないでください」となります。

空所の前までには賞への応募条件が述べられており、空所に (C) の guidelines「ガイドライン、指針」を入れると、these guidelines「これらのガイドライン、指針」がここまでで述べられている応募条件を簡単にまとめた表現となり、空所のある文の文意が通ります。

meet には「〜に会う」という基本的な意味のほかに、条件や水準、要求などを目的語として「(条件・水準・要求など) を満たす」という意味もあります。

> ### Point
>
> meet「〜を満たす」を使う主な表現としては、meet a deadline「締め切りを守る」や meet the needs of「〜のニーズを満たす」などがあります。
>
> ☐ Our team worked together and met the sales targets.
>
> 私たちのチームは一丸となって働き、売り上げ目標を達成しました。
>
> 語句　☐ work together 一丸となって働く　☐ sales target 売り上げ目標

4. 動詞の入る部分が空所となっています。

賞の応募に関する告知文なので、受賞者が発表されるタイミングは未来のことだと分かります。

on October 31「10月31日に」いう未来の一時点を表す表現もあるため、(D) の will announce「〜を発表する予定です」が正解になります。

(A) の announce「〜を発表する」は動詞の原形、(B) の announced は過去形「〜を発表した」または過去分詞形「発表される」、(C) の to announce「〜を発表するために」は不定詞です。

> ### Point
>
> announce「〜を発表する」は、announce that + 主語 + 動詞 + α「〜ということを発表する」という語順でよく使われます。
>
> ☐ Rocky announced that he will retire from his post in the near future.
>
> Rocky は近い将来彼の職から身を引くということを発表しました。
>
> 語句　☐ retire from 〜から身を引く　☐ post 職　☐ in the near future 近い将来

スコアアップするためのコツ

　Part 6では1セット中に3問、空所に入る適切な語句を選ぶ問題があり、残りの1問が文挿入問題となっています。

▶ 時制を問う問題は Delayed Clue に注意する

　前者は基本的に Part 5と同じような感覚で解答していけばいいのですが、時制を問う問題には注意が必要です。

　それは「時制を問う問題」は「空所のある文よりも後の文中に正解の根拠が登場する場合がしばしばある」からです。

　1問目の正解の手がかりが、問題文の中盤以降に登場することすらまれにですがあるのです。

　この Delayed Clue「遅れて現れる手がかり」を意識して問題文を読み進めていくようにします。

　以下の例文を見てください。

Department managers ------- evaluation meetings at the meeting room on the seventh
　　　　　　　　　　　　1.
floor.

(A) will have conducted

(B) conducted

(C) have conducted

(D) will be conducting

語句

□ department manager 部長

□ evaluation meeting 反省会

［問題文と選択肢の訳］

部長たちは7階にある会議室で反省会を行った。

(A) 未来完了形「〜を行っているだろう」

(B) 過去形「〜を行った」

(C) 現在完了形「〜を行った」

(D) 未来進行形「〜を行っているだろう」

　Part 6で出題される空所に入る適切な単語や語句を選ぶ問題は、基本的に空所を含む文までを読み終えていれば解答可能なものが多いです。

　ですが上記の例題においてはこの例文だけからでは正解を確定することができず、選択肢(A)〜(D)の全てが空所に入り得るということになってしまいます。

　この文より前の部分に時制に関するヒントが提示されていればそれを根拠にして解答し、

ヒントがなければこの文以降に登場する時制に関する Delayed Clue を見つけ、それを根拠に正解を選ぶようにしてください。

　例えば例題の文の次の文に They also discussed management policies for the next fiscal year.「彼らはまた、来年度の経営方針について話し合った」とあれば、会議が行われたのは「過去」のことだと分かるため、正解は (B) の conducted「〜を行った」になります。

▶ 文挿入問題は「文脈」＋「リンク」で正解を確定する

　最初の例題にある文挿入問題ですが、不正解の選択肢はいずれも問題文の内容から連想されること・関連することが述べられている場合が多いです。

　この問題の正解の選択肢は (C) でした。

　Finally, it needs to be at least three years old.「最後に、創業から少なくとも3年が経過している必要があります」

「最優秀雇用主」賞の審査対象となるための条件を紹介するという文脈に合い、なおかつ1つ目の条件、Also「また」を含む2つ目の条件に続き、Finally「最後に」という Also と「リンク」する表現を使って3つ目の条件を述べています。

　これに対して、他の3つの不正解の選択肢のどこがいけないのかを1つひとつ見ていきましょう。

(A) We wish to reward good local companies.
「我々は地元の優良企業に報酬を与えたいと願っています」

　これは空所の直前にある Also, it has to be located within the Bay Area district.「また、その所在地は Bay Area 地区内でなければなりません」から連想される内容ですが、「最優秀雇用主」賞の審査対象となるための条件をいくつか紹介しているという文脈の中に入れるには適切だとは言えません。

「今はその話はしていない」のです。

(B) A list of prizes can be found on our Web site.
「賞の一覧は当団体のウェブサイトで閲覧できます」

　問題文となっているお知らせは、自社を award「賞」にノミネートしたいと考える人たちへ向けてのものです。

　選択肢の内容自体は賞に関するものではあるのですが、空所の前後に「賞の一覧」に関することは一切述べられていません。

「どのような種類の賞があるのか」についても、問題文では述べられてはいません。

(D) Last year's winner was UMAMI-Grill.
「昨年の受賞者は UMAMI-Grill でした」

　こちらも賞に関することではありますが、（A）と同じく「最優秀雇用主」賞の審査対象と

なるための条件をいくつか紹介している文脈の中に入れるには適切だとは言えません。

　このように文挿入問題における不正解の選択肢が「不正解である理由」をきちんと理解することが、より確実に正解の選択肢を選べることにつながります。

> 挑戦
> してみよう！

スコアアップトレーニング

Part 6の問題の学習法（復習方法）を紹介します。

▶ 基本事項の確認

(1) 語句の確認

(2) 文法事項の確認

(3) 文意の確認

▶ 実践トレーニング

(1) 英文の音読

　語句、文法、そして文意を確認した後は、英文を何回も音読し、「英語を英語のままで返り読みせずに一発で内容を理解できている」という状態になっているかどうかを確認してください。

「日本語を思い浮かべずに英文の意味を理解できている」と実感できれば大丈夫です。

　まだ引っかかりが感じられるようであれば、基本事項の確認にある（1）〜（3）のどこかの段階で理解しきれていない部分や誤解している部分があるということになります。

　必ずそこに立ち戻って確認し、再び音読練習を行うようにしてください。

(2) セルフ解説

　簡単でよいので、問題の解説を自分自身に対して行います。

　英語のまま理解できる英文のストックが多ければ多いほど、セルフ解説ができる問題数が多ければ多いほど、本番の試験で出合う問題・初見の問題により柔軟に対応できるようになってきます。

Part
6

長文穴埋め問題

▶ セルフ解説の例

To be ------- for the "Best Employer" award, a company must have a minimum of ten employees.
_{1.}

1.

(A) consider

(B) considered

(C) considering

(D) considerable

①選択肢を見ると consider「〜を検討する」の変化形や派生語が並んでいます。

②空所の前には be 動詞があり、後ろには前置詞の for「〜に対して」があります。

be 動詞の後ろには名詞や形容詞、もしくは前置詞＋αが続くので、正解候補は (B) 〜 (D) のいずれかになります。

To be ------- の部分だけを見ても正解が絞れないので、問題文の次の切れ目までを視野に入れます。

③To be ------- for the "Best Employer" award, の空所に (B) の considered を入れると「最優秀雇用主賞に検討されるには」となりこの部分の意味が通ります。

よって、正解は (B) の considered になります。

Part 6のまとめ

長文穴埋め問題への基本的な取り組み方をおさらいしておきましょう。

▶ 問題文を文頭から読み進めていく

できる限り問題文の内容を記憶するつもりで読み進めていくようにします。

すでに読み終えた内容が、残りの問題を解くヒントになる場合が多々あるからです。

▶ 空所を含む文の最後まで問題文を読み終えたタイミングで問題に解答する

語句を入れる問題では、その空所を含む文を最後まで読み終えたうえで選択肢を見て解答するようにします。

文法問題を解く際も語彙問題を解く際も、まずはそこまで読み進めておけばほとんどの場合正解を選ぶことが可能だからです。

空所を含む文まで読み終えても正解を確定することができない場合は、空所を含む文の次の文まで読み進めたうえで再度解答するようにしてみてください。

▶ 文挿入問題は「空所を含む文の次の文」までを読み進めたうえで解答する

文挿入問題は「文脈をきちんと理解できているかどうか」を問う問題です。

空所の前後の文の内容をきちんとつなぐもの、橋渡しをしてくれるものを選ぶようにします。

では、問題を2題（8問）解いてみましょう。
（巻末の解答用紙をお使いください）

Questions 1-4 refer to the following e-mail. 🎧 49

To: Tim Forest <tforest@caterers.com>
From: Kobe Brookfield <kobe@DDassociates.com>
Date: June 25
Subject: Additional deliveries requested

Dear Mr. Forest,

DD Associates has recently hired ------- staff members to keep up with the
growing demand for our services. ------- , consumption of complementary drinks
1.   2.
from our employee cafeteria has increased. I would like to have additional
deliveries on Fridays starting next week. ------- . If a new contract is required,
                                          3.
please have a representative come to my office in the afternoon on Wednesday or
Thursday. I ------- a conference on Friday and there are no other employees
           4.
authorized to sign contracts.

Sincerely,
Kobe Brookfield

---

1. (A) additional
   (B) additionally
   (C) addition
   (D) add

2. (A) Nevertheless
   (B) Accordingly
   (C) Alternatively
   (D) Beforehand

3. (A) I believe this will help us hire a
          new manager.
   (B) Let me know when you would like
          us to provide services.
   (C) I hope this new machine is more
          efficient than the old one.
   (D) With the new arrangement, we will
          have three deliveries a week.

4. (A) will be attending
   (B) was attending
   (C) attended
   (D) had attended

Questions 5-8 refer to the following instructions. 🎧 50

Congratulations ------- purchasing the RobbieTable brand pressure cook

5.

presented to you by Australia's most trusted kitchenware company. Instructions for

washing and maintenance are on the box, so we recommend you keep the

information. The same ------- can be found on our Web site at www.robbietbl.com.au.

6.

With proper care and cleaning, the pressure cook should provide you delicious

meals for many years. -------. Please note that ------- washing will reduce the life

7.   8.

span of the product.

---

5. (A) for
   (B) by
   (C) at
   (D) on

6. (A) directions
   (B) pricing
   (C) sample
   (D) coupon

7. (A) As mentioned, we have several locations that accept returns.
   (B) In general, we recommend disassembling parts for cleaning every year.
   (C) Consequently, you must register online to watch cooking videos.
   (D) Similarly, you can drop off the product at a factory for an exchange.

8. (A) excess
   (B) exceed
   (C) excessive
   (D) exceedingly

Questions 1-4 refer to the following e-mail. 🎧 49 🍁 M

To: Tim Forest <tforest@caterers.com>
From: Kobe Brookfield <kobe@DDassociates.com>

Date: June 25
Subject: Additional deliveries requested

Dear Mr. Forest,

DD Associates has recently hired ------- staff members to keep up with the growing demand for our services.

------- , consumption of complementary drinks from our employee cafeteria has increased.

I would like to have additional deliveries on Fridays starting next week. ------- .

If a new contract is required, please have a representative come to my office in the afternoon on Wednesday or Thursday.

I ------- a conference on Friday and there are no other employees authorized to sign contracts.

Sincerely,
Kobe Brookfield

語句
□ subject 件名　□ additional 追加の　□ delivery 配達　□ request 〜を依頼する
□ recently 最近　□ hire 〜を雇う　□ staff member スタッフ
□ keep up with 〜に対応する　□ growing 増え続ける　□ demand 需要
□ consumption 消費　□ complimentary 無料の　□ employee 従業員
□ increase 増加する　□ would like to do 〜したい　□ additional 追加の
□ starting 〜から　□ contract 契約　□ require 〜を必要とする　□ representative 担当者
□ conference 会議　□ there be 〜がいる　□ authorize 〜に権限を与える
□ sign 〜に署名する

問題1-4は次の E メールに関するものです。

受信者：Tim Forest <tforest@caterers.com>
送信者：Kobe Brookfield <kobe@DDassociates.com>

日付：6月25日
件名：追加の配達の依頼

Forest さん

DD Associates は最近、当社のサービスに対する需要の高まりに対応するために、追加のスタッフを採用しました。
その結果、社員食堂にある無料の飲料の消費量が増加しています。
来週から金曜日にも追加配達をしてもらいたいのです。
新しい取り決めでは、週に3回の配達があることになります。
もし新たな契約が必要な場合には、水曜日または木曜日の午後に担当者が私のオフィスに来ていただければと思います。
私は金曜日には会議に出席するのですが、契約に署名する権限を与えられた他の従業員はいないのです。

敬具
Kobe Brookfield

---

1. (A) additional 　　形容詞「追加の」
　　 (B) additionally 　副詞「さらに」
　　 (C) addition 　　　名詞「追加」
　　 (D) add 　　　　　動詞「〜を加える」

2. (A) Nevertheless 　副詞「それにもかかわらず」
　　 (B) Accordingly 　副詞「その結果」
　　 (C) Alternatively 　副詞「その代わりに」
　　 (D) Beforehand 　副詞「事前に」

3. (A) I believe this will help us hire a new manager.

(B) Let me know when you would like us to provide services.

(C) I hope this new machine is more efficient than the old one.

(D) With the new arrangement, we will have three deliveries a week.

3. (A) これは私たちが新しいマネージャーを雇うのに役立つと思います。

(B) いつ私たちにサービスを提供したいのかを教えてください。

(C) この新しい機械が古い機械よりも効率的であることを願っています。

(D) 新しい取り決めでは、週に3回の配達があります。

語句

☐ believe (that) ～だと思う ☐ help somebody do 人が～するのに役立つ ☐ hire ～を雇う

☐ manager マネージャー ☐ let somebody do 人に～させる

☐ would like somebody to do 人に～してほしい ☐ provide ～を提供する

☐ hope (that) ～であることを願う ☐ machine 機械 ☐ more より ☐ efficient 効率的な

☐ with ～が原因で ☐ arrangement 取り決め ☐ delivery 配達

---

4. (A) will be attending 　　未来進行形「～に参加している」

(B) was attending 　　　過去進行形「～に参加していた」

(C) attended 　　　　　動詞 attend「～に参加する」の過去形・過去分詞

(D) had attended 　　　過去完了形「～に参加していた」

[正解] 1.(A)　2.(B)　3.(D)　4.(A)

［解説］

1. 選択肢には動詞 add「〜を加える」のさまざまな形が並んでいます。

空所の後ろには staff members「スタッフ」という名詞句が続いており、これを前から修飾してこの部分の意味が通るのは、形容詞の（A）additional「追加の」です。

> ## Point
>
> add「〜を加える」の代表的な使い方として、add A to B「A を B に加える」を覚えておいてください。
>
> ☐ Adding these safety warnings to the packaging will decrease the company's liability.
>
> パッケージにこれらの安全上の警告を添えることで、会社の法的責任が軽減されます。
>
> **語句** ☐ safety warning 安全上の警告　☐ packaging パッケージ
> ☐ decrease 〜を軽減する　☐ liability 法的責任

2. 選択肢には副詞が並んでいます。

空所の前には DD Associates has recently hired additional staff members to keep up with the growing demand for our services.「DD Associates は最近、当社のサービスに対する需要の高まりに対応するために、追加のスタッフを採用しました」とあり、空所の後ろでは consumption of complementary drinks from our employee cafeteria has increased「社員食堂にある無料の飲料の消費量が増加しています」と述べられています。

追加のスタッフを採用したことが、社員食堂にある無料の飲料の消費量の増加という「結果」につながったということなので、空所には「その結果」という意味を持つ、（B）の Accordingly が正解となります。

> ## Point
>
> accordingly「その結果」は consequently に言い換えることができます。
>
> 派生語を使った according to「〜によると」や in accordance with「〜に従って・一致して」も一緒に押さえておくといいでしょう。
>
> ☐ All the employees are required to fill in their timesheets every day in accordance with the handbook.
>
> 全ての従業員は、手引書に従って毎日タイムカードに記入することを求められます。
>
> **語句** ☐ employee 従業員　☐ be required to do 〜することを求められる
> ☐ fill in 〜に記入する　☐ timesheet タイムカード　☐ handbook 手引書

3. 文挿入問題です。空所の前には I would like to have additional deliveries on Fridays starting next week.「来週から金曜日に追加配達をしてもらいたいのです」とあります。

空所に（D）の With the new arrangement, we will have three deliveries a week.「新しい取り決めでは、週に3回の配達があります」を入れると、「週当たりの配達の回数」の話題がスムーズに引き継がれます。

また、空所の後ろには If a new contract is required「もし新たな契約が必要な場合には」と述べられており、the new arrangement「新しい取り決め」が a new contract「新しい契約」と言い換えられて話がつながっています。

Point

starting「〜から」は beginning に言い換えることができます。

類義表現である effective (from)「〜から実施される、有効である」や as of「〜の時点で」なども一緒に押さえておいてください。

これらに加えて否定を表す文の中で使われる as of yet「まだ今のところ」も覚えておくといいでしょう。

☐ No details have been revealed as of yet about the latest novel by Kenny Casanova.

Kenny Casanova の最新の小説に関しては、まだ今のところ何も詳細は明らかになってはいません。

語句 　☐ detail 詳細　☐ reveal 〜を明らかにする
　　　☐ latest 最新の　☐ novel 小説

4. 選択肢には動詞 attend「〜に参加する」のさまざまな形が並んでいます。

空所の前には If a new contract is required, please have a representative come to my office in the afternoon on Wednesday or Thursday.「もし新たな契約が必要な場合には、水曜日または木曜日の午後に担当者が私のオフィスに来ていただければと思います」とあります。

ここに出てくる Wednesday や Thursday は「未来」のことを表していることが文脈から分かるため、空所を含む文にある Friday「金曜日」も「未来」のことになります。

よって、正解は未来進行形の (A) will be attending「〜に参加している」です。

Point

have a representative come「担当者に来させる」では、使役の have が使われています。使役の have は have + 目的語 + 動詞の原形の語順で使い「〜に…させる」という意味を表します。

□ Taichi had his secretary make a copy of the document.

　Taichi は彼の秘書に書類をコピーさせました。

語句 □ secretary 秘書　□ make a copy of 〜をコピーする　□ document 書類

Congratulations ------- purchasing the RobbieTable brand pressure cook presented
　　　　　　　　　5.
to you by Australia's most trusted kitchenware company.

Instructions for washing and maintenance are on the box, so we recommend you
keep the information.

The same ------- can be found on our Web site at www.robbietbl.com.au.
　　　　　6.

With proper care and cleaning, the pressure cook should provide you delicious
meals for many years.

------- .
7.

Please note that ------- washing will reduce the life span of the product.
　　　　　　　　8.

語句

☐ congratulations on ～をありがとうございます　☐ purchase ～を購入する

☐ pressure cook 圧力鍋　☐ present ～を提供する　☐ trusted 信頼のある

☐ kitchenware 台所用品　☐ instruction 説明　☐ maintenance メンテナンス

☐ with ～があれば　☐ proper 適切な　☐ provide A B A に B を提供する

☐ please note that ～に注意してください　☐ reduce ～を減らす　☐ life span 寿命

問題5-8は、次の説明書に関するものです。

オーストラリアで最も信頼されている台所用品会社が提供する RobbieTable ブランドの圧力鍋をご購入いただきありがとうございます。

洗浄とメンテナンスの説明は箱に記載されていますので、情報を保管しておくことをお勧めします。

同じ指示書は、当社の Web サイト www.robbietbl.com.au にあります。

適切な手入れと掃除をすれば、圧力鍋は何年にもわたっておいしい食事を提供してくれるはずです。

通常、清掃のために毎年部品を分解することをお勧めします。

過度の洗浄は製品の寿命を縮めるということに注意してください。

---

5. (A) for 　　　　前置詞「〜にために」
　　(B) by 　　　　前置詞「〜によって」
　　(C) at 　　　　前置詞「〜で」
　　(D) on 　　　　前置詞「〜について」

6. (A) directions 　名詞「指示書」
　　(B) pricing 　　名詞「価格設定」
　　(C) sample 　　名詞「サンプル」
　　(D) coupon 　　名詞「クーポン」

7. (A) As mentioned, we have several locations that accept returns.
　　(B) In general, we recommend disassembling parts for cleaning every year.
　　(C) Consequently, you must register online to watch cooking videos.
　　(D) Similarly, you can drop off the product at a factory for an exchange.

7. (A) 前述のように、当店には返品を受け入れる場所がいくつかあります。
　　(B) 通常、清掃のために毎年部品を分解することをお勧めします。
　　(C) したがって、料理の動画を見るには、オンラインで登録する必要があります。
　　(D) 同様に、交換のために工場に製品を置いていくことができます。

語句

- □ as mentioned 前述のように □ several いくつかの □ location 場所
- □ accept ～を受け入れる □ return 返品 □ in general 通常
- □ recommend doing ～することを勧める □ disassemble ～を分解する □ part 部品
- □ consequently したがって □ register 登録する □ online オンラインで
- □ similarly 同様に □ drop off ～を置いていく □ product 製品 □ factory 工場
- □ exchange 交換

8. (A) excess   名詞「超過」
   (B) exceed   動詞「～を超える」
   (C) excessive   形容詞「過度の」
   (D) exceedingly   副詞「非常に」

［正解］5. (D)   6. (A)   7. (B)   8. (C)

［解説］

  5. 選択肢には前置詞が並んでいます。

  空所の前には Congratulations「祝うこと」、後ろには purchasing the RobbieTable brand pressure cook「Robbie Table ブランドの圧力鍋を購入すること」が続いています。

  congratulations on doing で「～してくれたことに対してありがとうございます」という意味になりこの部分の意味も通るため、正解は (D) です。

  congratulations on doing は「～することに対しておめでとう」という意味で使われますが、ここでは自社の製品を購入してくれた客に対して述べている言葉なので「～してくれたことに対してありがとうございます」と意訳しています。

Point

  congratulation「おめでとう」は基本的に複数形の congratulations という形で使われます。

  また、congratulate「～を祝う」は「人」を祝う際に使われ、「特別な日やめでたいこと」を祝う際には celebrate「～を祝う」を使います。

□ We will be celebrating the company's third decade in business next month.
  当社は来月創業30周年を祝います。

語句 □ decade 10年

6. 選択肢には名詞が並んでいます。空所の前には The same「同じ」、後ろには can be found on our Web site「当社の Web サイトにあります」が続いています。

選択肢を含む文の前の文では Instructions「説明」について述べられており、「同じ指示書が Web サイトにある」とすればこの部分の意味が通るため、正解は (A) の directions「指示書」になります。

Point

direction は「方向、道順」という意味で使われ、「指示（書）」という意味で使われる際は directions のように複数形になるのが通例です。

instruction も「指示（書）」という意味で使われる場合は instructions となります。

□ All the guests must adhere to their tour guide's instructions at all times.
参加者の皆様は常にガイドの指示に従っていただかなければなりません

語句　□ adhere to 〜に従う　□ at all times 常に

7. 文挿入問題です。

空所の前には With proper care and cleaning, the pressure cook should provide you delicious meals for many years.「適切な手入れと掃除をすれば、圧力鍋は何年にもわたっておいしい食事を提供してくれるはずです」とあります。

この内容を引き継いで「（圧力鍋の）清掃」に関することを述べている (B) の In general, we recommend disassembling parts for cleaning every year.「通常、清掃のために毎年部品を分解することをお勧めします」を空所に入れると、空所の前後の文脈が通ります。

Point

ここで使われている with は「もし〜があれば、〜があったら」という意味を表しています。

また、以下の例文にあるように「〜があったので」という意味で使うこともできます。

□ With my supervisor's permission, I was able to work from home.
上司の許可があったので、私は在宅勤務をすることができました。

語句　□ supervisor 上司　□ permission 許可　□ be able to do 〜することができる
　　　□ work from home 在宅勤務をする

8. 選択肢には動詞 exceed「〜を超える」の派生語が並んでいます。

空所の前には接続詞の that があり、空所の後ろには動詞の will reduce があるため、空所と washing「洗浄」が that 節の主語になることが分かります。

名詞の washing を前から修飾し、空所に入れたときにこの文の文意が通るのは、形容詞である（C）の excessive「過度の」です。

Point

名詞を前から修飾する品詞は第1候補が形容詞（現在分詞と過去分詞を含みます）、第2候補が名詞だと覚えておいてください。

もちろん形容詞や名詞以外にも、代名詞の所有格や冠詞なども名詞の前に置かれます。

□ serious problem「深刻な問題」

形容詞 + 名詞

□ The country has a serious problem with plastic pollution.

その国はプラスチック汚染に関連する深刻な問題を抱えています。

語句 □ problem with 〜に関連する問題　□ plastic pollution プラスチック汚染

□ engine problem「エンジンの不調」

名詞 + 名詞

□ An engine problem caused the cancellation of a ferry sailing from Wellington.

エンジンの不調のため、ウェリントンから航行するフェリーは欠航となりました。

語句 □ cause 〜を引き起こす

□ cancellation キャンセル

□ sail from 〜から航行する

Part 7
読解問題

Part 7「読解問題」に挑戦！

　リーディングセクション、最後のパートは読解問題です。

　設問と問題文を読み、4つの選択肢の中から最も適当なものを選んで解答します。

　Part 7で高い正答率を得るためには、問題文を読み飛ばすことなく、前からしっかりと読み進めていくことがとても大切です。

　問題文に使用される英文の種類はさまざまですが、TOEIC® では難解すぎるものは出題されません。

　Part 7では15セットの問題が出題され、前半の10セットは1つの文書（シングルパッセージ）に対して設問が2 ～ 4問付いてきます。

　後半の5セットは複数の义書（マルナプルパッセージ）に関する問題が出題され（2つの文書〈ダブルパッセージ〉が2セット、3つの文書〈トリプルパッセージ〉が3セット出題）、それぞれのセットに対して5つの設問が付いてきます。

　出題される問題数は全部で54問です。

　目標解答時間は54分です。

　54分で54問を解答するということは、1問平均1分で解答するということになります。

　それでは解答の流れを説明していきます。

　例題に解答し、解答の流れを読んで理解してください。

例題は次のページから始まります。

Questions 1-4 refer to the following e-mail. 🎧 51

To:	Jay Black
From:	Shingo Naito
Date:	October 31
Subject:	Eleventh Economics Research Conference

Dear Dr. Black,

I am writing in response to your e-mail on October 26. We regret to hear that you will not be able to participate as planned in the Eleventh Economics Research Conference to be held in December. Although, as the head researcher at SOAHC Co., your input was greatly anticipated, we understand that situations change. We have cancelled your flights and accommodations accordingly.

On a related note, the National University of Singapore is planning to compile the papers presented at the conference into a book. Even though you will not join the conference, we would still like to include your paper in the publication. For the conference participants, the deadline for submitting the papers is in November. However, in your case we can push back the deadline to the beginning of December when the editing work of the book begins. Please let me know whether you still wish to contribute to the publication. I have attached a paper by Dr. Seiya Watanabe on the Economics of Japan to give you an idea of the expected length and writing format. A detailed writing guideline will be sent to you later should you wish to participate.

Sincerely,
Shingo Naito
Professor of Economics
National University of Singapore

1. What is the main purpose of the
e-mail?
  (A) To cancel an international
      conference
  (B) To ask for a paper submission
  (C) To introduce a new research
      paper
  (D) To promote a new publication

2. Who most likely is Dr. Black?
  (A) A professor at a university
  (B) A research project participant
  (C) An author of an academic book
  (D) A researcher at a company

3. When is the planned deadline of Dr.
Black's paper?
  (A) In October
  (B) In November
  (C) In December
  (D) In January

4. What is sent with the e-mail?
  (A) A confirmation letter
  (B) A detailed writing guideline
  (C) A sample paper
  (D) A conference agenda

Part
7

読解問題

解答の流れ

読解問題への基本的な取り組み方を確認していきましょう。

▶ 設問の内容を記憶し、問題文へと進む

まずは最初の設問の内容を記憶し、問題文を読み進めていきます。

正解の根拠が見つかった時点で選択肢に進んで解答するか、自分でどこまで問題文を読み進めるかを決めたうえで、ある程度問題文を読み終えてから選択肢に進んで解答するかのいずれかの方法で解答するようにします。

上記の例題の場合は、1. What is the main purpose of the e-mail? を「メールの目的は何ですか」のような、簡単な日本語に要約して記憶し、それを頭の片隅に置いた上で問題文を読み進めていきます。

英語のまま日本語を介さずに設問を記憶することができる場合には、日本語に訳すことなく極力そのようにする方が効率的です。

ご自身のやりやすいやり方で練習するようにしてみてください。

▶ 設問のタイプは2パターン

どこまで問題文を読み進めればいいのかは、設問のタイプによって変わります。

設問のタイプは大きく分けて以下の2つになります。

①内容一致型

問題文にある Subject「件名」から、この文書は会議に関するものだということが分かります。

Part 7に以下のような設問があった場合、どこまで文書を読めばいいのかを判断することができません。

What is suggested about the conference?「会議について何が分かりますか」

なぜなら、文書全体が「会議に関すること」なので、文書のどの部分も正解の根拠になり得るからです。

そこでこのタイプの設問に対しては、どこまで読み進めるべきかを自分で決定するようにします。

問題文がいくつかの段落で構成されている場合には1つ目の段落を読み終えた時点で選択肢に進み、読み終えた部分の内容と一致するものがあればそれを正解として選ぶようにします。

逆に正解として選べるものがない場合には、次の段落を読み終えた時点で再度正解を選ぶようにしてみてください。

②ピンポイント型
　3問目の設問は以下のようなものとなっています。

When is the planned deadline of Dr. Black's paper?
「Black 先生の論文の締め切り予定日はいつですか」

　このタイプの設問は、正解の根拠となる箇所にたどり着いた時点でそこがゴールとなります。
　選択肢に進み、正解の根拠となる部分に書かれている内容と一致するものを正解として選んでください。

▶ 問題文を文頭から読み進めていく

　例題の1問目には What is the main purpose of the e-mail?「E メールの主な目的は何ですか」という設問があります。
　目的を問う設問は内容一致型であると考えるとよいでしょう。
　設問の内容を頭に叩き込み、「できる限り内容を記憶しよう」という心構えを持って問題文を読み進めていくようにします。
　完全に問題文の内容を記憶することは難しいので、2問目以降の設問を読んだときにトランプの神経衰弱のように「この設問に対するヒントは問題文のあの辺りに書いてあったはずだ」という程度のことがすぐに思い浮かぶレベルの記憶を残すことができればそれで十分です。
　第1段落を読み終えた時点で選択肢に進むのですが、本問の正解の根拠はまだ登場していませんでした。
　1問目は内容一致型の問題なのですが、選択肢を全て読み終えた時点でこの問題はピンポイント型の問題に変わります。（A）〜（D）のいずれかの内容が書いてある箇所にたどり着くことが目的になったからです。
　すぐに1問目の（A）〜（D）のいずれかに一致する内容が書かれている所まで、第2段落を読み進めていきます。

(A) To cancel an international conference
(B) To ask for a paper submission
(C) To introduce a new research paper
(D) To promote a new publication

▶ 問題文の内容と一致する選択肢を正解として選ぶ

第2段落を読み進めていき、Even though you will not join the conference, we would still like to include your paper in the publication.「先生が会議に出席されないのだとしても、やはり先生の論文を出版物に掲載したいと考えています」のところを読み終えた時点で、これが（B）の内容と一致していることに気が付きます。

ここで（B）を正解としてマークし、次の設問へと進みます。

問題文では具体的に書かれていることが、選択肢では抽象的・一般的に言い換えられている場合が多いです。

問題文にある we would still like to include your paper in the publication「やはり先生の論文を出版物に掲載したいと考えています」という節が、選択肢では To ask for a paper submission「論文の提出を依頼すること」という句に言い換えられています。

▶ 2問目以降は2パターンの手順で解答していく

2問目の設問を読んだ時点で「この設問に対する正解の根拠が書かれている部分はもうすでに読み終えている」と気付けた場合には、以下の2パターンのいずれかのアプローチを行うようにします（そうでない場合には、1問目と同じくどこまで読み進めていけばいいのかを考えてゴールを設定し、設問→問題文→選択肢の順序をたどって解答してください）。

①パターン1
　設問を読み、記憶を頼りに選択肢を（A）から順に確認し、「（問題文には戻らずに）問題文の内容と一致する選択肢」を選ぶ。
②パターン2
　設問を読み、選択肢を（A）から順に確認、正解だと思える選択肢の「（問題文中にある）正解の根拠のある箇所」に一度戻り、それを確認したうえで正解の選択肢を選ぶ。

パターン1の解き方ができるようになれば、Part 7の解答速度は飛躍的に速くなります。

そのためには「記憶力」の向上が欠かせません。

記憶力を向上させるためには、常に「内容を覚えておくぞ、記憶しておくぞ」という意識を持って問題文を読むようにすることが肝要です。

Part 7の問題に毎日1セットでもいいので上記の意識を持ちつつ取り組むようにしていけば、2〜3週間で「以前よりもだいぶ問題文の内容が頭に残るようになってきた」ということを実感できるようになるはずです。

そして、速く問題文を読めるようになることはもちろん大切なことなのですが、設問→問題文→選択肢をできる限り「一方通行」で読むこと、それらの間を行ったり来たりして無駄な時間を使わないように努めることがより重要です。

焦って速く読もうとして（解こうとして）設問や問題文、選択肢の間を行ったり来たりするよりも、やや遅くてもいいので全てを丁寧に読むことを心掛けるようにしてみてください。

　読むスピードは「同じ英文を何回も読むこと」によって徐々に速くなっていきます。

　例えば、あなたが「初めて行く場所」に行くときよりも、同じ場所に2回目、3回目に行くときの方が、その場所により早くたどり着けるようになるはずです。

　2回目、3回目になると、「駅の改札の場所に関して迷わない」、「電車に乗るホームに関して迷わない」、「駅の何口に出ればいいのかが確実に分かる」といったように、「目的地にたどり着くために必要な知識」が徐々に身に付いてきます。

　その結果、同じ目的地にたどり着くために必要な時間が徐々に短縮されていくのです。

　「英文が速く読めるようになる」理屈もこれと同じです。

　同じ問題文を何回も読むことにより、前回よりも今回、今回よりも次回の方がより速く読めるようになります。

　是非とも同じ問題、同じ英文に何回も取り組むようにしてみてください。

　英文を読む速度が徐々に速くなっていくはずです。

Questions 1-4 refer to the following e-mail. 🎧51 🇨🇦 M

To:	Jay Black
From:	Shingo Naito
Date:	October 31
Subject:	Eleventh Economics Research Conference

Dear Dr. Black,

I am writing in response to your e-mail on October 26. We regret to hear that you will not be able to participate as planned in the Eleventh Economics Research Conference to be held in December. ❶ Although, as the head researcher at SOAHC Co., your input was greatly anticipated, we understand that situations change. We have cancelled your flights and accommodations accordingly.

On a related note, the National University of Singapore is planning to compile the papers presented at the conference into a book. Even though you will not join the conference, ❷ we would still like to include your paper in the publication. For the conference participants, the deadline for submitting the papers is in November. ❸ However, in your case we can push back the deadline to the beginning of December when the editing work of the book begins. ❹ Please let me know whether you still wish to contribute to the publication. ❺ I have attached a paper by Dr. Seiya Watanabe on the Economics of Japan to give you an idea of the expected length and writing format. A detailed writing guideline will be sent to you later should you wish to participate.

Sincerely,
Shingo Naito
Professor of Economics
National University of Singapore

問題1-4は次のEメールに関するものです。

宛先：	Jay Black
送信者：	Shingo Naito
日付：	10月31日
件名：	第11回経済研究会議

Black 先生

10月26日にいただいたEメールへの返信を書いています。

先生が12月に開催される第11回経済研究会議に予定通り参加することができないと聞き、私たちは残念に思っています。

❶SOAHC社の主任研究員である先生からのご意見を大いに期待していたのですが、状況が変わったのだということは理解しています。

それに応じて、先生のフライトと宿泊をキャンセルしました。

これに関連した話ですが、Singapore国立大学では会議での発表論文をまとめる計画を立てています。

先生が会議に出席されないのだとしても、❷やはり先生の論文を出版物に掲載したいと考えています。

会議の出席者については、論文提出締め切りが11月になっています。

❸ですが先生の場合は、本の編集作業を始める12月上旬にまで締め切りを先送りすることができます。

❹先生が今でも出版物に寄稿したいという希望をお持ちかどうか、お聞かせください。

❺求められる論文の長さと執筆形式についての考えを提示するため、Seiya Watanabe先生による日本経済に関する論文を添付いたします。

参加を希望される場合は、詳細な執筆ガイドラインを後ほどお送りいたします。

敬具
Shingo Naito
経済学教授
Singapore 国立大学

語句

□ economics 経済　□ research 研究　□ conference 会議　□ in response to 〜に応えて

□ regret to do 〜して残念に思う　□ be able to do 〜することができる

□ participate as planned in 〜に予定通り参加する　□ be held 行われる

□ although 〜だけれども　□ input 意見　□ be anticipated 期待される　□ greatly 非常に

□ situation 状況　□ accommodation 宿泊　□ accordingly それに応じて

□ on a related note 関連した話として　□ plan to do 〜する計画を立てる

□ compile A into B A を B に編集する　□ paper 論文　□ present 〜を発表する

□ even though 〜だけれども　□ join 〜に参加する　□ would like to do 〜したい

□ still それでもやはり　□ include 〜を含む　□ publication 出版物　□ participant 参加者

□ deadline 締め切り　□ submit 〜を提出する　□ however けれども

□ in your case あなたの場合は　□ push back the deadline to 締め切りを〜まで先送りする

□ editing work 編集作業　□ let somebody do 人に〜させる　□ whether 〜かどうか

□ wish to do 〜するという希望がある　□ contribute to 〜に貢献する

□ attach 〜を添付する　□ expected length 求められる長さ　□ writing format 執筆形式

□ detailed 詳細な　□ writing guideline 執筆ガイドライン　□ be sent to 〜に送られる

□ later 後ほど　□ should you do 〜するのであれば　□ Sincerely, 敬具　□ professor 教授

□ national university 国立大学

1. What is the main purpose of the e-mail?

(A) To cancel an international conference

(B) To ask for a paper submission

(C) To introduce a new research paper

(D) To promote a new publication

1. E メールの主な目的は何ですか。

(A) 国際会議をキャンセルすること

(B) 論文の提出を依頼すること

(C) 新しい研究論文を紹介すること

(D) 新刊書の宣伝をすること

語句

□ purpose 目的

□ international 国際的な

□ conference 会議

□ ask for 〜を求める

□ paper 論文

□ submission 提出

□ introduce 〜を紹介する

□ research 研究

□ promote 〜を宣伝する

□ publication 出版物

2. Who most likely is Dr. Black?

    (A) A professor at a university

    (B) A research project participant

    (C) An author of an academic book

    (D) A researcher at a company

語句

☐ most likely おそらく

☐ professor 教授

☐ university 大学

☐ research 研究

☐ participant 参加者

☐ author 著者

☐ academic book 学術書

☐ researcher 研究者

2. Black 先生とは誰だと考えられますか。

    (A) 大学教授

    (B) 研究プロジェクトの参加者

    (C) 学術書の著者

    (D) 企業の研究者

3. When is the planned deadline of Dr. Black's paper?

    (A) In October

    (B) In November

    (C) In December

    (D) In January

語句

☐ planned deadline 締め切り予定日

3. Black 先生の論文の締め切り予定日はいつですか。

    (A) 10月

    (B) 11月

    (C) 12月

    (D) 1月

4. What is sent with the e-mail?

    (A) A confirmation letter

    (B) A detailed writing guideline

    (C) A sample paper

    (D) A conference agenda

語句

☐ confirmation 確認

☐ detailed 詳細な

☐ writing guideline 執筆ガイドライン

☐ paper 論文

☐ conference 会議

☐ agenda 議題

4. E メールと一緒に何が送られていますか。

    (A) 確認状

    (B) 詳細な執筆ガイドライン

    (C) サンプルの論文

    (D) 会議の議題

［正解］1.（B）　2.（D）　3.（C）　4.（C）

［解説］
1. 内容一致型の設問です
　❷には we would still like to include your paper in the publication「やはり先生の論文を出版物に掲載したいと考えています」、❹には Please let me know whether you still wish to contribute to the publication.「先生が今でも出版物に寄稿したいという希望をお持ちかどうか、お聞かせください」と述べられています。これらを簡潔にまとめている（B）の To ask for a paper submission「論文の提出を依頼すること」が正解です。

Point

　What is the purpose of ...? は頻出の設問です。
　見た瞬間に「〜の目的は何ですか」と頭に叩き込み、すぐに問題文へと進むようにしてください。
　このタイプの設問は内容一致型と考え、ある程度問題文を読み進めたうえで解答することをお勧めします。

2. ピンポイント型の設問です
　❶にAlthough, as the head researcher at SOAHC Co., your input was greatly anticipated「SOAHC社の主任研究者である先生からのご意見を大いに期待していたのですが」とあるため、Blackさんは会社に所属するresearcher「研究者」であることが分かります。
　よって、正解は（D）の A researcher at a company「企業の研究者」になります。

Point

　most likely「おそらく」が含まれている設問は、「状況証拠」となる表現から「推測」して正解を選ばなければならない場合があるということを押さえておいてください。
　また、問題文中にある正解の根拠となる表現と選択肢の表現との間にやや乖離がある場合があるということも覚えておきましょう。

3. ピンポイント型の設問です
　❸にHowever, in your case we can push back the deadline to the beginning of December when the editing work of the book begins.「ですが先生の場合は、本の編集作業を始める12月上旬にまで締め切りを先送りすることができます」とあるため、（C)のIn December「12月」が正解です。

Point

push back the deadline to は「締め切りを〜まで先送りにする」という意味です。未来からどんどん迫ってくる締め切りを、未来に向かって押し戻すようなイメージの表現です。

- □ The chief editor decided to push back the deadline to next month.

  編集長は締め切りを来月まで先送りすることに決めました。

語句 □ chief editor 編集長　□ decide to do 〜することに決める

---

4. ピンポイント型の設問です

❺にI have attached a paper by Dr. Seiya Watanabe on the Economics of Japan to give you an idea of the expected length and writing format.「求められる論文の長さと執筆形式についての考えを提示するため、Seiya Watanabe先生による日本経済に関する論文を添付いたします」とあるため、これを簡潔に言い換えている (C) のA sample paper「サンプルの論文」が正解となります。

Point

attached「添付される」や enclosed「同封される」は、TOEIC® では頻出です。以下の例文にある使い方を覚えておくとよいでしょう。

いずれも主語と補語の位置が入れ替わっている表現です。

本来であれば A copy of a newspaper article is attached. と A corrected list of our customers is enclosed. と表現するはずなのですが「添付していること」や「同封していること」を強調したいがためにこの語順となっていると考えてください。

- □ Attached is a copy of a newspaper article.

  新聞記事のコピーを添付します。

語句 □ article 記事

- □ Enclosed is a corrected list of our customers.

  訂正した顧客リストを同封します。

語句 □ correct 〜を訂正する　□ customer 顧客

スコアアップするためのコツ

Part 7には「出題数の少ないタイプの問題」が3種類登場します。

「位置問題」、「意図問題」、そして「言い換え問題」がこれに該当します。

ここではそれら3つのタイプの問題への解答法を説明していきます。

▶ ①位置問題

位置問題は、文書内に新たな一文を挿入するのに最も適切な箇所を選ぶ問題です。

今回扱う例題には、In which of the positions marked [1], [2], [3], and [4] does the following sentence best belong? "And he will also be the youngest living member of the organization." という設問があります。

この And he will also be the youngest living member of the organization. という文を、問題文中にある [1] 〜 [4] の、どこに入れるのが適切なのかを問う問題です。

位置問題は、Part 7で合計2問、1つの文書とともに出題されます。

それでは問題を見てみましょう。

通常は位置問題以外の問題も同じセットに含まれますが、ここでは位置問題のみを抜粋して扱うことにします。

LIJ Academy Science Teacher Invited to Join Respected Organization

Seiya Watanabe, a chemistry teacher at LIJ Academy, has been invited to join the prestigious World Science Organization (WSO). The organization, which frequently provides consulting services for government agencies, universities, and well-known publications, offers membership to a small number of scientists each year. – [1] –.

"At WSO, we look to recruit intelligent, high-performing members that have a unique understanding of science," said George Kidani, the current president of WSO. It is believed that Mr. Watanabe attracted the attention of the WSO due to a book that he released a few years ago titled Against All IMPOSSIBILITIES. – [2] –. Mr. Watanabe's invitation to join WSO is surprising for a couple of reasons. For one thing, he is the first high school teacher to ever be offered membership. – [3] –.

Mr. Watanabe assured local residents that he will continue working at LIJ Academy, saying "I love teaching science to teenagers. They're young, but they have a unique view of the world." – [4] –. However, the teacher did admit that he will no longer be teaching summer school classes. Instead, he will be using the summer months to work on his next book and to participate in WSO projects.

5. In which of the positions marked [1], [2], [3], and [4] does the following sentence best belong?

"And he will also be the youngest living member of the organization."

(A) [1]

(B) [2]

(C) [3]

(D) [4]

Question 5 refers to the following advertisement. 🎧 52 ▰ W

LIJ Academy Science Teacher Invited to Join Respected Organization

Seiya Watanabe, a chemistry teacher at LIJ Academy, has been invited to join the prestigious World Science Organization (WSO). The organization, which frequently provides consulting services for government agencies, universities, and well-known publications, offers membership to a small number of scientists each year. – [1] –.

"At WSO, we look to recruit intelligent, high-performing members that have a unique understanding of science," said George Kidani, the current president of WSO. It is believed that Mr. Watanabe attracted the attention of the WSO due to a book that he released a few years ago titled Against All IMPOSSIBILITIES. – [2] –. Mr. Watanabe's invitation to join WSO is surprising for a couple of reasons. For one thing, he is the first high school teacher to ever be offered membership. – [3] –.

Mr. Watanabe assured local residents that he will continue working at LIJ Academy, saying "I love teaching science to teenagers. They're young, but they have a unique view of the world." – [4] –. However, the teacher did admit that he will no longer be teaching summer school classes. Instead, he will be using the summer months to work on his next book and to participate in WSO projects.

語句

☐ refer to 〜に言及する　☐ following 次の　☐ advertisement 広告

☐ be invited to 〜に招待される　☐ join 〜に加わる　☐ respected 尊敬される、立派な

☐ organization 協会　☐ chemistry 化学　☐ prestigious 名声のある、栄誉ある

☐ frequently 頻繁に　☐ provide 〜を提供する

☐ consulting service コンサルティングサービス　☐ government agency 政府組織

☐ university 大学　☐ well-known 有名な　☐ publication 出版社、出版物

☐ offer A to B AにBを提供する　☐ membership 会員の資格

☐ a small number of わずかな数の　☐ each year 毎年　☐ look to do 〜しようとする

問題5は次の記事に関するものです。

LIJ Academy の理科教諭、栄誉ある協会に加入へ

LIJ Academy の化学教師 Seiya Watanabe 教諭は、名高い世界科学協会（WSO）に参加するよう招きを受けた。

この協会は、政府組織や大学、有名な出版社などに頻繁にコンサルティングサービスを提供しており、毎年わずかな数の科学者にしか会員の資格を提供していない。

「WSO では、科学に対して独自の理解を持つ知的で高い業績をあげているメンバーを採用しようとしています」と WSO の現会長 George Kidani 氏は語った。

Watanabe 教諭は、数年前に発表した『全ての不可能に反して』という題の本が理由で、WSF の関心を引いたと考えられている。WSO から Watanabe 教諭へ参加の招きがあったことは、いくつかの理由で驚くべきことだ。

1 つは、彼が会員の資格のオファーを受けた初めての高校教諭であることだ。*そして、彼は協会に現在加盟している最年少メンバーでもある。

Watanabe 教諭は地元の住民に対し、「私は 10 代の若者たちに科学を教えるのが大好きです。

彼らは若いですが、世界に対してユニークな視点を持っています」と語り、LIJ Academy で働き続けると断言している。しかし、教諭はサマースクールの授業で教えることはもうないだろうということは認めている。

⑦その代わりに、夏の数か月間を利用して、次の本に取りかかり、WSO のプロジェクトに参加する。

□ recruit ～を採用する　□ intelligent 知的な　□ high-performing 高い業績をあげている

□ unique understanding 独自の理解　□ current 現在の　□ president 会長

□ attract ～を引き付ける　□ attention 注意、関心　□ due to ～が原因で

□ release ～を発表する　□ title ～に題を付ける　□ invitation 招待

□ surprising 驚くべき　□ a couple of いくつかの　□ reason 理由　□ for one thing 1つは

□ ever 今までに　□ assure somebody that 人 に～であると断言する

□ resident 住民　□ continue doing ～し続ける　□ teach A to B A を B に教える

□ teenager 10代の若者　□ view 視点　□ however しかし　□ admit ～を認める

□ no longer もはや～でない　□ instead その代わりに　□ participate in ～に参加する

5. In which of the positions marked [1], [2], [3], and [4] does the following sentence best belong?

"And he will also be the youngest living member of the organization."

(A) [1]

(B) [2]

(C) [3]

(D) [4]

5. [1]、[2]、[3]、[4] と記載された箇所のうち、次の文が入るのに最もふさわしいのはどれか。"And he will also be the youngest living member of the organization."

「そして、彼は協会に現在加盟している最年少メンバーでもある。」

(A) [1]

(B) [2]

(C) [3]

(D) [4]

語句

□ also 〜もまた　□ living 現存の、生きている　□ organization 協会、組織

［正解］（C）

［解説］

　位置問題は、問題文全体の内容を理解したうえで、挿入すべき一文が入るべき場所を「文脈」を頼りに決定します。

　次に、「挿入した位置の前後の文の内容」と「挿入した文」の間に、何らかの「リンク」ができていることを確認します。

　本問であれば、まずは文脈から [3] に入るのではと判断します。

　[3] の直前に「Watanabe 先生が WSO に招かれたのが驚くべきことである理由はいくつかある」と述べられています。

　a couple of reasons「2、3の理由」とありますが、続く For one thing「1つには」の後に1つ目の理由が述べられている以外には、その他の理由らしいものが見当たりません。

　上記の内容の後にある空欄 [3] に設問にある文を入れると、これが2つ目の理由となり、a couple of reasons が不自然ではなくなります。

　「リンク」となるのは以下の品詞などです。

位置問題でリンクとなるもの

・接続詞 ➡ 挿入した文と前後の文脈に因果関係などを作る

・副詞 ➡ also や as well など、「〜も」という表現を入れることにより、挿入した文の前後の内容とのつながりを作る

・指示語（this や that、the、these など）➡ 挿入した文にある指示語を表すものが直前の文に登場していたり、挿入した場所の直後の文にある指示語が挿入した文の中の何かを表していたりする。

・代名詞、言い換え、同じ語句 ➡ 指示語と同様です。

本問では挿入した文の中に副詞の also「〜もまた」や代名詞の he が使われています。

he は Mr. Watanabe のことであり、also は Watanabe さんがどのような人なのかが挿入した位置の直前に書かれてあり、「そのことに加えて」Watanabe さんに関する情報を追加しているということを表しています。

この he や also が「リンク」であり、正しい位置に文を挿入することができた証となっているということを理解してください。

よって、正解は [3] の位置、つまり（C）となります。

▶ ②意図問題

意図問題は Part 3や Part 4に登場するものと同じく、問題文中のある発言がどのような意図で書かれたのかを問う問題です。

今回扱う例題には、At 7:56 P.M., what does Mr. Takahashi mean when he writes, "That's impossible"?

という設問があります。

この That's impossible という文を、話し手がどのような意図で書いたのかを問う問題です。

意図問題は1つの文書とともに出題され、スマホやパソコン上などでのやり取りが行われている文書のセットに含まれます。

意図問題はその中の1問で、Part 7では全部で2問ほど出題されます。

それでは問題を見てみましょう。

通常は意図問題以外の問題も同じセットに含まれますが、ここでは意図問題のみを抜粋して扱うことにします。

Question 6 refers to the following text message chain. 🎧 53

SHINGO NAITO 7:54 P.M.

So I just got to the restaurant, and they said they have no record of our reservation.

DARYL TAKAHASHI 7:56 P.M.

That's impossible. I called and double-checked yesterday afternoon. You should ask them to check again.

SHINGO NAITO 7:59 P.M.

I already checked multiple times. Anyway, that's what they're telling me. We'll have to find somewhere else to go for dinner.

DARYL TAKAHASHI 8:00 P.M.

Have the clients arrived yet?

SHINGO NAITO 8:00 P.M.

No, but I'm guessing that they'll be here any minute. Could you call some restaurants in the area and check if we can get a table?

DARYL TAKAHASHI 8:01 P.M.

No problem. Try to keep them entertained until I get there. I'm still about 10 minutes away.

SHINGO NAITO 8:02 P.M.

I'll do my best. But please hurry.

6. At 7:56 P.M. , what does Mr. Takahashi
   mean when he writes, "That's impossible"?

   (A) He forgot to make a reservation.

   (B) He may have made a mistake when
       reserving a table.

   (C) He does not believe that the restaurant
       lost their reservation.

   (D) He knows that the reservation was
       canceled.

Question 6 refers to the following text message chain. 🎧 53 🇨🇦 M 🇦🇺 M

SHINGO NAITO 7:54 P.M.

So I just got to the restaurant, and they said they have no record of our reservation.

DARYL TAKAHASHI 7:56 P.M.

That's impossible. I called and double-checked yesterday afternoon. You should ask them to check again.

SHINGO NAITO 7:59 P.M.

I already checked multiple times. Anyway, that's what they're telling me. We'll have to find somewhere else to go for dinner.

DARYL TAKAHASHI 8:00 P.M.

Have the clients arrived yet?

SHINGO NAITO 8:00 P.M.

No, but I'm guessing that they'll be here any minute. Could you call some restaurants in the area and check if we can get a table?

DARYL TAKAHASHI 8:01 P.M.

No problem. Try to keep them entertained until I get there. I'm still about 10 minutes away.

SHINGO NAITO 8:02 P.M.

I'll do my best. But please hurry.

語句

□ refer to 〜に言及する　□ following 次の　□ text message chain テキストメッセージのやり取り

□ get to 〜に到着する　□ record 記録　□ reservation 予約　□ impossible あり得ない

□ double-check 〜を再確認する　□ ask somebody to do 人に〜するよう頼む　□ multiple 複数の

□ anyway とにかく　□ have to do 〜しなければならない　□ somewhere else どこか別の場所

□ arrive 到着する　□ yet もう　□ guess that 〜だと推測する　□ any minute もうすぐ

□ keep A B AをBの状態にしておく　□ entertain 〜を楽しませる　□ still まだ　□ away 離れて

□ do one's best 最善を尽くす　□ hurry 急ぐ

問題6は次のテキストメッセージのやり取りに関するものです。

SHINGO NAITO 午後7時54分

レストランに着いたところなんだけど、僕たちの予約の記録がないって言うんだ。

DARYL TAKAHASHI 午後7時56分

あり得ないよ。
昨日の午後、電話してもう一度確認したんだから。
再度調べるように頼んでみて。

SHINGO NAITO 午後7時59分

もう何回も確認したんだ。
とにかく、彼らはそう言うんだよ。
どこか夕食ができる別の場所を探さないと。

DARYL TAKAHASHI 午後8時

クライアントはもう着いた？

SHINGO NAITO 午後8時

まだだけど、もうそろそろ着くと思う。
このあたりのレストランに電話をして、テーブルの予約ができないか聞いてみてくれないか。

DARYL TAKAHASHI 午後8時1分

わかった。僕が着くまで、クライアントを楽しませておいて。まだ10分くらいかかりそうだ。

SHINGO NAITO 午後8時2分

がんばるよ。でも急いでくれよ。

6. At 7:56 P.M. , what does Mr. Takahashi mean when he writes, "That's impossible"?

　(A) He forgot to make a reservation.

　(B) He may have made a mistake when reserving a table.

　(C) He does not believe that the restaurant lost their reservation.

　(D) He knows that the reservation was canceled.

6. 午後7時56分に Takahashi さんが "That's impossible" と書いたのはどういう意味か。

　(A) 彼は予約をするのを忘れていた。

　(B) 彼はテーブルの予約をするときに間違えたかもしれない。

　(C) 彼は、レストランの予約がされていないことが信じられない。

　(D) 彼は予約がキャンセルされたことを知っている。

語句

□ mean ～を意味する　　□ impossible 不可能だ　　□ forget to do ～するのを忘れる

□ make a reservation 予約をする　　□ may ～かもしれない　　□ make a mistake 間違える

□ when doing ～するとき　　□ reserve ～を予約する　　□ believe ～を信じる

□ lose ～が見当たらない

［正解］（C）

［解説］

　このタイプの問題では、ごく短い口語表現の発話の意図が問われます。

　単なる辞書的な意味ではなく、前後関係の中で「なぜその発言がなされたのか」が問われる問題です。

　正解を得るためには、該当する英文の前後の会話を広く読んで理解することが大切です。

　そのセリフが発話された「状況・背景」を理解し、それに合う選択肢、「何が言いたかったがためにそのセリフを述べたのか」が書かれている選択肢を選んで解答します。

　セリフが発話された「状況・背景」を理解しなくてはならないので、ある一文の内容だけを理解できれば正解が選べるタイプの問題ではなく、設問にあるセリフの前後2文ずつくらいの内容を「広く」理解して解答する必要があると考えてください。

　そして、場面をイメージすることに集中しましょう。

　ここで問われている That's impossible. には「それはできない、それは無理だ」と、「そんなことはあり得ない」という2つの意味があり、ここでは後者の意味で使われています。

　先にレストランに到着したのですが、入れたはずの予約が「記録されていない」と言われたと言う Shingo Naito さんに対して、That's impossible. I called and double-checked yesterday afternoon.「（予約されていないなんて）あり得ないよ。昨日の午後、電話してもう一度確認したんだから」と Daryl Takahashi さんは答えています。

よって、(C) の He does not believe that the restaurant lost their reservation.「彼は、レストランの予約がされていないことが信じられない」が正解になります。

▶ ③言い換え問題

言い換え問題は、文章中のある語句が、どのような意味でそのセンテンス内で使われているのかを問う問題です。

言い換え問題は以下のような形で出題されます。

7. In the article, the word "appreciate" in paragraph 3, line 3, is closest in meaning to
 （A）understand
 （B）collect
 （C）support
 （D）admire

この設問に含まれる appreciate が含まれる文（問題文の該当箇所の抜粋）は以下であるとします。

Mr. Naito was right in guessing that other young adults would also appreciate these fabrics and designs.

appreciate が含まれている文である Mr. Naito was right in guessing that other young adults would also appreciate these fabrics and designs. は「Naito さんが他の若い大人たちもこれらの生地とデザインの真価がわかるだろうと推測したのは正しかった」という意味になります。

ここで使われている appreciate に最も意味が近いのは（D）の admire「〜を高く評価する」です。

appreciate は「〜をありがたく思う」という意味で用いられることが多いのですが、「〜の真価が分かる、〜を正しく評価する」が元々の意味なのです。

［設問と選択肢の訳］
7. 記事の第3段落3行目の "appreciate" という語に意味が最も近いのは
 （A）動詞「〜を理解する」
 （B）動詞「〜を集める」
 （C）動詞「〜を支援する」
 （D）動詞「〜を高く評価する」

言い換え問題は毎回1 〜 3問程度出題され、その多くは問われている語句を含む一文を読めば解答できるものばかりです。別名「ワンセンテンス問題」と言ってもいいでしょう。

それではもう1問見てみましょう、次は本番さながらの演習ができるよう、1セット分の英文とともに問題を掲載してあります。

通常は言い換え問題以外の問題も同じセットに含まれますが、ここでは言い換え問題のみを抜粋して扱うことにします。

Question 8 refers to the following e-mail. 🎧 54

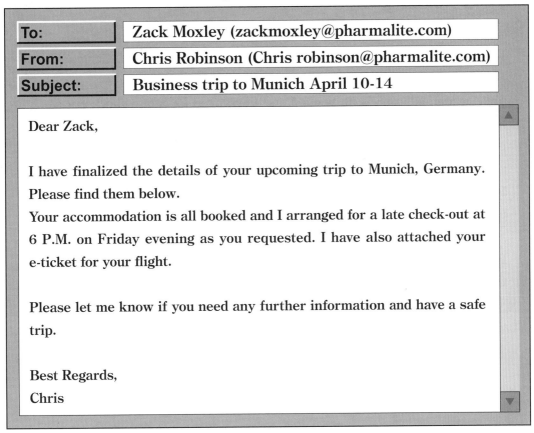

To:	Zack Moxley (zackmoxley@pharmalite.com)
From:	Chris Robinson (Chris robinson@pharmalite.com)
Subject:	Business trip to Munich April 10-14

Dear Zack,

I have finalized the details of your upcoming trip to Munich, Germany. Please find them below.
Your accommodation is all booked and I arranged for a late check-out at 6 P.M. on Friday evening as you requested. I have also attached your e-ticket for your flight.

Please let me know if you need any further information and have a safe trip.

Best Regards,
Chris

8. In the e-mail, the word "finalized" in paragraph

1, line 1 is closest in meaning to

(A) achieved

(B) accomplished

(C) guaranteed

(D) completed

Question 8 refers to the following e-mail. 🎧 54 🇨🇦 M

To:	Zack Moxley (zackmoxley@pharmalite.com)
From:	Chris Robinson (Chris robinson@pharmalite.com)
Subject:	Business trip to Munich April 10-14

Dear Zack,

I have finalized the details of your upcoming trip to Munich, Germany. Please find them below.

Your accommodation is all booked and I arranged for a late check-out at 6 P.M. on Friday evening as you requested. I have also attached your e-ticket for your flight.

Please let me know if you need any further information and have a safe trip.

Best Regards,
Chris

語句

□ refer to ～に言及する　□ following 次の　□ subject 件名　□ business trip to ～への出張

□ Munich ミュンヘン　□ finalize ～を仕上げる　□ detail 詳細　□ upcoming 来たる

□ Germany ドイツ　□ below 下に　□ accommodation 宿泊先　□ book ～を予約する

□ arrange for ～を手配する　□ late 遅い　□ as ～のように　□ also ～もまた

□ attach ～を添付する　□ e-ticket 電子チケット　□ let somebody do 人に～させる

□ further さらなる　□ have a safe trip 安全な旅行をする

□ Best regards, よろしくお願いします。

問題8は次のEメールに関するものです。

To:	**Zack Moxley (zackmoxley@pharmalite.com)**
From:	**Chris Robinson (Chris robinson@pharmalite.com)**
Subject:	4月10日から14日のミュヘンへの出張

Zack 様

ドイツ、ミュンヘンへの今回の出張の詳細を確定しました。
以下でご確認ください。
宿泊先はすべて予約済みで、ご要望どおり金曜の夕方6時のレイトチェックアウトを手配しました。
また、航空便の電子チケットも添付いたします。

さらに詳しい情報が必要な場合は、お知らせください。
安全なご旅行を。

よろしくお願いします。
Chris

8. In the e-mail, the word "finalized" in paragraph 1, line 1 is closest in meaning to

(A) achieved

(B) accomplished

(C) guaranteed

(D) completed

8. E メールの第 1 段落・1 行目の finalized に最も近い意味は

(A) 過去分詞「達成した」

(B) 過去分詞「熟達した」

(C) 過去分詞「保証された」

(D) 過去分詞「完了した」

語句

□ finalize ～を仕上げる　□ paragraph 段落　□ line 行

□ be closest in meaning to ～に意味が最も近い

〔正解〕（D）

〔解説〕

　言い換え問題は「問題文中でのその語句の意味を理解し、その意味と最も近い意味を持つものを選択肢の中から選ぶ」ようにして解答します。

　決して単語単体同士だけを比較して正解を選ぼうとすることのないようにしてください。

　finalized the details は「詳細を仕上げた・まとめた」という意味であると考えれば文意が通るため、「仕上げた、まとめた」という意味を持つ（D）の completed「完了した」が正解です。

スコアアップトレーニング

Part 7の問題の学習法（復習方法）を紹介します。

▶ 基本事項の確認

（1）語句の確認 （2）文法事項の確認 （3）文意の確認

▶ 実践トレーニング

（1）英文の音読 （2）セルフ解説

上記の2項目に関しては、Part 5 & 6の復習方法と同じです。

Part 7では、いかに速く正確に英文を読解できるようになれるかが高得点を取るためのカギとなります。

英文を速く読めるようになるためには、以下のことに注意して実践トレーニングを積んでみてください。

まず、大切なのは問題文、設問、そして選択肢を、「英語を英語のまま理解できている」状態にしようという意識を持って学習に取り組むことです。

「英語を英語のまま理解できている」という状態は、要は「日本語に訳さずに英文を理解できている」状態のことを指します。

We regret to hear that you will not be able to participate as planned in the Eleventh Economics Research Conference to be held in December.

上の文は先ほど登場した問題文の中の一部です。

「英語を英語のまま理解できている」状態であれば、文意を聞かれた瞬間に即座に意味を言うことができるはずです。

We / regret to hear / that / you / will not be able to participate / as planned / in the Eleventh Economics Research Conference / to be held / in December.
私たちは / 聞いて残念です /（何が残念かというと）/ あなたが / 参加することができない / 予定通りに / 第11回経済研究会議に / 開催される / 12月に

上記のスラッシュが入った英文と訳は、以下に示した位置で英文を区切ったものです。

①主語 / 動詞 / 目的語・補語
②接続詞の前
③前置詞の前

　即座に文意を理解するのが難しい文は、英文を区切り、左から右へ（返り読みせずに）英語の語順のまま理解するようにしてみてください。

「意味を聞かれて即座に答えることができる文」が、「英語を英語のまま理解することができる文」なのです。

　問題文、設問、そして選択肢を「瞬時に意味が言える」ものにし、次に日本語を介さずに理解できる最速の速さで問題文を読み、本番さながらの手順で各問題に解答する練習を何回も繰り返し行ってください。

　これらのことを「完璧にこなせるセットの数」が自分の「ストック」として増えれば増えるほど、試験本番で出合う初見の問題に対応する速度も速くなっていきます。

　TOEIC® に出題される問題文のタイプには限りがあるので、派生となる問題文の元となる英文のストックを自分がどれだけ持てるかが今後の成功の大きさに比例します。

　まずは『公式問題集』の1セット分の模試（200問）に含まれる Part 7の問題文（15セット）の全てを、自分のストックにできるよう学習を進めてみてください。

Part 7のまとめ

読解問題への基本的な取り組み方をおさらいしておきましょう。

▶ 設問を記憶してから問題文へと進む

設問を記憶し、正解の根拠が見つかった時点で解答するか（ピンポイント型の設問の場合）、もしくは最後まで英文を読み終えてから選択肢に行くか（内容一致型の設問の場合）のいずれかの方法で解答します。

▶ 問題文を文頭から読み進めていく

できる限り問題文の内容を記憶するつもりで読み進めていくようにします。

すでに読み終えた内容が、後から登場する設問を解くヒントになる場合が多々あるからです。

▶ 問題文の内容と一致する選択肢を正解として選ぶ

正解の選択肢を選ぶ際は、一度問題文の該当箇所（正解の根拠が書かれている所）に戻って正解の根拠となる部分を確認しても構いません。

できる限り記憶を頼りにし、瞬時に正解の根拠が書かれていた箇所にピンポイントで戻って確認できるようにすることが肝要ですが、より記憶の精度を高くするよう日頃から心がけつつ問題文を読むようにすることがさらに大切です。

1問目の設問を解き、2問目の設問に進んだとします。

2問目の設問を読んだ時に「この設問の正解の根拠はすでに問題文中で読み終えている」と気付けた場合はそのまま選択肢へと進み、正解を選んでマークする。

これができるようになるのが理想です。

では、問題を9題（31問）解いてみましょう。
（巻末の解答用紙をお使いください）

Questions 1-2 refer to the following invoice. 🎧 55

Party Kingdom
1240 Yale Avenue, Fresno, AZ 85942
1-555-136-9011

Order Date: April 19

Shipping Date: April 21

Recipient: Hanan Iwatani

Delivery to: 3990 Azusa Street, Fresno, AZ 85942

Phone number: 555-661-9105

Payment method: credit card（charged at the time of purchase）

Item	Quantity	Price
Star-shaped balloon (Blue)	10	$40
Star-shaped balloon (Gold)	10	$40
Table Decoration Kit (Gold)	1	$250
Item subtotal		$330
Tax		$33
Shipping Fee		$0
Total		**$363**

*Free shipping for orders over $300.

We hope that you will be happy with your order. However, in the event that you wish to return any of your items, please contact us at the number above. Requests for returns must be made within 5 days of delivery.

1. What is implied about the order?
   - (A) Deliveries will be made in five days.
   - (B) The order will arrive in multiple packages.
   - (C) Some items are out of stock.
   - (D) The payment has already been made.

2. Why was Ms. Iwatani's shipping fee waived?
   - (A) She has a membership with the store.
   - (B) She used a special coupon.
   - (C) She met a requirement.
   - (D) She lives close to the store.

Questions 3-4 refer to the following advertisement. 🎧 56

Unicorn Box introducing a fun way to stay healthy!

Date: June 30

Our new service will package fruits and vegetables and deliver them right to you. Just follow the simple instructions to make fresh, healthy drinks in your own home with what you receive.

To take a look at some testimonials, CLICK HERE.

Select one of our great value plans (delivery fee included).

Monthly delivery - $50

Semi-monthly delivery - $80

Weekly delivery - $120

Special Offer: Receive a 20% discount off all plans by ordering before July 5!

---

3. What is suggested about Unicorn Box?

  (A) It has a daily plan.

  (B) It is an international company.

  (C) It will be opening a store.

  (D) It is a new service.

4. What can readers do by visiting a Web site?

  (A) Get a discount

  (B) Receive a gift

  (C) Read some reviews

  (D) See some videos

読解問題

Questions 5-6 refer to the following text message chain. 🎧 57

Blair Priestly (3:42 P.M.)

I need to rush out of the office now since my car is being fixed. I have to take the bus.

Jeff Ospreay (3:45 P.M.)

Sorry, I'm still working on the report. I'll e-mail it to you by 5:00. Do you think you can print it out at the Anaheim office?

Blair Priestly (3:46 P.M.)

The meeting starts at 5:00. Try to get it to me by 4:50. I want to give the managers a copy of it at the meeting.

Jeff Ospreay (3:48 P.M.)

I'll get it done. I'm sorry I couldn't get it to you earlier as promised.

5. Why is Ms. Priestly in a hurry?

(A) She has a medical emergency.

(B) She forgot to buy something.

(C) She was stuck in traffic.

(D) She is taking public transportation.

6. What is most likely true about Mr. Ospreay?

(A) He missed a deadline.

(B) He got some new information.

(C) He forgot to make a phone call.

(D) He commutes by train.

Questions 7-10 refer to the following online chat discussion. 🎧 58

CHAT
Utami Watanabe (9:17 A.M.)
Can we have a lunch meeting today to talk about our consumer survey? I'm at our factory today, so it'll be an online meeting.
Kenta Ishii (9:19 A.M.)
Yujiro and I might be on the road, but we'll join. We have to drive out to the Mainstem Conference Center to take a look at their layout.
Yujiro Tanaka (9:20 A.M.)
Sure. I'll be driving but I can listen and talk.
Xia Tyler (9:22 A.M.)
I'm available, but I forgot my earphones today. I need to book a meeting room so I don't disturb people. I hope I can find one.
Yujiro Tanaka (9:23 A.M.)
You're in luck. Our promotional products were delivered this morning. You know all employees get one set of the goods with the company logo, right?
Xia Tyler (9:25 A.M.)
Great! I should give the general affairs team a hand to help distribute them. I can grab my kit before everyone else and take the lunch meeting at my desk.

7. Why does Ms. Watanabe want to have a meeting?

(A) To organize a factory tour
(B) To discuss questionnaire results
(C) To design advertisements for new products
(D) To go over a sales report

8. What does Mr. Tanaka have to do today?

(A) Give a talk
(B) Make some copies
(C) Provide some data
(D) Visit a conference venue

9. At **9:23** A.M., why most likely does Mr. Tanaka write, "You're in luck"?

(A) A meeting room is available.
(B) Earphones will be distributed.
(C) Ms. Tyler can get a discount.
(D) The conference room is spacious.

10. What will Ms. Tyler most likely do?

(A) Order lunch for everyone
(B) Give a talk at a conference
(C) Help a different department
(D) Select a color for a device

Part
7

読解問題

Charity Marathon Event a Success

By Hirai Wato (July 16)

The first charity run event took place in the City of Oakland on July 11. Despite the heat, all 251 participants completed the 10K race. — [1] — Mayor Alipate Fale says, "We have been having issues with funding public schools and supporting families in need. — [2] — We wanted to find a fun way to raise money, and we were surprised to see so many runners and volunteers at the event."

The city raised over $500,000 from entry fees from runners, tickets to join the welcoming area near the goal tape, and voluntary donations. — [3] — This new plan by the City of Oakland may become a model for neighboring cities that are also having difficulty improving their schools. "We originally thought of getting together as individuals in this city to improve the lives of children. — [4] — However, we've gotten so many offers from businesses wanting to support a good cause," Alipate adds with a smile.

The city will continue to accept donations from both individuals and businesses. For more information, visit the City of Oakland's official Website.

11. What is mentioned about the event?
   (A) It has been a popular annual event.
   (B) Participants had to pay an entry fee.
   (C) The City of Oakland will have a banquet next month.
   (D) Professional athletes were invited to run.

12. Who is encouraged to visit the City of Oakland's Website?
   (A) People interested in making monetary contributions
   (B) Teachers who work for public schools
   (C) Those with accounting knowledge
   (D) Residents who live in neighboring cities

13. In which of the positions marked [1], [2], [3] and [4] does the following sentence best belong?

   "As a result, all public schools in the district will have a refurbished school library next year."

   (A) [1]   (B) [2]   (C) [3]   (D) [4]

Questions 14-16 refer to the following e-mail. 🎧 60

To:	ALL STAFF
From:	Tetsuya Tanahashi
Date:	May 19
Subject:	referrals needed

Dear all,

We are looking for a machine learning expert. As you may know, we have very ambitious goals to change the way people learn a new language. — [1] — We want to break the mold of never-ending vocabulary memorization and help learners thrive using our unique technology and e-learning content. — [2] —

The job description is posted online with the job ID 20160. — [3] — If you recommend a qualifying individual and we end up hiring the person, you will receive $3,000 as a referral bonus. Feel free to contact me any time if you have questions. — [4] —

Best regards,
Tetsuya Tanahashi

14. What is the purpose of this e-mail?
   (A) To suggest improvements
   (B) To request help
   (C) To make an apology
   (D) To report a mistake

15. Where most likely does Mr. Tanahashi work?
   (A) A grocery store
   (B) A recording studio
   (C) A training company
   (D) A law firm

16. In which of the positions marked [1], [2], [3] and [4] does the following sentence best belong?

   "Please check the details and let us know if you have any leads or referrals."

   (A) [1]　(B) [2]　(C) [3]　(D) [4]

🎧
61

Coleman Law Firm

34 Coleman Street, Forest City, NM 87456

September 28

Mr. Jeff Moxley,
11 Maritime Road
South Blairmount, CO 80421

Dear Mr. Moxley,

I am very pleased to welcome you to Coleman Law Firm. I look forward to working with you closely, starting November 1. I'm sorry I was unavailable during your interview process due to my business trip abroad. The assistant director of human resources department, Max Tole, was truly impressed with your past experiences and assures me that you will make an excellent addition to the growing HR team.

You will spend your first week at our training facility, across from our office. Please join the other new employees for a series of orientation lectures and training sessions to help you get familiarized with our administrative procedures. By the end of the week, you should understand the expectations at Coleman. You will be receiving more information about the training sessions by mid-October. We look forward to working with you!

Sincerely,

Natsumi Matsudo
Director of Human Resourses

🎧
62

To:	Lio Ash
From:	Natsumi Matsudo
Date:	October 10
Subject:	Urgent request

Dear Lio,

I just got a call from Jeff Moxley informing me that he cannot accept the position due to some difficulties in relocating here. He inquired if he can work remotely, but I believe we are not ready to make that offer at this moment. He is a great candidate, so I want to see what we can do, but in the meantime, we need to hire someone to be in the office.

Could you see if Maika Kashima is still available to start work on the planned date? She was also a good candidate. If she is no longer available, please take steps to re-advertise the job. Let me know about Maika as soon as possible.

Thanks,

Natsumi Matsudo

17. Why does Ms. Matsudo apologize to Mr. Moxley?
(A) She was unable to see Mr. Moxley.
(B) She has to request more information.
(C) She forgot to send a document.
(D) She needs to change the details of an offer.

18. What is implied about Coleman Law Firm's new employees?
(A) They are all university graduates.
(B) Their orientation takes place in their office.
(C) They have a week of training.
(D) Their applications were submitted online.

19. What is Mr. Moxley's problem?
(A) He has a schedule conflict.
(B) He cannot move house.
(C) He missed a deadline.
(D) He wants to get promoted.

20. When does Ms. Matsudo want Ms. Kashima to start work?
(A) October 20
(B) November 1
(C) November 15
(D) December 1

21. How should Mr. Ash find additional candidates?
(A) By asking managers
(B) By requesting referrals
(C) By placing advertisements
(D) By contacting recruitment agencies

Part
7

読解問題

🎧 63

International Festival Coming Soon

January 10 --- After a month of being relatively empty during the holiday season, the Pacific Merlyn College campus is now buzzing with activity. Earlier this week, on January 5, Dean of Academics, Kota Okada, gave a speech in front of the students and faculty, asking them to take a moment and recognize the tremendous accomplishments from the last semester. He proudly said, "I am happy to see how our students have continued to support our local community. Two committees took part in volunteer activities in December, executing an incredible program with Campbell City, assisting public schools create virtual programming classes. Pacific Merlyn College students have always played an important role in the community setting up various events and volunteer activities. I am certain the trend will continue this year."

The biggest event for students in the spring semester will be its International Festival, taking place on March 8 and 9 on campus. International students will be presenting on stage and offering food and beverages to introduce their culture. Tickets will be on sale staring February 1. Visit the admissions office at 1800 Kent Street and look for a table in the hallway in order to purchase your tickets. Local businesses and organizations are welcome to set up booths at the festival to promote their services or products. For more information, contact Hiromu Naito < hiromu-n@pmc.edu >, the Head of Events.

🎧 64

To:	Hiromu Naito <hiromu-n@pmc.edu>
From:	Tamu Sakurai <tamu-s@b2work.com>
Date:	February 8
Subject:	Booth availability

Dear Mr. Naito,

My name is Tamu Sakurai, and I run a volunteer service called Back to Work. The purpose of my contacting you today is to see whether you still have a booth available for the International Festival.

We offer free English and Spanish lessons to those in the community who have retired early but want to get employed again. I believe it would be beneficial to the community if we can work with your students and provide more lessons. I would like to recruit volunteers. Unfortunately, we will not be available on the first day of the festival, so we just need a booth on the second day. Please let me know if you still have space available.

Thank you,

Tamu Sakurai
Volunteer Coordinator, Back to Work

22. What is indicated about Mr. Okada?
    (A) He works at an educational
        facility.
    (B) He has written a book review.
    (C) He is performing at a festival.
    (D) He needs to attend a seminar.

23. What is implied about Campbell City?
    (A) They have many citizens who
        retired early.
    (B) They offered a programming
        course to students.
    (C) They help fund the International
        Festival.
    (D) They are growing in population.

24. According to the article, how can
    people purchase festival tickets?
    (A) By making a phone call
    (B) By going to campus
    (C) By visiting a website
    (D) By downloading an app

25. In the e-mail, the word "run" in
    paragraph 1, line 1 is closest in
    meaning to
    (A) complete
    (B) review
    (C) manage
    (D) sprint

26. When does Ms. Sakurai want to set
    up a booth?
    (A) January 10
    (B) February 1
    (C) March 8
    (D) March 9

Part
7

読解問題

🎧
65

MEMO

To: Staff
From: Claire Kanamori, General Manager
Date: May 29
Subject: Reminder of summer operations

Summer is here! I wanted to remind you about a few procedures that will be in effect starting June 1. First of all, as you may have heard, the pool renovation is behind schedule. We will not be able to open the pool until June 25. Please give the guests a voucher to Water Fun Park at the time of check-in until our pool is available. Also, our long-stay package will be offered to those who stay for more than five nights rather than seven nights. This package will be available during the summer only, and the offer ends on August 31. A 20% discount will be applied automatically to accounts that qualify, but the total price will not show up on the receipt as a discounted item. Please let the guests know that what they see on the receipt is the discounted price. Finally, we're doing the lunch box service again this summer. Those who check out before noon can get a free sandwich box to take with them.

🎧
66

Capitola Inn

✉ services@capitolainn.com 📞 555-160-1690

RECEIPT

Guest Name: Hiroyoshi Kojima
Number of Guests: 4
Booking Reference Number: B15107
Check-in: June 22   Check-out: June 28
Total Paid: $820.00

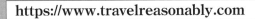

https://www.travelreasonably.com ▬ ❑ ✕

Capitola Inn Review

★★★★☆ – **Hiroyoshi Kojima, June 30**

I had a wonderful time at Capitola Inn. The room was spacious, Water Fun Park was amazing, and I had a gorgeous mountain view. Watching the sunset from my room was a breathtaking experience. I particularly enjoyed the small farm adjacent to the facility. We picked some tomatoes and apples and took them to our trail walk up the hill. We were also lucky enough to see some wild rabbits and deer in the beautiful courtyard. I found the hotel's lunch box service to be unique, and the fruit in the box was delicious. The only thing that disappointed me was that the parking lot was pretty full every evening. I had to park on the street for a night, which made me feel a bit uncomfortable. However, I was satisfied with my first stay here and recommend this inn for those who want to take some time off from the busy city life.

27. Why did Ms. Kanamori write the memo?
    (A) To suggest a refund
    (B) To announce the sales result
    (C) To inform of new procedures
    (D) To invite people to an event

28. What is NOT true about Mr. Kojima?
    (A) His car is a large vehicle.
    (B) He checked out before noon.
    (C) His room had a mountain view.
    (D) He went hiking during his hotel stay.

29. What is suggested about the receipt?
    (A) Capitola Inn charges extra parking fees.
    (B) Capitola Inn accepts credit card payments only.
    (C) Mr. Kojima has a membership with the hotel.
    (D) Mr. Kojima paid a discounted price for his stay.

30. How most likely did Mr. Kojima visit a water park?
    (A) By stopping by a travel agency
    (B) By using a voucher
    (C) By making an online reservation
    (D) By checking in early

31. What is suggested about Capitola Inn?
    (A) Wedding banquets are often held.
    (B) It was renovated last year.
    (C) A manager was recently promoted.
    (D) Visitors can get a close look of wildlife.

Part
7

読解問題

Questions 1-2 refer to the following invoice. 🎧 55 ▦ w

Party Kingdom
1240 Yale Avenue, Fresno, AZ 85942
1-555-136-9011

Order Date: April 19

Shipping Date: April 21

Recipient: Hanan Iwatani

Delivery to: 3990 Azusa Street, Fresno, AZ 85942

Phone number: 555-661-9105

Payment method: credit card (❶ charged at the time of purchase)

Item	Quantity	Price
Star-shaped balloon (Blue)	10	$40
Star-shaped balloon (Gold)	10	$40
Table Decoration Kit (Gold)	1	$250
❷ Item subtotal		❸ $330
Tax		$33
Shipping Fee		$0
Total		**$363**

❹ *Free shipping for orders over $300.

We hope that you will be happy with your order.

However, in the event that you wish to return any of your items, please contact us at the number above.

Requests for returns must be made within 5 days of delivery.

270

問題1-2は次の請求書に関するものです。

Party Kingdom
エール通り1240番地、Fresno、AZ 85942
1-555-136-9011

注文日：4月19日

発送日：4月21日

受信者：Hanan Iwatani

配達先：アズサ通り 3990番地、Fresno、AZ 85942

電話番号：555-661-9105

お支払い方法：クレジットカード（❶購入時に請求）

商品	数量	価格
星形の風船（青）	10	40ドル
星形の風船（ゴールド）	10	40ドル
テーブルデコレーションキット（ゴールド）	1	250ドル
❷商品小計		❸330ドル
税		33ドル
配送料		0ドル
合計		363ドル

❹*300ドル以上のご注文で送料無料。

ご注文にご満足いただければ幸いです。

ただし、返品をご希望の場合は、上記までご連絡ください。

返品のリクエストは配達から5日以内に行う必要があります。

語句

□ following 次の　□ invoice 請求書　□ avenue 大通り　□ recipient 受取人

□ delivery to 配達先　□ payment 支払い　□ method 方法　□ charge 〜を請求する

□ at the time of 〜の時に　□ purchase 購入　□ item 商品　□ quantity 数量

□ star-shaped 星形の　□ balloon 風船　□ decoration 装飾、デコレーション

□ subtotal 小計　□ tax 税金　□ shipping fee 配送料　□ total 合計　□ free 無料の

□ order 注文　□ hope 〜を願う　□ be happy with 〜に満足する　□ however けれども

□ in the event that 万一〜という場合には　□ wish to do 〜するのを希望する

□ return 〜を返品する　□ any of 〜のどれでも　□ contact 〜に連絡する

□ request リクエスト　□ within 〜以内に

1. What is implied about the order?

    (A) Deliveries will be made in five days.

    (B) The order will arrive in multiple packages.

    (C) Some items are out of stock.

    (D) The payment has already been made.

1. 注文について何が示唆されていますか。

    (A) 配達は5日後に行われる。

    (B) 注文品は複数の小包で届く。

    (C) 一部の商品は在庫切れである。

    (D) 支払いはすでに行われている。

語句

☐ What is implied about ...?
　〜について何が示唆されていますか。

☐ delivery 配達

☐ in five days 5日後に

☐ order 注文品

☐ arrive 到着する

☐ multiple 複数の

☐ package 小包

☐ item 商品

☐ be out of stock 在庫切れだ

☐ payment 支払い

☐ already すでに

2. Why was Ms. Iwatani's shipping fee waived?

    (A) She has a membership with the store.

    (B) She used a special coupon.

    (C) She met a requirement.

    (D) She lives close to the store.

2. Iwatani さんの配送料が免除されたのはなぜですか。

    (A) 彼女はお店の会員だから。

    (B) 彼女は特別なクーポンを使用したから。

    (C) 彼女は要件を満たしていたから。

    (D) 彼女は店の近くに住んでいるから。

語句

☐ shipping fee 配送料

☐ waive 〜を免除する

☐ membership 会員であること

☐ meet 〜を満たす

☐ requirement 要件

☐ close to 〜の近くに

［正解］1. (D)　2. (C)

［解説］

1. 内容一致型の設問です

❶に charged at the time of purchase「購入時に請求」とあるため、注文をした時点で支払い手続きが行われていることが分かります。

これを The payment has already been made.「支払いはすでに行われている」と言い換えている（D）が正解です。

Point

名詞の purchase は、可算名詞「購入品」としても不可算名詞「購入」としても使われるということを押さえておいてください。

「～を購入する」という他動詞としても、もちろんよく使われます。

☐ Purchases that do not pertain to travel should not be included in the report.

出張に関係のない購入品は報告書に含めないでください。

語句 ☐ pertain to ～に関係する　☐ include ～を含める　☐ report 報告書

2. ピンポイント型の設問です

❷に Item subtotal「商品小計」とあり、その額は❸ $330「330ドル」となっています。

また、❹には *Free shipping for orders over $300.「* 300ドル以上のご注文で送料無料」とあるため、Iwatani さんの配送料が無料になった理由は、送料無料になるように要件を満たしたからだということができます。

よって、正解は（C）の She met a requirement.「彼女は要件を満たしていたから」になります。

Point

本問では先に「合計 363ドル」という情報が登場し、その後でこれに関連する「* 300ドル以上のご注文で送料無料」という情報が登場しています。

このように「同じ文書内に相互に関連する情報が登場する」場合、そこが設問で問われる場合は多々あります。

文書内で縦に情報同士がつながる「縦のリンク」を意識して問題文を読むようにしていきましょう。

Unicorn Box introducing a fun way to stay healthy!

Date: June 30

❶ Our new service will package fruits and vegetables and deliver them right to you. Just follow the simple instructions to make fresh, healthy drinks in your own home with what you receive.

❷ To take a look at some testimonials, CLICK HERE.

Select one of our great value plans (delivery fee included).

Monthly delivery - $50

Semi-monthly delivery - $80

Weekly delivery - $120

Special Offer: Receive a 20% discount off all plans by ordering before July 5!

問題3-4は次の広告に関するものです。

健康を維持する楽しい方法を紹介する Unicorn Box！

日付：6月30日

❶私たちの新しいサービスは、果物と野菜をパッケージに入れて、お客様に直接配達いたします。

簡単な指示に従っていただき、受け取ったものを使ってご自宅で新鮮で健康的な飲み物を作ってください。

❷お客様の声を見るには、こちらをクリックしてください。

お得なプランの1つを選択してください（配送料込み）。

月に１回の配達－50ドル

月に２回の配達－80ドル

週に１回の配達－120ドル

特別オファー：7月5日までにご注文いただくと、すべてのプランで20％割引になります！

Part
7

読解問題

語句

□ fun 楽しみ　□ stay ～のままでいる　□ healthy 健康な

□ package ～をパッケージに入れる　□ vegetable 野菜

□ deliver A to B AをBに配達する　□ right 直接に　□ follow ～に従う　□ instruction 指示

□ own ～自身の　□ what ～するもの　□ receive ～を受け取る　□ take a look at ～を見る

□ testimonial お客様の声　□ click ～をクリックする　□ select ～を選ぶ

□ great value plan お得なプラン　□ delivery fee 配送料　□ include ～を含む

□ monthly 月に1回の　□ semi-monthly 月に2回の　□ weekly 週に1回の

□ by doing ～することによって　□ order 注文する

3. What is suggested about Unicorn Box?

(A) It has a daily plan.

(B) It is an international company.

(C) It will be opening a store.

(D) It is a new service.

3. Unicorn Box について何が分かりますか。

(A) 日替わりプランがある。

(B) 国際企業である。

(C) 出店をする。

(D) 新しいサービスである。

4. What can readers do by visiting a Web site?

(A) Get a discount

(B) Receive a gift

(C) Read some reviews

(D) See some videos

4. 読者はウェブサイトにアクセスすることによって何ができますか。

(A) 割引を受ける

(B) 贈り物を受け取る

(C) レビューを読む

(D) 動画を見る

［正解］3.（D）　4.（C）

［解説］

3. 内容一致型の設問です

❶に Our new service「私たちの新しいサービス」とあるため、正解は (D) の It is a new service.「新しいサービスである」です。

Point

What is suggested about ...?「〜について何が分かりますか」という設問にはバリエーションが多く、以下に示すような単語が suggested のある位置に登場します。

□ inferred 暗示される　　　　　□ stated 述べられている

□ implied ほのめかされている　□ true 本当の

□ mentioned 述べられている　　□ most likely true おそらく本当の

上記のどの単語が What is の後ろに続いていようとも、設問の意味は「〜について何が分かりますか」であると理解すれば大丈夫です。

ただし、What is の後ろに suggested や (What can be) inferred、implied、そして most likely true「おそらく本当の」などが続いている場合には、問題文に書かれている表現と選択肢で使われている表現にやや乖離があったり、問題文中にある「状況証拠」から推測して正解を絞り込む必要があったりする場合があるということを覚えておいてください。

4. ピンポイント型の設問です

❷に To take a look at some testimonials, CLICK HERE.「お客様の声を見るには、こちらをクリックしてください」とあります。

この文書は advertisement「広告」であることが問題文の最初の部分から分かりますが、CLICK HERE をすれば testimonials が読めるということは、この広告はオンライン上にあるということになります。

よって、設問にある visiting a Web site「ウェブサイトにアクセスすることによって」できることは、(C) の Read some reviews「レビューを読む」です。

問題文中の testimonials が、選択肢では reviews に言い換えられています。

Questions 5-6 refer to the following text message chain. 🎧 57 🇨🇦 M 🇦🇺 M

Blair Priestly (3:42 P.M.)

❶ I need to rush out of the office now since my car is being fixed.

❷ I have to take the bus.

> **Jeff Ospreay (3:45 P.M.)**
>
> Sorry, I'm still working on the report.
> I'll e-mail it to you by 5:00.
> Do you think you can print it out at the Anaheim office?

Blair Priestly (3:46 P.M.)

The meeting starts at 5:00.
Try to get it to me by 4:50.
I want to give the managers a copy of it at the meeting.

> **Jeff Ospreay (3:48 P.M.)**
>
> I'll get it done.
> ❸ I'm sorry I couldn't get it to you earlier as promised.

[問題文、設問と選択肢の訳]

問題5-6は次のテキストメッセージのやり取りに関するものです。

Blair Priestly（午後3時42分）
❶車が修理中なので、今すぐオフィスを出る必要があります。
❷私はバスに乗らなければなりません。

Jeff Ospreay（午後3時45分）
申し訳ありませんが、まだレポートに取り組んでいます。
5時までにEメールで送ります。
アナハイムのオフィスで、それを印刷できると思いますか。

Blair Priestly（午後3時46分）
会議は5時から始まります。
4時50分までに私にそれを送れるようにしてみてください。
会議でマネージャーにそのコピーを渡したいと思っています。

Jeff Ospreay（午後3時48分）
そうします。
❸約束通り早く送ることができず申し訳ありません。

＊通常 text message chain の設問の中には意図問題が1問含まれますが、このセットでは
あえて「難問である場合が多い」意図問題を外して構成しています。

語句

□ need to do 〜する必要がある　□ rush out of 〜を急いで出る　□ since 〜なので
□ fix 〜を修理する　□ have to do 〜しなければならない　□ take（乗り物に）乗る
□ still いまだに　□ work on 〜に取り組む
□ e-mail A to B Aを Eメールに添付してBに送る　□ by 〜までに
□ print it out 〜を印刷する　□ try to do 〜しようとする
□ get A to B AがBに届くようにする　□ want to do 〜したい　□ a copy of 〜のコピー
□ get something done 何かを行う　□ earlier より早く　□ as promised 約束通り

5. Why is Ms. Priestly in a hurry?

    (A) She has a medical emergency.

    (B) She forgot to buy something.

    (C) She was stuck in traffic.

    (D) She is taking public transportation.

5. なぜ Priestly さんは急いでいるのですか。

    (A) 彼女は救急治療を受けているから。

    (B) 彼女は何か買うのを忘れたものがあるから。

    (C) 彼女は交通渋滞に巻き込まれたから。

    (D) 彼女は公共の交通機関を利用するから。

[語句]

☐ be in a hurry 急いでいる

☐ medical emergency 救急治療

☐ forget to do ～するのを忘れる

☐ be stuck in traffic
    交通渋滞に巻き込まれる

☐ public transportation 公共の交通機関

6. What is most likely true about Mr. Ospreay?

    (A) He missed a deadline.

    (B) He got some new information.

    (C) He forgot to make a phone call.

    (D) He commutes by train.

6. Ospreay さんについて正しいと考えられることは何ですか。

    (A) 彼は締め切りに間に合わなかった。

    (B) 彼はいくつかの新しい情報を得た。

    (C) 彼は電話をかけるのを忘れた。

    (D) 彼は電車で通勤している。

[語句]

☐ most likely おそらく

☐ true 正しい

☐ miss a deadline
    締め切りに間に合わない

☐ information 情報

☐ forget to do
    ～するのを忘れる

☐ make a phone call
    電話をかける

☐ commute 通勤する

☐ by train 電車で

［正解］5.(D)　6.(A)

［解説］

5. ピンポイント型の設問です

❶に I need to rush out of the office now since my car is being fixed. 「車が修理中なので、今すぐオフィスを出る必要があります」とあり、❷には I have to take the bus. 「私はバスに乗らなければなりません」とあるため、Priestly さんが急いでいる理由は (D) の She is taking public transportation. 「彼女は公共の交通機関を利用するから」です。

問題文中の bus が、選択肢では public transportation に言い換えられています。

Point

is being fixed「修理されている最中だ」では「受け身の進行形」が使われています。

be 動詞 + being + 過去分詞「〜されている最中だ」から成る受け身の進行形は、Part 1でしばしば登場します。

また、being + 過去分詞が名詞を後ろから説明するパターンにも注意が必要です。

ここでしっかりと押さえておきましょう。

☐ There is live music being performed on the stage.

ステージ上では音楽のライブ演奏が行われているところです。

語句 ☐ there be 〜がある　☐ live ライブの　☐ perform 〜を演奏する

6. 内容一致型の設問です

❸に I'm sorry I couldn't get it to you earlier as promised. 「約束通り（レポートを）早く送ることができず申し訳ありません」とあるため、これを簡潔に言い換えている (A) の He missed a deadline. 「彼は締め切りに間に合わなかった」が正解となります。

Point

miss a deadline「締め切りに間に合わない」の対義表現は meet a deadline「締め切りに間に合う」です。

☐ Mr. Taguchi failed to meet the deadline for an important application.

Taguchi さんは重要な出願書類の締め切りに間に合いませんでした。

語句 ☐ fail to do 〜しそこなう　☐ important 重要な　☐ application 出願書類

Questions 7-10 refer to the following online chat discussion. 🎧 58 🇺🇸 M 🇦🇺 M
🇨🇦 M 🇬🇧 W

CHAT

Utami Watanabe (9:17 A.M.)
❶ Can we have a lunch meeting today to talk about our consumer survey?
I'm at our factory today, so it'll be an online meeting.

Kenta Ishii (9:19 A.M.)
❷ Yujiro and I might be on the road, but we'll join.
❸ We have to drive out to the Mainstem Conference Center to take a look at their layout.

Yujiro Tanaka (9:20 A.M.)
Sure.
I'll be driving but I can listen and talk.

Xia Tyler (9:22 A.M.)
I'm available, but ❹ I forgot my earphones today.
I need to book a meeting room so I don't disturb people.
I hope I can find one.

Yujiro Tanaka (9:23 A.M.)
You're in luck.
❺ Our promotional products were delivered this morning.
❻ You know all employees get one set of the goods with the company logo, right?

Xia Tyler (9:25 A.M.)
Great!
❼ I should give the general affairs team a hand to help distribute them.
❽ I can grab my kit before everyone else and take the lunch meeting at my desk.

語句

☐ consumer 消費者　☐ survey 調査　☐ factory 工場　☐ be on the road 出張中で

☐ join 〜に参加する　☐ have to do 〜しなければならない　☐ drive out to 車で〜に出かける

☐ take a look at 〜を見る　☐ layout レイアウト　☐ available（人が）都合が付く

☐ earphones イヤホン　☐ need to do 〜する必要がある　☐ book 〜を予約する

☐ disturb 〜の邪魔をする　☐ hope 〜を願う　☐ be in luck 運がいい

☐ promotional product 販促品　☐ deliver 〜を配達する　☐ employee 従業員

☐ goods 商品　☐ give somebody a hand to do 人が〜するのを手伝う

☐ general affairs 総務　☐ distribute 〜を配布する　☐ grab 〜を手に入れる

☐ everyone else 他の人全員

問題7-10は次のオンラインチャットディスカッションに関するものです。

CHAT
Utami Watanabe（午前9時17分） ❶消費者調査について話し合うために、本日昼食会を開くことはできますか。 私は今日は工場にいるので、オンライン会議になります。
Kenta Ishii（午前9時19分） ❷Yujiro と私は出張中かもしれませんが参加します。 ❸そこのレイアウトを確認するために、私たちは Mainstem Conference Center に車で行く必要があるんです。
Yujiro Tanaka（午前9時20分） もちろんです。 私は運転中だと思いますが、聞いたり話したりすることは可能です。
Xia Tyler（午前9時22分） 私は都合が付きますが、❹今日はイヤホンを忘れてしまいました。 周りの人たちの邪魔にならないように会議室を予約する必要があります。 部屋を見つけられるといいのですが。
Yujiro Tanaka（午前9時23分） あなたは運がいいです。 ❺私たちの販促品が今朝配達されました。 ❻すべての従業員が会社のロゴが付いた商品を1セット受け取ることになっていることをご存知ですか。
Xia Tyler（午前9時25分） 素晴らしいですね！ ❼私は総務のチームがそれらを配付するのを手伝います。 ❽私は誰よりも早く自分のキットを手に入れ、自分の机でランチミーティングに参加することができます。

7. Why does Ms. Watanabe want to have a meeting?

   （A）To organize a factory tour

   （B）To discuss questionnaire results

   （C）To design advertisements for new products

   （D）To go over a sales report

7. Watanabe さんはなぜ打ち合わせをしたいのですか。

   （A）工場見学を企画するため

   （B）アンケート結果について話し合うため

   （C）新製品の広告をデザインするため

   （D）販売レポートを見直すため

8. What does Mr. Tanaka have to do today?

   （A）Give a talk

   （B）Make some copies

   （C）Provide some data

   （D）Visit a conference venue

8. Tanaka さんは今日何をしなければなりませんか。

   （A）話をする

   （B）コピーを作成する

   （C）データを提供する

   （D）会議の開催地を訪問する

【語句】

□ want to do ～したい

□ organize ～を企画する

□ factory tour 工場見学

□ discuss ～について話し合う

□ questionnaire アンケート

□ result 結果

□ design ～をデザインする

□ advertisement 広告

□ product 製品

□ go over ～を見直す

□ sales report 販売レポート

【語句】

□ have to do
   ～しなければならない

□ give a talk 話をする

□ provide ～を提供する

□ conference venue
   会議の開催地

9. At 9:23 A.M., why most likely does Mr. Tanaka write, "You're in luck"?

    (A) A meeting room is available.

    (B) Earphones will be distributed.

    (C) Ms. Tyler can get a discount.

    (D) The conference room is spacious.

語句
□ most likely おそらく
□ be in luck 運がいい
□ available 利用できる
□ earphones イヤホン
□ distribute 〜を配布する
□ get a discount 割引を受ける
□ conference room 会議室
□ spacious 広々とした

9. 午前9時23分に、Tanaka さんは "You're in luck" という発言で、何を意味していると考えられますか。

    (A) 会議室を利用できる。

    (B) イヤホンが配布される。

    (C) Tyler さんは割引を受けることができる。

    (D) 会議室は広々としている。

10. What will Ms. Tyler most likely do?

    (A) Order lunch for everyone

    (B) Give a talk at a conference

    (C) Help a different department

    (D) Select a color for a device

語句
□ most likely おそらく
□ order 〜を注文する
□ give a talk 話をする
□ conference 会議
□ different 別の
□ department 部門
□ select 〜を選択する
□ device 機器

10. Tyler さんは何をすると考えられますか。

    (A) みんなのために昼食を注文する

    (B) 会議で話をする

    (C) 別の部門を支援する

    (D) 機器の色を選択する

［正解］7.（B）　8.（D）　9.（B）　10.（C）

Part
7

読解問題

［解説］

7. ピンポイント型の設問です

❶に Can we have a lunch meeting today to talk about our consumer survey?「消費者調査について話し合うために、本日昼食会を開くことはできますか」とあるため、Watanabe さんが打ち合わせを行いたい理由は（B）の To discuss questionnaire results「アンケート結果について話し合うため」です。

Point

「調査」という意味を表す頻出語に survey や study がありますが、これらは可算名詞です。

research も「調査」という意味で使われますが、こちらは不可算名詞なので注意が必要です。

不可算名詞には冠詞の a/an は付きませんし、語尾に複数形を表す -s/-es も付きません。researches は「〜を調査する」という動詞の三人称単数現在形です。

☐ We have to conduct research concerning this project.

私たちはこのプロジェクトに関する調査を行わなければなりません。

語句 ☐ have to do 〜しなければならない ☐ conduct 〜を行う
☐ concerning 〜に関する

8. ピンポイント型の設問です

Ishii さんは❷で Yujiro and I might be on the road「Yujiro と私は出張中かもしれません」と述べており、Ishii さんと Tanaka さんが行動を共にすることになっていることが分かります。

また、❸では We have to drive out to the Mainstem Conference Center to take a look at their layout.「そこのレイアウトを確認するために、私たちは Mainstem Conference Center に車で行く必要があるんです」と述べているため、Tanaka さんが今日行うことは（D）の Visit a conference venue.「会議の開催地を訪問する」になります。

Point

「出張中で」を使った表現を、ここでまとめて押さえておきましょう。

以下は全て「Umino さんは出張中です」という意味の文です。

☐ Mr. Umino is on the road.

☐ Mr. Umino is out of town on business.

☐ Mr. Umino is away on business.

9. 設問は意図問題です

Tyler さんは❹で I forgot my earphones today「今日はイヤホンを忘れてしまいました」と述べています。

それに対して Tanaka さんは You're in luck「あなたは運がいいです」と応答しています。

なぜ「運がいい」のかというと、❺と❻で Our promotional products were delivered this morning. ❻ You know all employees get one set of the goods with the company logo, right?「私たちの販促品が今朝配達されました。すべての従業員が会社のロゴが付いた商品を1セット受け取ることになっていることをご存知ですか」と述べ、その理由を説明しています。

the goods の正体は❽に I can grab my kit before everyone else and take the lunch meeting at my desk.「私は誰よりも早く自分のキットを手に入れ、自分の机でランチミーティングに参加することができます」とあるため、earphones であることが分かります。

よって、正解は (B) の Earphones will be distributed.「イヤホンが配付される」です。

Point

① grab には「素早く手に入れる、素早く食べる（飲む）」という意味があります。

□ You had better grab a bite.

素早く食事を済ませた方がいいですよ。

語句 □ had better do ～した方がよい　□ grab a bite 素早く食事を済ます

② distribute「～を配付する」は distribute A to B「A を B に配付する」の形を覚えておいてください。

□ You should distribute this flier to your friends.

このチラシをあなたの友人たちに配るべきです。

語句 □ should ～すべきだ　□ flier チラシ

10. ピンポイント型の設問です

❼で Tyler さんは I should give the general affairs team a hand to help distribute them.「私は総務のチームがそれらを配布するのを手伝います」と述べています。

これを簡潔に言い換えている (C) の Help a different department.「別の部門を手伝う」が正解です。

Point

give somebody a hand は「人を手伝う」という意味です。

日本語で言う「手を貸す」と同じような表現となっています。

give a hand to somebody も同じ意味になります。

□ Ms. Miyagi likes to give a hand to her friends.

Miyagi さんは友人を手伝うのが好きです。

Charity Marathon Event a Success

By Hirai Wato (July 16)

The first charity run event took place in the City of Oakland on July 11. Despite the heat, all 251 participants completed the 10K race. — [1] — Mayor Alipate Fale says, "We have been having issues with funding public schools and supporting families in need. — [2] — We wanted to find a fun way to raise money, and we were surprised to see so many runners and volunteers at the event."

❶ The city raised over $500,000 from entry fees from runners, tickets to join the welcoming area near the goal tape, and voluntary donations.

— [3] — ❷ This new plan by the City of Oakland may become a model for neighboring cities that are also having difficulty improving their schools.

"We originally thought of getting together as individuals in this city to improve the lives of children. — [4] — However, we've gotten so many offers from businesses wanting to support a good cause," Alipate adds with a smile.

❸ The city will continue to accept donations from both individuals and businesses.

❹ For more information, visit the City of Oakland's official Website.

問題11-13は次の記事に関するものです。

チャリティーマラソンイベントの成功

Hirai Wato 記（7月16日）

最初のチャリティーランイベントは、7月11日にオークランド市で開催されました。暑さにもかかわらず、251人の参加者全員が10kmのレースを完走しました。Alipate Fale 市長は、次のように述べています。

「私たちは公立学校への資金提供と困窮している家族の支援に関する問題を抱えています。お金を稼ぐための楽しい方法を見つけたかったのですが、イベントにたくさんのランナーやボランティアがいるのを見て驚きました」。

❶市は、ランナーからの参加費、ゴールテープ近くの歓迎エリアに参加するためのチケット、そして自発的な寄付から50万ドルを超えるお金を調達しました。

＊その結果、地区内の全ての公立学校には来年、改装された学校図書館が設置されることになります。

❷オークランド市によるこの新しい計画は、学校の改善に問題を抱えている近隣都市のモデルになる可能性があります。

「私たちはもともと、子供たちの生活を向上させるために、この街に個人として集まることを考えていました。けれども、私たちは正当な目的を支援したい企業から非常に多くの申し出を受けたのです」と Alipate は笑顔で付け加えました。

❸市は、個人と企業の両方からの寄付を引き続き受け入れます。

❹詳細については、オークランド市の公式ウェブサイトをご覧ください。

語句

□ success 成功　□ take place 行われる　□ despite 〜にもかかわらず　□ heat 暑さ

□ participant 参加者　□ complete 〜を完了する　□ 10K 10キロ　□ mayor 市長

□ issue 問題　□ fund 〜に資金を提供する　□ public school 公立学校

□ support 〜を支援する　□ in need 困窮している　□ want to do 〜したい　□ fun 楽しみ

□ raise （お金を）集める　□ be surprised to do 〜して驚く　□ over 〜を超える

□ entry fee 参加費　□ join 〜に加わる　□ voluntary 自発的な　□ donation 寄付

□ neighboring 近隣の　□ also 〜もまた

□ have difficulty doing 〜するのに問題を抱えている　□ improve 〜を改善する

□ however けれども　□ offer 申し出　□ business 企業　□ good cause 正当な目的

□ add 〜を加える　□ continue to do 〜し続ける　□ accept 〜を受け入れる

□ both A and B AとBの両方　□ individual 個人　□ for more information 詳細については

□ official 公式な

11. What is mentioned about the event?

   (A) It has been a popular annual event.

   (B) Participants had to pay an entry fee.

   (C) The City of Oakland will have a banquet next month.

   (D) Professional athletes were invited to run.

11. イベントについて何が述べられていますか。

   (A) 毎年恒例の人気イベントである。

   (B) 参加者は参加費を払わなければならなかった。

   (C) オークランド市は来月晩餐会を開催する。

   (D) プロスポーツ選手が走るように招待された。

12. Who is encouraged to visit the City of Oakland's Website?

   (A) People interested in making monetary contributions

   (B) Teachers who work for public schools

   (C) Those with accounting knowledge

   (D) Residents who live in neighboring cities

12. オークランド市のウェブサイトにアクセスするように勧められているのは誰ですか。

   (A) 金銭的貢献に関心のある人

   (B) 公立学校で働く教師

   (C) 会計知識のある人

   (D) 近隣の都市に住んでいる居住者

【語句】

□ mention ～に言及する

□ popular 人気のある

□ annual 毎年の

□ participant 参加者

□ have to do ～しなければならない

□ pay ～を支払う

□ entry fee 参加費

□ banquet 晩餐会

□ professional プロの

□ athlete スポーツ選手

□ be invited to do ～するよう招待される

【語句】

□ be encouraged to do ～するように勧められる

□ interested in doing ～することに興味がある　□ monetary contribution 金銭的貢献

□ work for ～で働く　□ public school 公立学校　□ those with ～のある人々

□ accounting 会計　□ knowledge 知識　□ resident 住民　□ neighboring 近隣の

13. In which of the positions marked [1], [2], [3] and [4] does the following sentence best belong?

"As a result, all public schools in the district will have a refurbished school library next year."

(A) [1]　(B) [2]　(C) [3]　(D) [4]

13. [1]、[2]、[3]、[4] と記載された箇所のうち、次の文が入るのに最もふさわしいのはどれですか。

「その結果、地区内の全ての公立学校には来年、改装された学校図書館が設置されることになります」

(A) [1]　(B) [2]　(C) [3]　(D) [4]

語句

□ position 箇所　□ marked 記載された　□ following 次の　□ sentence 文
□ belong in ～に入る　□ as a result その結果　□ public school 公立学校　□ district 地区
□ refurbish ～を改装する

[正解] 11.（B）　12.（A）　13.（C）

［解説］

11. 内容一致型の設問です

❶に The city raised over $500,000 from entry fees from runners, tickets to join the welcoming area near the goal tape, and voluntary donations.「市は、ランナーからの参加費、ゴールテープ近くの歓迎エリアに参加するためのチケット、そして自発的な寄付から50万ドルを超えるお金を調達しました」とあります。

よって、正解は（B）の Participants had to pay an entry fee.「参加者は参加費を払わなければならなかった」です。

> **Point**
>
> participate in は「〜に参加する」という意味ですが、名詞の participant「参加者」も participant in「〜の参加者」のように前置詞の in を後ろに続けて使います。
> また、participate in は take part in に言い換えることもできます。
> □ There are no strict prerequisites for participating in this seminar.
> このセミナーに参加するにあたって、厳しい条件はありません。
>
> 語句 □ there be 〜がある　□ strict 厳しい　□ prerequisite 必要条件

12. ピンポイント型の設問です

❸に The city will continue to accept donations from both individuals and businesses.「市は、個人と企業の両方からの寄付を引き続き受け入れます」とあり、❹では For more information, visit the City of Oakland's official Website.「詳細については、オークランド市の公式ウェブサイトをご覧ください」と述べられています。

ウェブサイトにアクセスして欲しいと市が考えている対象は「寄付を考えている個人や企業」なので、これを簡潔に言い換えている（A）の People interested in making monetary contributions「金銭的貢献に関心のある人」が正解となります。

13. 設問は位置問題です

空所に入れる文は As a result「その結果」から始まり、その結果として all public schools in the district will have a refurbished school library next year「地区内の全ての公立学校には来年、改装された学校図書館が設置されることになります」ということが起こります。

このようなことを可能にする原因となり得るのが、❶で述べられている「50万ドルを超えるお金を集めたこと」だと考えられます。

また、❷では This new plan by the City of Oakland may become a model for neighboring cities that are also having difficulty improving their schools.「オークランド市によるこの新しい計画は、学校の改善に問題を抱えている近隣都市のモデルになる可能性があります」と述

べられています。

　［3］の位置を正解とすれば、お金が集まった➡公立学校に改装された図書館が設置される➡学校改善に問題を抱えている都市のモデルとなる、という話の流れとなり文脈が通るため、正解は（C）です。

To:	ALL STAFF
From:	Tetsuya Tanahashi
Date:	May 19
Subject:	referrals needed

Dear all,

❶ We are looking for a machine learning expert. As you may know, we have very ambitious goals to change the way people learn a new language. — [1] — ❷ We want to break the mold of never-ending vocabulary memorization and help learners thrive using our unique technology and e-learning content. — [2] —

❸ The job description is posted online with the job ID 20160. — [3] — If you recommend a qualifying individual and we end up hiring the person, you will receive $3,000 as a referral bonus. Feel free to contact me any time if you have questions. — [4] —

Best regards,
Tetsuya Tanahashi

問題14-16は次の E メールに関するものです。

受信者：	すべてのスタッフ
送信者：	Tetsuya Tanahashi
日付：	5 月 19 日
件名：	紹介を求めています

すべての従業員のみなさま

❶私たちは機械学習の専門家を探しています。ご存知かもしれませんが、私たちは人々が新しい言語を学ぶ方法を変えるという非常に野心的な目標を持っています。❷私たちは、終わりのない語彙の暗記の型を打ち破り、独自のテクノロジーと E ラーニングコンテンツを使用して学習者が目標を達成できるように支援したいと考えています。

❸仕事の説明は、職務識別番号 20160 が付いた状態でオンライン上に投稿されます。＊詳細を確認し、心当たりのある人材や紹介できる人がいたりする場合にはお知らせください。資格のある個人を推薦し、その人を採用することになった場合、紹介ボーナスとして 3,000 ドルを受け取れます。ご不明な点がございましたら、いつでもお気軽にご連絡ください。

よろしくお願いします。
Tetsuya Tanahashi

語句

□ referral 紹介者　□ employee 従業員　□ look for ～を探す　□ machine learning 機械学習

□ expert 専門家　□ as you may know ご存知かもしれませんが　□ ambitious 野心的な

□ want to do ～したい　□ break ～を打ち破る　□ mold 型　□ never-ending 終わりのない

□ vocabulary 語彙　□ memorization 記憶　□ help somebody do 人が～するのを助ける

□ learner 学習者　□ thrive 目標を達成する　□ unique 独自の　□ technology テクノロジー

□ e-learning content E ラーニングコンテンツ　□ description 説明　□ post ～を投稿する

□ job ID 職務識別番号　□ online オンライン上に　□ detail 詳細

□ let somebody do 人に～させる　□ lead 心当たり　□ referral 紹介者

□ recommend ～を推薦する　□ qualifying 資格のある　□ individual 個人

□ end up doing 結局～することになる　□ hire ～を雇う　□ person 人

□ receive ～を受け取る　□ as ～として　□ feel free to do 気軽に～する

□ contact ～に連絡する　□ any time いつでも　□ Best regards, よろしくお願いします。

14 What is the purpose of this e-mail?

    (A) To suggest improvements

    (B) To request help

    (C) To make an apology

    (D) To report a mistake

14. この E メールの目的は何ですか。

    (A) 改善を提案する

    (B) 支援を依頼する

    (C) 謝罪する

    (D) 間違いを報告する

15. Where most likely does Mr. Tanahashi work?

    (A) A grocery store

    (B) A recording studio

    (C) A training company

    (D) A law firm

15. Tanahashi さんはどこで働いていると考えられますか。

    (A) 食料品店

    (B) レコーディングスタジオ

    (C) 研修会社

    (D) 法律事務所

16. In which of the positions marked [1], [2], [3] and [4] does the following sentence best belong?

"Please check the details and let us know if you have any leads or referrals."

    (A) [1]   (B) [2]   (C) [3]   (D) [4]

16. [1]、[2]、[3]、[4] と記載された箇所のうち、次の文が入るのに最もふさわしいのはどれですか。

「詳細を確認し、心当たりのある人材や紹介できる人がいたりする場合にはお知らせください」

    (A) [1]   (B) [2]   (C) [3]   (D) [4]

[正解] 14.（B）　15.（C）　16.（C）

[解説]
14. 内容一致型の設問です

　❶に We are looking for a machine learning expert.「私たちは機械学習の専門家を探しています」とあるため、「人材を探しているので、適任の人いれば教えて欲しい」というのがこのEメールの目的だということが分かります。これを簡潔に言い換えている（B）の To request help「支援を依頼する」が正解です。

15. ピンポイント型の設問です

　❷に We want to break the mold of never-ending vocabulary memorization and help learners thrive using our unique technology and e-learning content.「私たちは、終わりのない語彙の暗記の型を打ち破り、独自のテクノロジーとEラーニングコンテンツを使用して学習者が目標を達成できるように支援したいと考えています」とあるため、このEメールを書いた Tanahashi さんは「人々の教育を支援する」仕事をしていることが分かります。選択肢の中でこれに該当しそうなのは、（C）の A training company「研修会社」だけです。

16. 設問は位置問題です

　空所に入れる文は Please check the details and let us know if you have any leads or referrals.「詳細を確認し、心当たりのある人材や紹介できる人がいたりする場合にはお知らせください」という内容なので、この文の直前では「何の詳細を確認するのか」について述べられている必要があります。[3] を正解とすれば、その直前の❸に The job description is posted online with the job ID 20160.「仕事の説明は、職務識別番号20160が付いた状態でオンライン上に投稿されます」とあるため、The job description「仕事の説明」が詳細を確認する対象となり文意も通ります。仕事の説明をウェブに投稿➡その詳細を確認し、心当たりの人材がいれば紹介してほしい➡その人が採用されたら紹介ボーナスを払います、という流れです。よって、正解は（C）です。

Coleman Law Firm

34 Coleman Street, Forest City, NM 87456

September 28

Mr. Jeff Moxley,
11 Maritime Road
South Blairmount, CO 80421

Dear Mr. Moxley,

I am very pleased to welcome you to Coleman Law Firm.
❶ I look forward to working with you closely, starting November 1.
❷ I'm sorry I was unavailable during your interview process due to my business trip abroad.
The assistant director of human resources department, Max Tole, was truly impressed with your past experiences and assures me that you will make an excellent addition to the growing HR team.

❸ You will spend your first week at our training facility, across from our office.
Please join the other new employees for a series of orientation lectures and training sessions to help you get familiarized with our administrative procedures.
By the end of the week, you should understand the expectations at Coleman.
You will be receiving more information about the training sessions by mid-October.
We look forward to working with you!

Sincerely,

Natsumi Matsudo
Director of Human Resourses

語句

☐ law firm 法律事務所 ☐ be pleased to do 喜んで〜する ☐ welcome 〜を歓迎する

☐ look forward to doing 〜することを楽しみにしている ☐ closely 密接に

☐ starting 〜から ☐ unavailable 都合が付かない ☐ during 〜の間 ☐ process 過程

☐ due to 〜が原因で ☐ business trip abroad 海外出張

☐ human resources department 人事部 ☐ be impressed with 〜に感銘を受ける

☐ truly 本当に ☐ past 過去の ☐ experience 経験

問題17-21は次の手紙とEメールに関するものです。

Coleman 法律事務所

コールマン通34番地、Forest City、NM 87456

9月28日

Jeff Moxley さん
マリタイム通り11番地
サウスブレアマウント、CO 80421

Moxley さん

Coleman 法律事務所へようこそ。
❶11月1日より、あなたと緊密に連携できることを楽しみにしております。
❷海外出張のため、面接の過程でご不便をおかけしてしまい申し訳ありません。
人事部のアシスタントディレクターである Max Tole は、あなたの過去の経験に非常に感銘を受け、成長しつつある HR チームに素晴らしい新戦力となることを私に保証してくれています。

❸最初の1週間は、オフィスの向かいにある<u>トレーニング施設で過ごすことになります。</u>
他の新入社員と一緒に、一連のオリエンテーション講義やトレーニングセッションに参加して、当社の管理手順に慣れていってください。
週末までに、Coleman が期待していることを理解する必要があります。
10月中旬までにトレーニングセッションに関する詳細情報を受け取ることとなります。
私たちはあなたと働くのを楽しみにしています！

敬具

Natsumi Matsudo
人事部長

□ assure somebody that 人に〜を保証する　□ make an addition to 〜の新戦力になる

□ excellent 素晴らしい　□ growing 成長しつつある　□ spend 〜を過ごす　□ facility 施設

□ across from 〜の向かいにある　□ join 〜に加わる　□ other 他の　□ employee 従業員

□ a series of 一連の　□ lecture 講義　□ help somebody do 人が〜するのを助ける

□ get familiarized with 〜に慣れる　□ administrative 管理の　□ procedure 手順

□ by the end of 〜の終わりまでに　□ expectation 期待　□ mid-October 10月中旬

□ Sincerely, 敬具　□ Director of human resources 人事部長

To:	Lio Ash
From:	Natsumi Matsudo
Date:	October 10
Subject:	Urgent request

Dear Lio,

❹ I just got a call from Jeff Moxley informing me that he cannot accept the position due to some difficulties in relocating here.
He inquired if he can work remotely, but I believe we are not ready to make that offer at this moment.
He is a great candidate, so I want to see what we can do, but in the meantime, we need to hire someone to be in the office.

❺ Could you see if Maika Kashima is still available to start work on the planned date?
She was also a good candidate.
❻ If she is no longer available, please take steps to re-advertise the job.
Let me know about Maika as soon as possible.

Thanks,

Natsumi Matsudo

受信者：	Lio Ash
送信者：	Natsumi Matsudo
日付：	10 月 10 日
件名：	緊急の依頼

Ash さん

❹Jeff Moxley から電話があり、こちらに転居してくることが難しいため、彼はそのポジションを受け入れることができないとのことでした。
彼はリモートで仕事ができるかどうかを尋ねてきましたが、現時点ではこちらはその申し出をする準備ができていないと思います。
彼は素晴らしい候補者なので、私たちに何ができるかを確認したいのですが、それまでの間、私たちはオフィスにいる誰かを雇う必要があります。

❺Maika Kashima が予定日に作業を開始できるかどうかを確認することはできますか。彼女も良い候補者でした。
❻彼女がもう都合が付かない場合には、再び求人広告を出すための措置を講じてください。
Maika についてはできるだけ早くお知らせください。

よろしくお願いします。

Natsumi Matsudo

語句

□ urgent 緊急の　□ request 依頼　□ inform somebody that 人に〜を知らせる

□ accept 〜を受け入れる　□ due to 〜が原因で　□ difficulty in doing 〜することの難しさ

□ relocate 転居する　□ inquire 〜を尋ねる　□ if 〜かどうか　□ remotely リモートで

□ be ready to do 〜する準備ができている　□ offer 申し出　□ at this moment 今の時点では

□ candidate 候補者　□ want to do 〜したい　□ what 〜すること

□ in the mean time それまでの間　□ need to do 〜する必要がある　□ hire 〜を雇う

□ still まだ　□ available 都合が付く　□ planned 予定の　□ also 〜もまた

□ no longer もはや〜でない　□ take steps to do 〜するための措置を講じる

□ re-advertise 〜を再宣伝する　□ let somebody do 人に〜させる

□ as soon as possible できるだけ早く　□ Thanks, よろしくお願いします。

Part
7

読解問題

17. Why does Ms. Matsudo apologize to Mr. Moxley?

    (A) She was unable to see Mr. Moxley.

    (B) She has to request more information.

    (C) She forgot to send a document.

    (D) She needs to change the details of an offer.

17. Matsudo さんが Moxley さんに謝罪しているのはなぜですか。

    (A) 彼女は Moxley さんに会えなかったから。

    (B) 彼女はより多くの情報を要求しなければならないから。

    (C) 彼女は書類を送るのを忘れたから。

    (D) 彼女は申し出の詳細を変更する必要があるから。

語句

□ apologize to ～に謝罪する　□ be unable to do ～することができない

□ have to do ～しなければならない　□ forget to do ～するのを忘れる　□ document 書類

□ need to do ～する必要がある　□ change ～を変更する　□ detail 詳細　□ offer 申し出

18. What is implied about Coleman Law Firm's new employees?

    (A) They are all university graduates.

    (B) Their orientation takes place in their office.

    (C) They have a week of training.

    (D) Their applications were submitted online.

18. Coleman 法律事務所の新入社員について何が示唆されていますか。

    (A) 彼らは全員大学を卒業している。

    (B) オリエンテーションは彼らのオフィスで行われる。

    (C) 彼らは1週間のトレーニングを受ける。

    (D) 彼らの申請はオンラインで提出された。

語句

□ be implied about ～について示唆されている　□ law firm 法律事務所　□ employee 従業員

□ university graduate 大学出身者　□ take place 行われる　□ application 申請

□ submit ～を提出する　□ online オンラインで

19. What is Mr. Moxley's problem?

   (A) He has a schedule conflict.

   (B) He cannot move house.

   (C) He missed a deadline.

   (D) He wants to get promoted.

> **語句**
> □ schedule conflict 予定のかち合い
> □ move house 引っ越しをする
> □ miss a deadline 締め切りに間に合わない
> □ want to do 〜したい
> □ get promoted 昇進する

19. Moxley さんの問題は何ですか。

   (A) 彼は予定がかち合っている。

   (B) 彼は引っ越しをすることができない。

   (C) 彼は締め切りに間に合わなかった。

   (D) 彼は昇進したいと思っている。

20. When does Ms. Matsudo want Ms. Kashima to start work?

   (A) October 20

   (B) November 1

   (C) November 15

   (D) December 1

20. Matsudo さんはいつ Maika さんに仕事を始めてもらいたいと考えていますか。

   (A) 10月20日

   (B) 11月1日

   (C) 11月15日

   (D) 12月1日

> **語句**
> □ want somebody to do 人に〜してほしい

21. How should Mr. Ash find additional candidates?

(A) By asking managers

(B) By requesting referrals

(C) By placing advertisements

(D) By contacting recruitment agencies

21. Ash さんはどのようにして追加の候補者を見つけるべきですか。

(A) マネージャーに尋ねることによって

(B) 推薦を求めることによって

(C) 広告を出すことによって

(D) 人材派遣会社に連絡することによって

語句

☐ additional 追加の　☐ candidate 候補者　☐ by doing ～することによって

☐ request ～を求める　☐ referral 推薦　☐ place an advertisement 広告を出す

☐ contact ～に連絡する　☐ recruitment agency 人材派遣会社

［正解］17.（A）　18.（C）　19.（B）　20.（B）　21.（C）

［解説］

17. ピンポイント型の設問です

手紙の❷に I'm sorry I was unavailable during your interview process due to my business trip abroad.「海外出張のため、面接の過程でご不便をおかけしてしまい申し訳ありません」とあります。

Matsudo さんは海外出張をしていたため、Moxley さんの面接過程で彼に会うことができなかったことが分かります。

これを簡潔に言い換えている (A) の She was unable to see Mr. Moxley.「彼女は Mosley さんに会えなかったから」が正解です。

> ## Point
>
> 原因や理由を表す due to は thanks to、owing to、because of、on account of などに言い換えることが可能です（on account of はマイナスイメージの内容の文で主に使われます）。
>
> ☐ On account of heavy rain, today's game was canceled.
>
> 大雨のせいで、本日の試合は中止になりました。
>
> 語句 ☐ heavy rain 大雨　☐ cancel 〜を中止する

18. ピンポイント型の設問です

手紙の❸に You will spend your first week at our training facility「最初の1週間は、トレーニング施設で過ごすことになります」とあります。

これはこれから Coleman 法律事務所に入社する予定の Moxley さんに対しての案内であるため、正解は (C) の They have a week of training.「彼らは1週間のトレーニングを受ける」になります。

19. ピンポイント型の設問です

E メールの❹に I just got a call from Jeff Moxley informing me that he cannot accept the position due to some difficulties in relocating here.「Jeff Moxley から電話があり、こちらに転居してくることが難しいため、彼はそのポジションを受け入れることができないとのことでした」とあります。

Moxley さんは「転居することができない」ことが分かるため、正解は (B) の He cannot move house.「彼は引っ越しをすることができない」です。

> ## Point
>
> move house「引っ越しをする」はイギリス英語の表現で、アメリカ英語だと move だけで「引っ越しをする」という意味になります。
>
> また、move to は「〜に引っ越す」という意味ですが、これは relocate to や transfer to などに言い換えることが可能です。
>
> ☐ Our subordinates will transfer to the branch office in Auckland in weeks.
>
> 私たちの部下は、数週間後にオークランドの支店に転勤します。
>
> 語句 ☐ subordinate 部下 ☐ branch office 支店 ☐ in weeks 数週間後に

20. ピンポイント型の設問です（複数文書参照型）

手紙の❶に I look forward to working with you closely, starting November 1.「11月1日より、皆様と緊密に連携できることを楽しみにしております」とあります。

11月1日は新しく働き始める予定だった Moxley さんの初出社予定の日ですが、Moxley さんが入社を辞退したのでその代わりと目されているのが Maika さんです。

E メールの❺に Could you see if Maika Kashima is still available to start work on the planned date?「Maika Kashima が予定日に作業を開始できるかどうかを確認することはできますか」とあるため、Matsudo さんが Maika さんに仕事を始めてもらいたいと考えている日である planned date「予定日」は11月1日と考えられます。

よって、正解は（B）になります。

> ## Point
>
> 1度登場した話題が再度登場した時に、それら2カ所の内容を関連付けて解答するのが「複数文書参照型」の問題です。
>
> 複数文書参照型の問題は、2つの文書（ダブルパッセージ）と3つの文書（トリプルパッセージ）に付いてくる5つの問題の中に1 〜 2問程度含まれます。
>
> 1つ目の文書に書いてある話題と同じ話題が2つ目の文書や3つ目の文書に書いてあることに気付いた時点で、「リンク（つながり）を見つけることができたから、ここが正解の根拠となり得るかもしれない」と意識するようにします。
>
> 2つ目の文書に書いてある話題が3つ目の文書に登場した場合も同様です。
>
> 1つの文書の中でも、この「リンク」を使って解答しなければならないものがあることも、併せて覚えておいてください。

21. ピンポイント型の設問です

Eメールの❻に If she is no longer available, please take steps to re-advertise the job. 「彼女がもう都合が付かない場合には、再び求人広告を出すための措置を講じてください」とあります。

よって、正解は（C）の By placing advertisements「広告を出すことによって」です。

> ### Point
>
> available「都合が付く」は、「（物が）利用できる、入手できる」、「（部屋が）空いている」など、名詞のさまざまな状況を説明することのできる形容詞です。
> 「利用可能」というイメージのある単語だということを押さえておくといいでしょう。
>
> □ We have inexpensive catering packages available for customers on a tight budget.
> 当社は予算が限られているお客様のために、低価格のケータリングパッケージもご用意しております。
>
> 語句 □ inexpensive 安価な　□ catering package ケータリングパッケージ
> 　　　□ customer 顧客　□ on a tight budget 予算が厳しい

International Festival Coming Soon

January 10 --- After a month of being relatively empty during the holiday season, the Pacific Merlyn College campus is now buzzing with activity.

Earlier this week, on January 5, ❶ Dean of Academics, Kota Okada gave a speech in front of the students and faculty, asking them to take a moment and recognize the tremendous accomplishments from the last semester.

He proudly said, "I am happy to see how our students have continued to support our local community.

❷ Two committees took part in volunteer activities in December, executing an incredible program with Campbell City, assisting public schools create virtual programming classes.

Pacific Merlyn College students have always played an important role in the community setting up various events and volunteer activities.

I am certain the trend will continue this year."

❸ The biggest event for students in the spring semester will be its International Festival, taking place on March 8 and 9 on campus.

International students will be presenting on stage and offering food and beverages to introduce their culture.

Tickets will be on sale staring February 1.

❹ Visit the admissions office at 1800 Kent Street and look for a table in the hallway in order to purchase your tickets.

Local businesses and organizations are welcome to set up booths at the festival to promote their services or products.

For more information, contact Hiromu Naito < hiromu-n@pmc.edu >, the Head of Events.

語句

□ relatively 比較的　□ empty 空いている　□ during ～の間　□ college 大学

□ buzz with activity 活気で満ちている　□ earlier this week 今週これまでに

□ Dean of Academics 学部長　□ in front of ～の前に　□ faculty 教職員

□ ask to do ～するよう求める　□ take a moment 少し時間を取る　□ recognize ～を認める

□ tremendous 素晴らしい　□ accomplishment 成果　□ semester 学期　□ proudly 誇らしげに

□ continue to do ～し続ける　□ support ～を支援する　□ local community 地域社会

□ committee 委員会　□ take part in ～に参加する　□ activity 活動　□ execute ～を実行する

□ incredible 信じられないほど素晴らしい　□ assist something do 物が～するのを支援する

問題22-26は次の記事とEメールに関するものです。

間もなく開催される国際フェスティバル

1月10日 ― 比較的空いていた休暇シーズンから1か月経ち、Pacific Merlyn大学のキャンパスは現在活気に満ちています。

今週の初め、1月5日、❶学部長のKota Okadaが学生と教職員の前でスピーチを行い、少し時間を取って前学期からの素晴らしい成果を認めるよう求めました。

彼は誇らしげに次のように述べています。

「生徒たちが地域社会をどのように支え続けているかを見てうれしく思います。❷2つの委員会が12月にボランティア活動に参加し、キャンベル市との信じられないほど素晴らしいプログラムを実行し、公立学校が仮想プログラミングクラスを作るのを支援しました。

Pacific Merlyn大学の学生は、さまざまなイベントやボランティア活動を立ち上げるコミュニティで常に重要な役割を果たしてきました。

今年もこの傾向は続くと確信しています」。

❸学生にとって春学期の最大のイベントは、3月8日と9日にキャンパスで開催される国際フェスティバルです。

留学生はステージでプレゼンテーションを行い、自分たちの文化を紹介するために食べ物や飲み物を提供します。

チケットは2月1日から販売されます。

❹チケットを購入するには、ケント通り1800番地にあるアドミッションオフィスに行き、廊下でテーブルを探してください。

地元の企業や組織は、フェスティバルにブースを設置して、サービスや製品を宣伝することができます。

詳細については、イベント責任者のHiromu Naito < hiromu-n@pmc.edu >にお問い合わせください。

□ virtual 仮想の　□ play a role 役割を果たす　□ set up ～を立ち上げる　□ various さまざまな

□ certain ～を確信している　□ trend 傾向　□ international 国際的な　□ take place 行われる

□ present プレゼンテーションを行う　□ offer ～を提供する　□ beverage 飲み物

□ introduce ～を紹介する　□ culture 文化　□ starting ～から　□ admissions office 入場オフィス

□ look for ～を探す　□ hallway 廊下　□ in order to do ～するために　□ purchase ～を購入する

□ business 企業　□ organization 組織　□ welcome 歓迎される　□ booth ブース

□ promote ～を宣伝する　□ product 製品　□ for more information 詳細については

□ contact ～に連絡する　□ head 責任者

To:	Hiromu Naito <hiromu-n@pmc.edu>
From:	Tamu Sakurai <tamu-s@b2work.com>
Date:	February 8
Subject:	Booth availability

Dear Mr. Naito,

My name is Tamu Sakurai, and ❺I run a volunteer service called Back
to Work.
The purpose of my contacting you today is to see whether you still have
a booth available for the International Festival.

We offer free English and Spanish lessons to those in the community
who have retired early but want to get employed again.
I believe it would be beneficial to the community if we can work with
your students and provide more lessons.
I would like to recruit volunteers.

Unfortunately, we will not be available on the first day of the festival,
❻so we just need a booth on the second day.
Please let me know if you still have space available.

Thank you,

Tamu Sakurai
Volunteer Coordinator, Back to Work

受信者：	Hiromu Naito <hiromu-n@pmc.edu>
送信者：	Tamu Sakurai <tamu-s@b2work.com>
日付：	2月8日
件名：	ブースの予約状況

Naito 様

私は Tamu Sakurai です、❺Back to Work というボランティアサービスを運営しています。
本日ご連絡を差し上げる目的は、国際フェスティバルのブースがまだあるかどうかを確認するためです。

早期退職したが、再び就職したいと考えている地域の人々に、無料の英語とスペイン語のレッスンを提供しています。
私たちがあなたの生徒さんたちと協力し、より多くのレッスンを提供することができれば、それはコミュニティにとって有益なことであると私は考えています。
ボランティアを募集したいのです。

残念ながら、フェスティバルの初日は都合が付かないのですが、❻2日目はブースが必要なのです。
まだ空きがあれば教えてください。

よろしくお願いします。

Tamu Sakurai
ボランティアコーディネーター、Back to Work

語句

□ availability 予約状況　□ run ～を運営する　□ purpose 目的　□ contact ～に連絡する

□ whether ～かどうか　□ still まだ　□ available for ～に使用可能である

□ international 国際的な　□ offer ～を提供する　□ free 無料の　□ those 人々

□ community 地域社会　□ retire early 早期退職する　□ want to do ～したい

□ get employed 雇用される　□ believe ～だと考える　□ be beneficial to ～にとって有益だ

□ provide ～を提供する　□ would like to do ～したい　□ recruit ～を募集する、採用する

□ unfortunately 残念ながら　□ available 都合が付く　□ let somebody do 人 に～させる

□ Thank you, よろしくお願いします。

22. What is indicated about Mr. Okada?

    (A) He works at an educational facility.

    (B) He has written a book review.

    (C) He is performing at a festival.

    (D) He needs to attend a seminar.

22. Okada さんについて何が示されていますか。

    (A) 彼は教育施設で働いている。

    (B) 彼は書評を書いた。

    (C) 彼はフェスティバルに出演している。

    (D) 彼はセミナーに出席する必要がある。

語句
- □ be indicated about
  　〜について示されている
- □ educational facility 教育施設
- □ book review 書評
- □ perform 出演する
- □ need to do 〜する必要がある
- □ attend 〜に出席する

23. What is implied about Campbell City?

    (A) They have many citizens who retired early.

    (B) They offered a programming course to students.

    (C) They help fund the International Festival.

    (D) They are growing in population.

23. キャンベル市について何が示唆されていますか。

    (A) 早期退職した市民が多い。

    (B) 学生にプログラミングコースを提供した。

    (C) 国際フェスティバルへの資金提供を支援する。

    (D) 人口が増えている。

語句
- □ be implied about 〜について示唆されている　□ citizen 市民　□ retire early 早期退職する
- □ offer 〜を提供する　□ help do 〜するのを助ける　□ fund 〜に資金を出す
- □ international 国際的な　□ grow in population 人口が増加する

24. According to the article, how can people purchase festival tickets?

(A) By making a phone call

(B) By going to campus

(C) By visiting a website

(D) By downloading an app

24. 記事によると、人々はどのようにしてフェスティバルのチケットを購入することができますか。

(A) 電話をかけることによって

(B) キャンパスに行くことによって

(C) ウェブサイトにアクセスすることによって

(D) アプリをダウンロードすることによって

[語句]

□ according to ～によると　□ article 記事　□ purchase ～を購入する

□ by doing ～することによって　□ make a phone call 電話をかける

□ download ～をダウンロードする　□ app アプリ

25. In the e-mail, the word "run" in paragraph 1, line 1 is closest in meaning to

(A) complete

(B) review

(C) manage

(D) sprint

25. E メールの第1段落・1行目にある "run" に最も意味が近いのは

(A) ～を完成させる

(B) ～を見直す

(C) ～を運営する

(D) 全速力で走る

[語句]

□ run ～を運営する　□ paragraph 段落　□ line ～行目

□ be closest in meaning to ～に最も意味が近い　□ complete ～完成させる

□ review ～を見直す　□ manage ～を管理する　□ sprint 全速力で走る

Part 7

読解問題

313

26. When does Ms. Sakurai want to set up a booth?

    (A) January 10

    (B) February 1

    (C) March 8

    (D) March 9

語句

□ want to do ～したい

□ set up ～を設置する

□ booth ブース

26. Sakurai さんはいつブースを設置したいと思っていますか。

    (A) 1月10日

    (B) 2月1日

    (C) 3月8日

    (D) 3月9日

［正解］22.（A）　23.（B）　24.（B）　25.（C）　26.（D）

22. 内容一致型の設問です

　記事の❶に Dean of Academics, Kota Okada「学部長の Kota Okada」とあるため、Okada さんは大学で働いていることが分かります。

　よって、正解は (A) の He works at an educational facility.「彼は教育施設で働いている」です。

23. 内容一致型の設問です

　記事の❷に Two committees took part in volunteer activities in December, executing an incredible program with Campbell City, assisting public schools create virtual programming classes.「2つの委員会が12月にボランティア活動に参加し、キャンベル市との信じられないほど素晴らしいプログラムを実行し、公立学校が仮想プログラミングクラスを作るのを支援しました」とあります。

　これを簡潔に言い換えている (B) の They offered a programming course to students.「学生にプログラミングコースを提供した」が正解となります。

> ## Point
>
> 　assist「〜を手伝う」は、help と同じく assist somebody do「人 が〜するのを手伝う」の形を取ります。
>
> 　assist の派生語には assistance「助け」がありますが、これは不可算名詞だということを押さえておいてください。
>
> 　また、assistance は不可算名詞なので冠詞の an や複数形の語尾に付く -s は付きません。
>
> ☐ If you're looking for assistance with print subscriptions, please visit our Web site.
> 　もしあなたが印刷版の購読をするうえで助けを必要としているのならば、私どものホームページをご覧ください。
>
> **語句** 　☐ look for 〜を探す　☐ print subscription 印刷版の購読

24. ピンポイント型の設問です

記事の❹に Visit the admissions office at 1800 Kent Street and look for a table in the hallway in order to purchase your tickets.「チケットを購入するには、ケント通り1800番地にあるアドミッションオフィスに行き、廊下でテーブルを探してください」とあります。

admissions office「アドミッションオフィス（入学事務局）」は大学の施設なので、正解は（B）の By going to campus「キャンパスに行くことによって」です。

> ### Point
>
> in order to do「〜するために」は so as to do に言い換えることが可能です。
>
> ☐ Everyone should arrive to the meeting five minutes early so as to finish on schedule.
> 予定通り終わるように、会議には全員5分前に集合してください。
>
> **語句** ☐ arrive to the meeting 会議（の場に）到着する　☐ five minutes early 5分前に
> ☐ on schedule 予定通りに

25. 設問は言い換え問題です

Eメールの❺に I run a volunteer service called Back to Work「私は Back to Work というボランティアサービスを運営しています」とあります。

この文の中で、run は「〜を運営する」という意味で使われています。

よって、正解は（C）の manage「〜を運営する」になります。

> ### Point
>
> 言い換え問題は「ワンセンテンス」を見れば正解を選べる場合がほとんどです。
>
> また、「複数の文書」の設問に登場する場合が多いので、試験終盤に解答時間が足りなくなりそうになった場合には優先的に（他の設問よりも先に）言い換え問題を解答するのも一つの手です。

26. ピンポイント型の設問です（複数文書参照型）

Eメールの❻に so we just need a booth on the second day「（それで）2日目はブースが必要なのです」とあります。

the second day はいつのことなのかというと、記事の❸に The biggest event for students in the spring semester will be its International Festival, taking place on March 8 and 9 on campus.「学生にとって春学期の最大のイベントは、3月8日と9日にキャンパスで開催される国際フェスティバルです」とあるため、正解は (C) の March 9「3月9日」です。

> ## Point
>
> take place「行われる」は be held に言い換えることが可能です。
> □ The competition will take place sometime in the near future.
> □ The competition will be held sometime in the near future.
> 　その競技会は近いうちに行われます。
>
> **語句** □ competition 競技会　□ sometime in the near future 近いうちに

Questions 27-31 refer to the following memo, receipt, and online review.

🎧 65 ▥ w

MEMO

To: Staff
From: Claire Kanamori, General Manager
Date: May 29
Subject: Reminder of summer operations

Summer is here!
❶ I wanted to remind you about a few procedures that will be in effect starting June 1.
First of all, as you may have heard, the pool renovation is behind schedule.
❷ We will not be able to open the pool until June 25.
❸ Please give the guests a voucher to Water Fun Park at the time of check-in until our pool is available.
Also, ❹ our long-stay package will be offered to those who stay for more than five nights rather than seven nights.
❺ This package will be available during the summer only, and the offer ends on August 31.
A 20% discount will be applied automatically to accounts that qualify, but the total price will not show up on the receipt as a discounted item.
Please let the guests know that what they see on the receipt is the discounted price.
Finally, we're doing the lunch box service again this summer.
❻ Those who check out before noon can get a free sandwich box to take with them.

語句

☐ general manager 総支配人　☐ reminder リマインダー　☐ operation 業務

☐ want to do ～したい　☐ remind somebody about 人に～について思い出させる

☐ a few 2、3の　☐ procedure 手順　☐ be in effect 実施される　☐ starting ～から

☐ first of all まず　☐ as you may have heard ご存知かもしれませんが　☐ renovation 改修

☐ be behind schedule 予定より遅れている　☐ be able to do ～することができる

☐ until ～まで(ずっと)　☐ give something to someone 物を人に与える

☐ voucher バウチャー　☐ at the time of ～の時に　☐ available 利用できる

問題27-31は次のメモ、領収書、オンラインレビューに関するものです。

メ モ

宛先：スタッフ
差出人：Claire Kanamori、総支配人
日付：5月29日
件名：夏期業務のリマインダー

夏がやってきました！
❶6月1日から実施されるいくつかの手順についてお知らせしたいと思います。

まず、ご存知かもしれませんが、プールの改修は予定より遅れています。
❷6月25日までプールを開くことはできません。
❸プールが利用可能になるまで、チェックイン時にウォーターファンパークへのバウチャーをお客様に提供してください。
また、❹長期滞在パッケージは、7泊ではなく5泊を超える滞在者に提供されます。

❺このパッケージは夏の間のみ利用可能で、オファーは8月31日に終了します。
対象となるお客様には自動的に20%の割引が適用されますが、合計金額は割引項目としてレシートに表示されません。
領収書に記載されているのは割引価格であることをお客様に知らせてください。

最後に、今年の夏もお弁当のサービスを行います。
❻正午までにチェックアウトする方は、お持ち帰り用の無料のサンドイッチボックスを手に入れることができます。

□ also ～もまた　□ long-stay 長期滞在　□ be offered to ～に提供される

□ those who ～する人々　□ more than ～より多い　□ rather than ～よりはむしろ

□ during ～の間　□ end 終了する　□ discount 割引　□ be applied to ～に適用される

□ automatically 自動的に　□ account 顧客　□ qualify 資格を得る

□ show up on ～に表示される　□ receipt 領収書　□ as ～として

□ discounted item 割引項目　□ let somebody do 人に～させる　□ finally 最後に

□ lunch box お弁当　□ check out チェックアウトする　□ free 無料の

Part
7

読解問題

Capitola Inn

✉ services@capitolainn.com 📞 555-160-1690

RECEIPT

Guest Name: Hiroyoshi Kojima

Number of Guests: 4

Booking Reference Number: B15107

❼ Check-in: June 22   ❽ Check-out: June 28

Total Paid: $820.00

Capitola Inn

✉ services@capitolainn.com 📞 555-160-1690

領収書

ゲスト名：Hiroyoshi Kojima

ゲスト数：4

予約参照番号：B15107

❼チェックイン：6月22日　　❽チェックアウト：6月28日

合計支払額：820.00ドル

【語句】

□ inn 旅館　□ receipt 領収書　□ booking reference number 予約参照番号

□ total paid 合計支払額

https://www.travelreasonably.com ⬛ ⬜ ✖

Capitola Inn Review

★★★★☆ – Hiroyoshi Kojima, June 30

I had a wonderful time at Capitola Inn.

The room was spacious, Water Fun Park was amazing, and ❾ I had a gorgeous mountain view.

Watching the sunset from my room was a breathtaking experience.

I particularly enjoyed the small farm adjacent to the facility.

❿ We picked some tomatoes and apples and took them to our trail walk up the hill.

⓫ We were also lucky enough to see some wild rabbits and deer in the beautiful courtyard.

⓬ I found the hotel's lunch box service to be unique, and the fruit in the box was delicious.

The only thing that disappointed me was that the parking lot was pretty full every evening.

I had to park on the street for a night, which made me feel a bit uncomfortable.

However, I was satisfied with my first stay here and recommend this inn for those who want to take some time off from the busy city life.

Capitola Inn レビュー

★★★★☆ - Hiroyoshi Kojima、6月30日

Capitola 旅館で素敵な時間を過ごしました。

部屋は広々としていて、ウォーターファンパークは素晴らしく、❾見事な山の景色を眺めることができました。

自分のいる部屋から夕日を眺めるのは息をのむような経験でした。

私たちは特に、施設に隣接する小さな農場を楽しみました。

❿トマトとリンゴをいくつか選び、丘を登る散策に持っていきました。

⓫また、幸運にも美しい中庭で野生のウサギや鹿を見ることができました。

⓬ホテルのお弁当サービスはユニークで、箱の中の果物は美味しかったです。

私をがっかりさせた唯一のことは、駐車場が毎晩非常に混んでいたということでした。

路上に一晩駐車しなければならなかったので、少し落ち着きませんでした。

しかし、私はここでの最初の滞在に満足しており、忙しい都会の生活から少し離れたい人にはこの旅館をお勧めします。

語句

□ inn 旅館　□ review レビュー　□ wonderful 素敵な　□ spacious 広々とした

□ amazing 素晴らしい　□ gorgeous 見事な　□ view 景色　□ sunset 夕日

□ breathtaking 息をのむような　□ experience 経験　□ particularly 特に　□ farm 農場

□ adjacent to ～に隣接した　□ facility 施設　□ pick ～を選ぶ

□ take A to B A を B に持っていく　□ trail walk up the hill 丘を登る散策　□ also ～もまた

□ lucky enough to do 幸運にも～することができる　□ wild 野生の　□ deer 鹿

□ courtyard 中庭　□ find A to be B A が B であると理解する　□ unique ユニークな

□ disappoint ～をがっかりさせる　□ parking lot 駐車場　□ pretty かなり

□ full いっぱいだ　□ have to do ～しなければならない　□ park 駐車する

□ make somebody do 人 に～させる　□ feel ～を感じる　□ a bit 少し

□ uncomfortable 落ち着かない　□ however しかし　□ be satisfied with ～に満足する

□ recommend A for B A を B に推薦する　□ those who ～する人々　□ want to do ～したい

□ take some time off 少し休む

27. Why did Ms. Kanamori write the memo?

    (A) To suggest a refund

    (B) To announce the sales result

    (C) To inform of new procedures

    (D) To invite people to an event

27. Kanamori さんはなぜメモを書いたのですか。

    (A) 払い戻しを提案するため

    (B) 販売実績を発表するため

    (C) 新しい手順を通知するため

    (D) 人々をイベントに招待するため

語句

□ suggest 〜を提案する　　□ refund 払い戻し　　□ announce 〜を発表する
□ sales result 販売実績　　□ inform of 〜を知らせる　　□ procedure 手順
□ invite A to B A を B に招待する

28. What is NOT true about Mr. Kojima?

    (A) His car is a large vehicle.

    (B) He checked out before noon.

    (C) His room had a mountain view.

    (D) He went hiking during his hotel stay.

28. Kojima さんについて正しくないのは何ですか。

    (A) 彼の車は大型車だ。

    (B) 彼は正午までにチェックアウトした。

    (C) 彼の部屋からは山の景色が見えた。

    (D) 彼はホテル滞在中にハイキングに出かけた。

語句

□ large vehicle 大型車　　□ check out チェックアウトする　　□ view 景色
□ go hiking ハイキングに出かける

29. What is suggested about the receipt?

    (A) Capitola Inn charges extra parking fees.

    (B) Capitola Inn accepts credit card payments only.

    (C) Mr. Kojima has a membership with the hotel.

    (D) Mr. Kojima paid a discounted price for his stay.

29. 領収書について何が分かりますか。

    (A) Capitola Inn は追加の駐車料金を請求する。

    (B) Capitola Inn はクレジットカードでの支払いのみ受け付けている。

    (C) Kojima さんはホテルの会員だ。

    (D) Kojima さんは滞在費を割引価格で支払った。

語句

□ be suggested about 〜について分かる　□ inn 旅館　□ charge 〜を請求する
□ extra 追加の　□ parking fee 駐車料金　□ accept 〜を受け付ける　□ payment 支払い
□ have a membership with 〜の会員だ　□ pay 〜を支払う　□ discounted 割引された

30. How most likely did Mr. Kojima visit a water park?

    (A) By stopping by a travel agency

    (B) By using a voucher

    (C) By making an online reservation

    (D) By checking in early

30. Kojima さんはどのようにしてウォーターパークを訪れたと考えられますか。

    (A) 旅行代理店に立ち寄ることによって

    (B) バウチャーを使用することによって

    (C) オンライン予約をすることによって

    (D) 早めにチェックインすることによって

語句

□ by doing 〜することによって　□ stop by 〜に立ち寄る　□ travel agency 旅行代理店
□ voucher バウチャー　□ make a reservation 予約をする　□ online オンラインの
□ check in チェックインする　□ early 早く

31. What is suggested about Capitola Inn?

    (A) Wedding banquets are often held.

    (B) It was renovated last year.

    (C) A manager was recently promoted.

    (D) Visitors can get a close look of wildlife.

31. Capitola Inn について何が分かりますか。

    (A) 結婚披露宴が頻繁に開催されている。

    (B) 昨年改装された。

    (C) 部長が最近昇進した。

    (D) 訪問者は野生生物を間近で見ることができる。

語句

□ wedding banquet 結婚披露宴　□ be held 開催される　□ often しばしば

□ renovate ～を改装する　□ manager 部長　□ recently 最近　□ promote ～を昇進させる

□ get a close look of ～を間近で見る　□ wildlife 野生生物

[正解] 27. (C)　28. (A)　29. (D)　30. (B)　31. (D)

27. ピンポイント型の設問です

メモの❶に I wanted to remind you about a few procedures that will be in effect starting June 1.「6月1日から実施されるいくつかの手順についてお知らせしたいと思います」とあります。

これを簡潔に言い換えている (C) の To inform of new procedures「新しい手順を通知するため」が正解です。

> ### Point
>
> starting は「〜から始まる」という意味を表します。
>
> ニュアンスこそ変わりますが、同じように使うことのできる表現をまとめて覚えておきましょう
>
> □ as of 〜の時点で
> □ effective 〜から効力を発揮する
> □ beginning 〜から始まる
> □ The event will be held at Tokyo Dome for the second day straight beginning on January 4.
>   そのイベントは1月4日から2日連続で Tokyo Dome で開催されます。
>
> 語句 □ be held 開催される □ for the second day straight 2日連続で

28. 設問は NOT 問題です（複数文書参照型）

メモの❻に Those who check out before noon can get a free sandwich box to take with them.「正午までにチェックアウトする方は、お持ち帰り用の無料のサンドイッチボックスを手に入れることができます」とあり、レビューの⓬には I found the hotel's lunch box service to be unique, and the fruit in the box was delicious.「ホテルのお弁当サービスはユニークで、お弁当の中の果物は美味しかったです」とあるため、これらのことが (B) の He checked out before noon.「彼は正午までにチェックアウトした（だからお弁当をもらえた）」という内容に一致します。

次に、レビューの❾には I had a gorgeous mountain view「私は見事な山の景色を眺めることができました」とあるため、これが (C) の His room had a mountain view.「彼の部屋からは山の景色が見えた」と一致します。

そして、レビューの❿に We picked some tomatoes and apples and took them to our trail walk up the hill.「私たちはトマトとリンゴをいくつか選び、丘を登る散策に持っていきました」とあり、これが (D) の He went hiking during his hotel stay.「彼はホテル滞在中にハイキングに出かけた」という内容と一致します。

(A) の His car is a large vehicle.「彼の車は大型車だ」という内容だけが問題文では一切

述べられていないため、これが正解となります。

29. 内容一致型の設問です（複数文書参照型）

メモの❶に I wanted to remind you about a few procedures that will be in effect starting June 1.「6月1日から実施されるいくつかの手順についてお知らせしたいと思います」、❹に our long-stay package will be offered to those who stay for more than five nights rather than seven nights「長期滞在パッケージは、7泊ではなく5泊を超える滞在者に提供されます」、❺に This package will be available during the summer only, and the offer ends on August 31.「このパッケージは夏の間のみ利用可能で、オファーは8月31日に終了します」とあります。

そして、領収書の❼ Check-in: June 22「チェックイン：6月22日」と❽ Check-out: June 28「チェックアウト：6月28日」から、Sasaki さんは旅館に1週間（6泊）滞在したことが分かるため、割引を受ける条件を満たしていることが分かります。

よって、正解は（D）の Mr. Kojima paid a discounted price for his stay.「Kojima さんは滞在費を割引価格で支払った」になります。

30. ピンポイント型の設問です（複数文書参照型）

メモの❷と❸に We will not be able to open the pool until June 25. Please give the guests a voucher to Water Fun Park at the time of check-in until our pool is available.「6月25日までプールを開くことはできません。プールが利用可能になるまで、チェックイン時にウォーターファンパークへのバウチャーをお客様に提供してください」とあります。

また、領収書の❼には Check-in: June 22「チェックイン：6月22日」とあるため、Kojima さんはバウチャーを使ってウォーターパークに入場したと考えることができます。

よって、正解は（B）の By using a voucher「バウチャーを使用することによって」です。

31. 内容一致型の設問です

レビューの⓫に We were also lucky enough to see some wild rabbits and deer in the beautiful courtyard.「私たちはまた、幸運にも美しい中庭で野生のウサギや鹿を見ることができました」とあるため、これを簡潔に言い換えている（D）Visitors can get a close look of wildlife.「訪問者は野生生物を間近で見ることができる」が正解です。

MEMO

MEMO

MEMO

MEMO

『TOEIC® L&R テスト　ゼロからしっかりスコアアップできる本』　解答用紙
各パートの最後にある練習問題を解く際にご利用ください。

	Part 1 (P.40〜41)	Part 2 (P.66)	Part 3 (P.125〜126)		Part 4 (P.127〜128)

LISTENING SECTION

Part 1 (P.40〜41)
No.	ANSWER A B C D
1	Ⓐ Ⓑ Ⓒ Ⓓ
2	Ⓐ Ⓑ Ⓒ Ⓓ
3	Ⓐ Ⓑ Ⓒ Ⓓ

Part 2 (P.66)
No.	ANSWER A B C
1	Ⓐ Ⓑ Ⓒ
2	Ⓐ Ⓑ Ⓒ
3	Ⓐ Ⓑ Ⓒ
4	Ⓐ Ⓑ Ⓒ
5	Ⓐ Ⓑ Ⓒ
6	Ⓐ Ⓑ Ⓒ
7	Ⓐ Ⓑ Ⓒ
8	Ⓐ Ⓑ Ⓒ

Part 3 (P.125〜126)
No.	ANSWER A B C D	No.	ANSWER A B C D
1	Ⓐ Ⓑ Ⓒ Ⓓ	11	Ⓐ Ⓑ Ⓒ Ⓓ
2	Ⓐ Ⓑ Ⓒ Ⓓ	12	Ⓐ Ⓑ Ⓒ Ⓓ
3	Ⓐ Ⓑ Ⓒ Ⓓ		
4	Ⓐ Ⓑ Ⓒ Ⓓ		
5	Ⓐ Ⓑ Ⓒ Ⓓ		
6	Ⓐ Ⓑ Ⓒ Ⓓ		
7	Ⓐ Ⓑ Ⓒ Ⓓ		
8	Ⓐ Ⓑ Ⓒ Ⓓ		
9	Ⓐ Ⓑ Ⓒ Ⓓ		
10	Ⓐ Ⓑ Ⓒ Ⓓ		

Part 4 (P.127〜128)
No.	ANSWER A B C D
1	Ⓐ Ⓑ Ⓒ Ⓓ
2	Ⓐ Ⓑ Ⓒ Ⓓ
3	Ⓐ Ⓑ Ⓒ Ⓓ
4	Ⓐ Ⓑ Ⓒ Ⓓ
5	Ⓐ Ⓑ Ⓒ Ⓓ
6	Ⓐ Ⓑ Ⓒ Ⓓ
7	Ⓐ Ⓑ Ⓒ Ⓓ
8	Ⓐ Ⓑ Ⓒ Ⓓ
9	Ⓐ Ⓑ Ⓒ Ⓓ

READING SECTION

Part 5 (P.182〜183)
No.	ANSWER A B C D
1	Ⓐ Ⓑ Ⓒ Ⓓ
2	Ⓐ Ⓑ Ⓒ Ⓓ
3	Ⓐ Ⓑ Ⓒ Ⓓ
4	Ⓐ Ⓑ Ⓒ Ⓓ
5	Ⓐ Ⓑ Ⓒ Ⓓ
6	Ⓐ Ⓑ Ⓒ Ⓓ
7	Ⓐ Ⓑ Ⓒ Ⓓ

Part 6 (P.210〜211)
No.	ANSWER A B C D
1	Ⓐ Ⓑ Ⓒ Ⓓ
2	Ⓐ Ⓑ Ⓒ Ⓓ
3	Ⓐ Ⓑ Ⓒ Ⓓ
4	Ⓐ Ⓑ Ⓒ Ⓓ
5	Ⓐ Ⓑ Ⓒ Ⓓ
6	Ⓐ Ⓑ Ⓒ Ⓓ
7	Ⓐ Ⓑ Ⓒ Ⓓ
8	Ⓐ Ⓑ Ⓒ Ⓓ

Part 7 (P.258〜269)
No.	ANSWER A B C D	No.	ANSWER A B C D	No.	ANSWER A B C D	No.	ANSWER A B C D
1	Ⓐ Ⓑ Ⓒ Ⓓ	11	Ⓐ Ⓑ Ⓒ Ⓓ	21	Ⓐ Ⓑ Ⓒ Ⓓ	27	Ⓐ Ⓑ Ⓒ Ⓓ
2	Ⓐ Ⓑ Ⓒ Ⓓ	12	Ⓐ Ⓑ Ⓒ Ⓓ	22	Ⓐ Ⓑ Ⓒ Ⓓ	28	Ⓐ Ⓑ Ⓒ Ⓓ
3	Ⓐ Ⓑ Ⓒ Ⓓ	13	Ⓐ Ⓑ Ⓒ Ⓓ	23	Ⓐ Ⓑ Ⓒ Ⓓ	29	Ⓐ Ⓑ Ⓒ Ⓓ
4	Ⓐ Ⓑ Ⓒ Ⓓ	14	Ⓐ Ⓑ Ⓒ Ⓓ	24	Ⓐ Ⓑ Ⓒ Ⓓ	30	Ⓐ Ⓑ Ⓒ Ⓓ
5	Ⓐ Ⓑ Ⓒ Ⓓ	15	Ⓐ Ⓑ Ⓒ Ⓓ	25	Ⓐ Ⓑ Ⓒ Ⓓ	31	Ⓐ Ⓑ Ⓒ Ⓓ
6	Ⓐ Ⓑ Ⓒ Ⓓ	16	Ⓐ Ⓑ Ⓒ Ⓓ	26	Ⓐ Ⓑ Ⓒ Ⓓ		
7	Ⓐ Ⓑ Ⓒ Ⓓ	17	Ⓐ Ⓑ Ⓒ Ⓓ				
8	Ⓐ Ⓑ Ⓒ Ⓓ	18	Ⓐ Ⓑ Ⓒ Ⓓ				
9	Ⓐ Ⓑ Ⓒ Ⓓ	19	Ⓐ Ⓑ Ⓒ Ⓓ				
10	Ⓐ Ⓑ Ⓒ Ⓓ	20	Ⓐ Ⓑ Ⓒ Ⓓ				

裏面にも同じものがありますので、復習用にご使用ください。

『TOEIC® L&R テスト　ゼロからしっかりスコアアップできる本』　解答用紙
各パートの最後にある練習問題を解く際にご利用ください。

LISTENING SECTION

Part 1 (P.40〜41)				
No.	A	B	C	D
1	Ⓐ	Ⓑ	Ⓒ	Ⓓ
2	Ⓐ	Ⓑ	Ⓒ	Ⓓ
3	Ⓐ	Ⓑ	Ⓒ	Ⓓ

Part 2 (P.66)			
No.	A	B	C
1	Ⓐ	Ⓑ	Ⓒ
2	Ⓐ	Ⓑ	Ⓒ
3	Ⓐ	Ⓑ	Ⓒ
4	Ⓐ	Ⓑ	Ⓒ
5	Ⓐ	Ⓑ	Ⓒ
6	Ⓐ	Ⓑ	Ⓒ
7	Ⓐ	Ⓑ	Ⓒ
8	Ⓐ	Ⓑ	Ⓒ

Part 3 (P.125〜126)					No.	A	B	C	D
No.	A	B	C	D					
1	Ⓐ	Ⓑ	Ⓒ	Ⓓ	11	Ⓐ	Ⓑ	Ⓒ	Ⓓ
2	Ⓐ	Ⓑ	Ⓒ	Ⓓ	12	Ⓐ	Ⓑ	Ⓒ	Ⓓ
3	Ⓐ	Ⓑ	Ⓒ	Ⓓ					
4	Ⓐ	Ⓑ	Ⓒ	Ⓓ					
5	Ⓐ	Ⓑ	Ⓒ	Ⓓ					
6	Ⓐ	Ⓑ	Ⓒ	Ⓓ					
7	Ⓐ	Ⓑ	Ⓒ	Ⓓ					
8	Ⓐ	Ⓑ	Ⓒ	Ⓓ					
9	Ⓐ	Ⓑ	Ⓒ	Ⓓ					
10	Ⓐ	Ⓑ	Ⓒ	Ⓓ					

Part 4 (P.127〜128)				
No.	A	B	C	D
1	Ⓐ	Ⓑ	Ⓒ	Ⓓ
2	Ⓐ	Ⓑ	Ⓒ	Ⓓ
3	Ⓐ	Ⓑ	Ⓒ	Ⓓ
4	Ⓐ	Ⓑ	Ⓒ	Ⓓ
5	Ⓐ	Ⓑ	Ⓒ	Ⓓ
6	Ⓐ	Ⓑ	Ⓒ	Ⓓ
7	Ⓐ	Ⓑ	Ⓒ	Ⓓ
8	Ⓐ	Ⓑ	Ⓒ	Ⓓ
9	Ⓐ	Ⓑ	Ⓒ	Ⓓ

READING SECTION

Part 5 (P.182〜183)				
No.	A	B	C	D
1	Ⓐ	Ⓑ	Ⓒ	Ⓓ
2	Ⓐ	Ⓑ	Ⓒ	Ⓓ
3	Ⓐ	Ⓑ	Ⓒ	Ⓓ
4	Ⓐ	Ⓑ	Ⓒ	Ⓓ
5	Ⓐ	Ⓑ	Ⓒ	Ⓓ
6	Ⓐ	Ⓑ	Ⓒ	Ⓓ
7	Ⓐ	Ⓑ	Ⓒ	Ⓓ

Part 6 (P.210〜211)				
No.	A	B	C	D
1	Ⓐ	Ⓑ	Ⓒ	Ⓓ
2	Ⓐ	Ⓑ	Ⓒ	Ⓓ
3	Ⓐ	Ⓑ	Ⓒ	Ⓓ
4	Ⓐ	Ⓑ	Ⓒ	Ⓓ
5	Ⓐ	Ⓑ	Ⓒ	Ⓓ
6	Ⓐ	Ⓑ	Ⓒ	Ⓓ
7	Ⓐ	Ⓑ	Ⓒ	Ⓓ
8	Ⓐ	Ⓑ	Ⓒ	Ⓓ
9	Ⓐ	Ⓑ	Ⓒ	Ⓓ
10	Ⓐ	Ⓑ	Ⓒ	Ⓓ

Part 7 (P.258〜269)					No.	A	B	C	D	No.	A	B	C	D
No.	A	B	C	D										
1	Ⓐ	Ⓑ	Ⓒ	Ⓓ	11	Ⓐ	Ⓑ	Ⓒ	Ⓓ	21	Ⓐ	Ⓑ	Ⓒ	Ⓓ
2	Ⓐ	Ⓑ	Ⓒ	Ⓓ	12	Ⓐ	Ⓑ	Ⓒ	Ⓓ	22	Ⓐ	Ⓑ	Ⓒ	Ⓓ
3	Ⓐ	Ⓑ	Ⓒ	Ⓓ	13	Ⓐ	Ⓑ	Ⓒ	Ⓓ	23	Ⓐ	Ⓑ	Ⓒ	Ⓓ
4	Ⓐ	Ⓑ	Ⓒ	Ⓓ	14	Ⓐ	Ⓑ	Ⓒ	Ⓓ	24	Ⓐ	Ⓑ	Ⓒ	Ⓓ
5	Ⓐ	Ⓑ	Ⓒ	Ⓓ	15	Ⓐ	Ⓑ	Ⓒ	Ⓓ	25	Ⓐ	Ⓑ	Ⓒ	Ⓓ
6	Ⓐ	Ⓑ	Ⓒ	Ⓓ	16	Ⓐ	Ⓑ	Ⓒ	Ⓓ	26	Ⓐ	Ⓑ	Ⓒ	Ⓓ
7	Ⓐ	Ⓑ	Ⓒ	Ⓓ	17	Ⓐ	Ⓑ	Ⓒ	Ⓓ					
8	Ⓐ	Ⓑ	Ⓒ	Ⓓ	18	Ⓐ	Ⓑ	Ⓒ	Ⓓ					
9	Ⓐ	Ⓑ	Ⓒ	Ⓓ	19	Ⓐ	Ⓑ	Ⓒ	Ⓓ					
10	Ⓐ	Ⓑ	Ⓒ	Ⓓ	20	Ⓐ	Ⓑ	Ⓒ	Ⓓ					

No.	A	B	C	D
27	Ⓐ	Ⓑ	Ⓒ	Ⓓ
28	Ⓐ	Ⓑ	Ⓒ	Ⓓ
29	Ⓐ	Ⓑ	Ⓒ	Ⓓ
30	Ⓐ	Ⓑ	Ⓒ	Ⓓ
31	Ⓐ	Ⓑ	Ⓒ	Ⓓ

著者紹介

濱﨑　潤之輔（はまさき・じゅんのすけ）

◉──大学・企業研修講師、書籍編集者。早稲田大学政治経済学部経済学科卒業。

◉──明海大学や獨協大学、早稲田大学EXTなどで講義を行い、ファーストリテイリングや楽天銀行、SCSK、エーザイ、オタフクソースなどの企業でTOEIC® L&Rテスト対策研修講師を務める。

◉──これまでにTOEIC® L&Rテスト 990点（満点）を80回以上取得。

◉──主催するTOEIC® L&Rテスト対策セミナーはいつも満席になるほどの人気で、スコアアップだけでなく英語力も身につけたい多くの人たちに支持されている。

◉──著書に、『改訂版 中学校3年間の英語が1冊でしっかりわかる本』『改訂版 中学校3年間の英語が1冊でしっかりわかる問題集』（いずれもかんき出版）、『マンガで攻略! はじめてのTOEIC®テスト 全パート対策』（西東社）、『TOEIC® L&Rテスト 990点攻略』『TOEIC® L&Rテスト990点攻略 文法・語彙問題1000』（いずれも旺文社）などがあり、監修した書籍も含めると累計80万部以上の実績を誇る。

● オンラインサロン『濱﨑・星名　英語学習研究所』：
　https://peraichi.com/landing_pages/view/hummertoeicsalon/
● Twitterアカウント：@HUMMER_TOEIC
● Instagramアカウント：@junnosuke_hamasaki

・カバーデザイン
　Isshiki

・本文デザイン
　二ノ宮匡（ニクスインク）

・DTP
　knowm

・問題作成協力
　江藤友佳

・音声収録
　elec

・ナレーション
　Howard Colefield　Jack Merluzzi
　Jennifer Okano　Nadia McKechnie
　Neil DeMaere　Stuart O

TOEIC® L&R テスト　ゼロからしっかりスコアアップできる本

2023年4月4日　第1刷発行

著　者──濱﨑　潤之輔
発行者──齊藤　龍男
発行所──株式会社かんき出版
　　　　　東京都千代田区麴町4-1-4 西脇ビル　〒102-0083
　　　　　電話　営業部：03(3262)8011㈹　編集部：03(3262)8012㈹
　　　　　FAX　03(3234)4421　　　　　　振替　00100-2-62304
　　　　　https://kanki-pub.co.jp/
印刷所──図書印刷株式会社